제4판

청소년육성제도론

강병연 황수주 공저

양 성 원

머리말

청소년육성제도란 무엇인가?

청소년육성제도란 청소년의 성장을 돕는 포괄적인 사회적 기능과 지속적이고 공인된 사회 구성원을 규제하는 제도적 장치라고 말할 수 있다.

청소년육성은 1987년 「청소년육성법」이 제정되면서 처음으로 법률적인 용어로 사용하기 시작하였다. 이 법의 목적에는 청소년의 인격형성을 도모하고, 청소년의 보호 · 육성 · 선도 및 지원에 관한 사업을 효율적으로 추진함으로써 청소년이 국가 · 사회발전에 이바지할 수 있는 건실하고 유능한 국민으로 성장하도록 함을 목적으로 한다. 아울러 저자는 『청소년육성제도론』에 청소년을 둘러싸고 있는 청소년정책, 청소년행정, 청소년주요법을 포함하여 논의해 보고자 한다.

청소년은 무한한 잠재력과 가능성을 지닌 국가의 중요한 인적자원이다. 청소년이 바르게 성장하여 자신이 가지고 있는 잠재력을 최대한 발휘할 수 있을 때 그 사회는 보다 밝은 미래를 기대할 수 있다고 본다. 따라서 청소년을 유해한 환경으로부터 보호하고 건전하게 육성하는 일이야말로 국가와 사회의 책무라 할 수 있다.

오래 전 청소년정책은 그 목표를 보호 · 선도 · 교화로 정하고, 청소년을 미래의 주역에 중점을 둠으로써 청소년들의 현재의 삶이 유보되어 청소년문제와 청소년의 삶의 질을 근원적으로 해결하기 어려웠다. 따라서 향후 청소년정책은 청소년을 오늘의 사회에 중요한 구성원으로 인정하여 그들의 권리가 존중되고, 독립된 인격체로서 스스로 생각하고 행동하며 밝고 활기찬 창의적인 삶을 영위할 수 있도록 하여, 미래사회가 요구하는 인성과 책임감, 자질과 능력을 갖춘 민주시민으로 성장할 수 있게 하여야 할 것이다.

「청소년기본법」은 급격한 사회환경의 변화에 따라 청소년육성에 미치는 가정의 역할 및 책임을 강화하고 청소년을 위한 정책의 수립 및 집행 등에 청소년 자신들의 의사가 적극적으로 반영될 수 있도록 청소년의 참여를 제도적으로 보장하였으며, 정부의 청소년관련 사무의 기능조정 계획에 의하여 청소년육성의 문화관광부 청소년국과 청소년보호의 국무총리실 청소년보호위원회로 나뉘어져 이원화된 청소년정책을 통합해 일원화된 청소년정책을 전담할 중앙행정기구로 청소년위원회를 국무총리 소속하에 2005년 4월 27일 설치하게 된다. 그러나 국가 중앙행정기관임에도 불구하고 국민들이 청소년단체 또는 일반 시민단체 명칭으로 잘못 인식하는 경우가 많아 이를 명확히 하기 위해 '국가청소년위원회'로 명칭을 변경하여 2006년 3월 30일부터 시행했으며, 2008년 2월 29일 아동과 청소년정책이 통합된 보건복지가족부가 출범했으며, 정부조직 개편으로 2010년 3월 19일 여성정책과 가족·청소년정책을 통합적으로 추진하고 있는 여성가족부가 출범해 현재에 이르고 있다.

「청소년활동진흥법」은 청소년활동을 통해 자신의 기량과 품성을 함양하고 꿈과 희망을 마음껏 펼칠 수 있도록 하기 위한 제도적 기반을 마련하는 한편, 그동안 「청소년기본법」에 청소년수련활동 위주로 규정되어 있던 청소년활동을 수련활동·교류활동·문화활동 등 대부분의 활동이 포함되도록 확대하여 정책적 지원범위를 확장하였으며, 청소년수련시설의 종류에 청소년 특화시설을 추가하여 현실에 맞게 시설을 구분하고, 청소년수련활동에 대한 체계적인 관리와 지원 그리고 청소년수련활동인증제를 도입하는 등 청소년활동에 관한 제반 사항을 단일법으로 체계화하고 있다.

「청소년복지지원법」은 청소년복지 증진에 관한 사항을 정함을 목적으로 청소년의 성장과 생활에 필요한 기초적인 여건이 미비하여 이를 보완하기 위한 사회·경제적인 특별한 지원이 필요한 청소년들에게 복지서비스 지원체계를 제도화하고, 모든 청소년에 대한 인권보장 및 자치권 향상, 이용요금 할인우대 및 건강증진 등에 관한 사항을 명확히 규정하여 청소년의 권리를 신장하며, 청소년의 건전한 성장과 여건을 조성하기 위한 균형 있는 청소년육성의 토대를 구축하는 내용을 담고 있다.

「청소년보호법」과 「아동·청소년의 성보호에 관한 법률」은 우리 사회의 자율화와 물질만능주의의 경향에 따라 날로 심각해지고 있는 유해매체물·유해약물·유해업소로부터 보호·구제하고 청소년을 대상으로 하는 성범죄를 차단하여 청소년들을 건전한 인격체로 성장할 수 있도록 하려는 것이다.

아동·청소년의 성보호를 위해 「청소년의 성보호에 관한 법률」에서 「아동·청소년의 성보호에 관한 법률」로 개정되어 아동도 이 법에 따른 보호대상임을 명확히 했다. 2014년에는 날로 증가하는 아동학대 범죄에 대한 가중처벌과 응급조치·임시조치·보호처분, 신고의무자 범위 확대 및 신고의무 위반자에 대한 과태료 상향 등을 주된 내용으로 하는 「아동학대범죄의 처벌 등에 관한 특례법」이 제정됐다.

2015년은 다양한 사회적 흐름을 반영한 「학교 밖 청소년 지원에 관한 법률」, 「인성교육진흥법」, 「진로교육법」이 제정됐다. 매년 5만 명에 달하는 청소년들이 학업을 중단하는 등 학교 밖 청소년이 지속적으로 발생하는 데 따른 학교 밖 청소년 지원을 위한 「학교 밖 청소년 지원에 관한 법률」이 시행됐다.

세월호 참사 이후 우리 사회의 생명 경시·물질 만능·이기주의 등의 풍조를 개선하기 위해 학교를 포함한 사회적 차원에서 인성교육을 실시하도록 하는 「인성교육진흥법」이 제정됐고, 자유학기제의 전면 시행과 학생에게 다양한 진로교육 기회를 제공하여 변화하는 직업세계에 능동적으로 대처하기 위해 「진로교육법」이 시행됐다.

2019년에 전면 개정된 청소년육성제도론은 새롭게 제정된 법령들이 늘어나면서 청소년관련 새로운 법령들과 개정된 내용을 중심으로 구성했다. 제1편에서는 청소년정책, 제2편에서는 청소년행정, 제3편에서는 청소년 주요법으로 구분하여 정리하였다.

제1편 청소년정책의 제1장 청소년정책의 개관에서는 청소년정책의 개념 정리와 구성요소, 청소년정책과정을, 제2장 한국 청소년정책의 역사는 해방 이전과 이후로 나누어 청소년정책을 살펴보고, 제3장 청소년정책의 발달과정을 정리했다. 제4장에서는 청소년 육성정책과 보호정책, 복지정책을, 제5장 청소년정책기본계획에서는 청소년기본법에서 다뤄지는 제1차부터 제7차 청소년정책 기본계획을 다뤘다.

제2편 청소년행정의 제6장에서는 청소년행정의 개념과 발달을, 제7장에서는 청소년행정의 조직과 전달체계로 1988년 체육부에 청소년국이 신설되면서부터 1990년 체육청소년부의 청소년정책실, 1998년 문화관광부의 청소년국, 그리고 2005년 청소년

위원회의 발족과 함께 국가청소년위원회, 보건복지가족부 및 현재 여성가족부까지 행정의 조직과 전달체계를 정리하였다.

제3편 청소년 주요법에서는 그동안 「청소년기본법」을 주축으로 「청소년활동진흥법」, 「청소년복지지원법」, 「청소년보호법」, 「아동 · 청소년의 성보호에 관한 법률」, 「학교 밖 청소년 지원에 관한 법률」을 다뤘다. 그동안 청소년육성제도론은 급변하는 사회변화에 따른 청소년환경과 법령들을 제 때에 담아내도록 수 차례의 개정을 진행했다. 이번 교재는 2016년 2월 개정, 2019년 2월 전면 개편하였고, 2020년 8월 개정, 2023년 8월에 다시 개정하여 출간하게 됐다.

교재 관련하여 의견을 주신 교수님들과 청소년지도자 여러분께도 감사의 말씀을 드린다. 어려운 여건 속에서도 출판을 맡아 주신 양성원 강철원 대표님, 그리고 직원 여러분께 감사드린다.

2023년 8월
빛고을에서
강병연, 황수주

차례

PART 02_ 청소년행정

PART 03_ 청소년 주요법

PART 1

청소년정책

chapter 1

청소년정책과 형성과정

1. 청소년정책의 개념
2. 정책의 구성요소
3. 청소년정책의 탄생
4. 청소년정책의 의미와 내용
5. 청소년정책과정

1. 청소년정책의 개념

청소년정책의 개념은 시대 상황과 연구자의 시각에 따라 다양하게 정의되어 왔다. 일반적인 청소년정책의 정의는 첫째, 청소년에 대한 가치의 권위 있는 배분이라고 정의하는 것으로(Easton, 1953) 여기서 청소년에 대한 가치는 건전한 미래세대의 육성일 수도 있고, 청소년의 현재의 삶의 질 향상일 수도 있다. 둘째, 청소년정책의 목적이나 가치를 지향하는 의사결정이나 행위로 정의하는 것으로(Lasswell & Kaplan, 1970), 정부가 의도하는 궁극적인 목적에 청소년이 부합하도록 만드는 것을 의미한다. 셋째, 청소년정책을 청소년문제 해결을 위한 정부의 활동으로 정의하는 것으로(Dubnick & Bardes, 1983) 청소년이 당면하고 있는 문제를 해결하고자 하는 정부의 의도와 활동을 설명한다.

위의 정의를 종합하면 청소년정책은 "정부가 이룩하고자 하는 바람직한 사회를 건설하기 위하여 청소년과 관련하여 정부가 결정하고 수행하는 활동"이라고 할 수 있는데, 우리나라 청소년정책 연구자들의 시각을 살펴보면 다음과 같다.

청소년정책에 대하여 김영모는 "청소년의 기본적 욕구인 소득, 보건, 교육, 주거 이외에도 비행, 보호, 고용, 환경, 스포츠, 레크리에이션, 상담 등을 해결하기 위한 국가 및 공공기관의 개입"이라 하였고, 이용교는 "모든 청소년의 바람직한 사회상태를 목표로 하여 국가와 지방자치단체가 청소년의 사회적 욕구를 충족시키고, 청소년문제를 해결하고자 법령과 시책을 통하여 밝힌 기본방침"이라 정의하였다. 그리고 "청소년정책이란 청소년으로 하여금 새 시대의 주역으로서 역할과 사명을 다할 수 있도록 육성하고 지원하기 위한 행정과 재정운용의 기본방침과 청소년활동의 지침을 국가가 제시한 것"이라고 정의하기도 하였다.

또한 청소년정책은 '청소년에 관한 정책'이며 '청소년을 위한 정책'으로서, 청소년육성정책과 청소년대책으로 구분하기도 한다. 여기에서 청소년육성정책이란 모든 청소년을 대상으로 그들의 전인적 성장과 시민의식 함양, 잠재력의 계발 등을 지원하기 위한 정책이고, 청소년대책은 특정 계층이나 집단의 청소년을 대상으로 그들을 선도하고 보호하며 문제를 해결해 주는 정책이라는 것이다.

이상과 같이 각자의 견해에 따라 명명하는 용어는 '청소년에 관한 모든 정책'이라고 하거나 '청소년대책', '청소년정책', '청소년육성정책' 등 일정하지 아니하다. 따라서 본서에서는 기존의 개념을 통합 정리하는 입장에서 청소년정책을 '청소년육성정책', '청소년보호정책', '청소년복지정책'으로 대별하여 알아보기로 한다.

첫째, '청소년육성'의 개념은 학교교육 이외에 청소년의 균형적 성장을 도모하기 위해 청소년의 복지를 증진하고, 수련활동을 지원하며, 청소년 교류를 진흥하고, 사회여건과 환경을 청소년에게 유익하도록 개선하는 모든 활동 또는 기능을 의미하므로, 청소년육성정책은 이러한 기능을 실현하기 위하여 정책수단을 정부기관이 공식적으로 결정한 기본방침과 계획을 말한다.

둘째, '청소년보호'의 개념은 자율화 · 개방화 추세에 따라 우리 사회의 주변 환경은 음란 · 폭력성을 띤 청소년 유해매체물, 각종 청소년유해약물 · 물건 등의 광범위한 유통이 이루어지고 있고, 유흥주점 등 각종 청소년유해업소에의 청소년 고용 · 출입이 빈번함에 따라 청소년문제가 사회문제화되어 가는 실정이다. 우리나라의 장래를 이끌어 나갈 주인공인 청소년들이 올바르게 성장하여 건강한 인격체로 자라날 수 있도록 하기 위하여 가정과 학교는 물론 정부, 언론 · 시민단체 등 모든 사회주체들의 총체적인 참여로 우리 사회에 만연한 청소년유해환경을 척결하여야 한다는 사회적 공감대 형성 등을 정부기관이 공식적으로 기본방침을 수립하고 계획하는 것을 말한다.

셋째, '청소년복지'의 개념은 가정이나 사회로부터 소외되었거나 적응하지 못하는 청소년뿐만 아니라, 모든 청소년들의 삶의 질 향상과 최상의 성장 · 발달을 이룩하기 위하여 청소년 자신 및 가정이 처한 사회 · 경제적 상황과 무관하게 행복한 사회적 생활을 하며 또한 자립기반 및 자기계발을 할 수 있는 환경조성과 기회를 부여하여 모든 청소년들에게 균등한 자립 · 자활능력의 기회를 제공하도록 정부기관이 공식적으로 기본방침을 수립하고 계획하는 것을 말한다(청소년복지지원법(안) 제정취지 중에서).

2. 정책의 구성요소

청소년정책의 구성요소는 ① 청소년정책 목표, ② 청소년정책 수단, ③ 청소년정책 대상으로 나눌 수 있는데, 구체적으로 살펴보면 다음과 같다.

1) 청소년정책의 목표

청소년정책의 목표란 "청소년정책을 통해 달성하고자 하는 바람직한 상태"를 의미한다. 정부의 권위 있는 청소년담당기관은 공식적으로 청소년에 관한 기본방침을 결정하게 되는데, 이러한 기본방침을 청소년정책의 목표라고 말한다. 예를 들면, 대다수 청소년을 밝고 건강하게 키워 나가는 적극적 측면의 청소년육성 시책과 비행 · 문제 청소년의 선도와 유해환경의 정화 등 소극적 측면의 대책 · 시책과 같은 것이다.

청소년의 건전한 성장을 지원하기 위해 국가는 5년마다 청소년관련 국가기본계획을 수립하도록 되어 있다. 새로운 환경과 정책수요를 반영하여 미래지향적이고 효과적인 청소년정책을 추진하기 위해 현장 의견수렴을 위한 토론회와 정책간담회, 공청회와 청소년정책관계기관과 지방자치단체의 의견을 거쳐 2023년 2월에 제7차 청소년정책기본계획(2023~2027)을 확정했다.

제7차 기본계획은 '디지털 시대를 선도하는 글로벌 K-청소년'을 목표로 하고 있다. 정책목표는 상위목표, 중간목표, 하위목표가 있다. '디지털 시대를 선도하는 글로벌 K-청소년'이 정책목표라면, 플랫폼 기반 청소년활동 활성화, 데이터 활용 청소년지원망 구축, 청소년 유해환경 차단 및 보호 확대, 청소년의 참여 · 권리 보장 강화, 청소년정책 총괄 조정 강화는 중간목표가 된다.

청소년 디지털역량 활동 강화, 청소년 미래역량 제고, 다양한 체험활동 확대, 학교 안팎 청소년활동 지원 강화, 위기청소년 복지지원체계 강화, 청소년 자립 지원 강화, 청소년 유형별 맞춤형 지원, 청소년이 안전한 온 · 오프라인 환경 조성, 청소년 범죄 예방 및 회복 지원, 청소년 근로보호 강화, 청소년 참여 활동 강화, 청소년 권익 증진,

청소년정책 인프라 개선 등이 하위목표라 할 수 있다.

이러한 청소년정책의 목표는 첫째, 최선의 정책수단 선정의 기준이 되고, 둘째, 정책집행의 지침이 되며, 셋째, 정책평가의 기준이 되는 가장 상위의 개념이다.

2) 청소년정책의 수단

청소년정책의 수단은 청소년정책의 목표를 효과적으로 달성하기 위한 수단을 말한다. 예를 들면, 청소년의 삶의 질 향상이라는 정책목표를 달성하기 위해서 청소년시설을 확충하고, 청소년 창안제나 기관 · 단체 · 시설에 청소년으로 구성된 「청소년운영위원회」를 설치 · 운영하는 것 등을 청소년정책의 수단이라고 할 수 있다. 청소년수련활동 활성화를 위한 정책수단은 청소년지도자의 확보, 청소년단체의 육성, 청소년시설의 확충, 다양한 프로그램의 시행 등을 들 수 있다.

청소년정책의 수단은 청소년정책의 실질적인 내용으로서 청소년정책을 구성하는 가장 중요한 요소가 된다. 왜냐하면 청소년정책에 의해서 청소년정책 대상자가 피해를 입거나 혜택을 보는 경우에 그 직접적인 원인은 청소년정책 수단에 있기 때문이다. 청소년정책을 둘러싸고 일어나는 정치적 · 사회적 갈등이나 타협에서는 청소년정책 수단을 무엇으로 하느냐에 관한 것이 핵심이며, 사실상 청소년정책 목표에 대한 갈등은 어느 특정 목표가 결정될 경우, 그에 따라서 채택될 가능성이 크다고 예상되는 청소년정책 수단에 대한 이해관계 때문에 일어나는 것이 대부분이다.

예를 들면, 청소년행정 조직이 청소년수련시설 이용자를 위한 부담 경감을 정책목표로 설정하여 국가나 지방자치단체에서 청소년시설을 대폭 건립하여 직영하는 정책수단을 강구한다면 청소년수련시설을 운영 중이거나 건립하고자 하는 사람들은 청소년정책 목표 자체에 대해서 반대를 할 수도 있다는 것이다. 이러한 이유 때문에 청소년정책 수단의 결정 또는 선택은 청소년정책 대상자들이 공평하게 만족할 수 있도록 하여야 한다. 즉, 청소년정책 수단의 선택은 효과성, 능률성뿐만 아니라 평등성 등의 여러 가지 평가기준도 만족시켜야 한다는 것이다.

3) 청소년정책의 대상

청소년정책의 대상자 또는 청소년정책 대상집단은 청소년정책에 적용을 받는 사람이나 집단을 의미한다. 특정 정책에 적용을 받는 사람이나 집단은 크게 특정 정책의 혜택을 받는 사람이나 집단과 특정 정책으로 인하여 피해를 입는 사람이나 집단으로 나눌 수 있다.

여기서 청소년정책의 혜택을 받는 사람이나 집단을 수혜자 또는 수혜집단이라고 부르는데, 이들은 청소년정책에서 제공하는 서비스나 재화를 받는 사람이나 집단이다. 예를 들면, 민간 수련시설에 대한 융자정책에 따라 융자를 받는 사람은 수혜자라고 할 수 있다.

한편, 청소년정책의 피해자는 청소년정책 때문에 희생을 당해야 하는 사람들로서 넓은 의미의 청소년정책 비용 부담자이다. 정책으로 희생을 당하는 집단은 공익실현과 사회 전체 입장에서 부득이한 경우에 한정되어야 한다.

청소년정책의 대상자는 주로 청소년이나 청소년에게 유해한 환경을 제공한 성인을 처벌하는 청소년보호정책의 경우 성인을 대상으로 한다. 정책대상 청소년의 연령은 나라마다 법률이 지향하는 입법취지와 목적에 따라 다르지만, 우리나라의 경우 청소년을 지원하고 육성하는 법률인 「청소년기본법」은 9세부터 24세까지이며, 「청소년보호법」은 19세 미만, 「소년법」은 19세 미만, 「영화 및 비디오물의 진흥에 관한 법률」은 18세 미만, 「근로기준법」은 13세 미만(취업금지)과 18세 미만(직종에 따라 취업금지) 등으로 하고 있는데, 여기에서 권리는 최대한 보장하되 공공복리와 질서유지, 청소년보호 등에 크게 저촉되지 않는 한 제한을 최소화하기 위한 것이다.

2023년 우리나라 총 인구는 5,155만 명으로 2021년부터 계속 감소하고 있으며 청소년인구(9~24세)는 791만 명으로 1982년(1,420만 명)에 정점을 찍은 후 지속적으로 감소하고 있다.

2023년 청소년 인구는 총 인구의 15.3%로 지속적으로 감소하여 2060년에는 10.7%가 될 것으로 전망된다. 청소년 인구 중 남자는 410만 명(51.8%), 여자는 381만 명(48.2%)

으로 남자의 구성비는 여자의 구성비보다 3.6%p 많다.

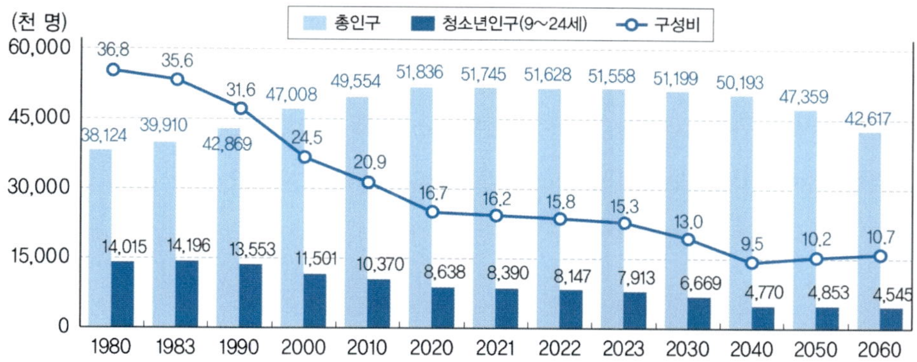

자료: 여성가족부, 「2023 청소년통계」, 2023.5

● 그림 1-1 청소년인구 추이

● 표 1-1 청소년(9~24세) 인구 추이

(단위: 천명, %)

	총인구	청소년 인구 (9~24세)	구성비	남자	구성비	여자	구성비
1980	38,124	14,015	36.8	7,216	51.5	6,799	48.5
1983	39,910	14,196	35.6	7,308	51.5	6,888	48.5
1990	42,869	13,553	31.6	6,991	51.6	6,563	48.4
2000	47,008	11,501	24.5	5,987	52.1	5,514	47.9
2010	49,554	10,370	20.9	5,468	52.7	4,902	47.3
2020	51,836	8,638	16.7	4,493	52.0	4,145	48.0
2021	51,745	8,390	16.2	4,352	51.9	4,038	48.1
2022	51,628	8,147	15.8	4,224	51.8	3,923	48,2
2023	**51,558**	**7,913**	**15.3**	**4,102**	**51.8**	**3,811**	**48.2**
2030	51,199	6,669	13.0	3,436	51.5	3,233	48.5
2040	50,193	4,770	9.5	2,451	51.4	2,319	48.6
2050	47,359	4,853	10.2	2,493	51.4	2,360	48.6
2060	42,617	4,545	10.7	2,335	51.4	2,210	48.6

자료: 여성가족부, 「2023 청소년통계」, 2023.5

2023년 학령인구(6~21세)는 725만 9천 명으로 총인구의 14.1%를 차지하고, 2030년에는 594만 명으로 약 131만 명이 줄어들 것으로 전망된다. 학령인구가 총인구에서 차지하는 비중을 학교급별로 살펴보면 초등학교(6~11세) 5.1%, 중학교(12~14세) 2.6%, 고등학교(15~17세) 2.6%, 대학교(18~21세) 3.7%로 나타났다.

초등학교 학령인구(6~11세) 구성비는 1980년 14.4%에서 2023년 5.1%로 9.3%p가 감소하여 다른 학령 연령대보다 큰 폭으로 감소했다. 중학교 학령인구(12~14세) 구성비는 4.2%p, 고등학교 학령인구(15~17세) 구성비는 4.4%p, 대학교 학령인구(18~21세) 구성비는 5.8%p 감소했다.

● 표 1-2 학교급별 학령인구 구성비(%)

	초등학교	중학교	고등학교	대학교
1980	14.4	6.8	7.0	9.5
2023	5.1	2.6	2.6	3.7

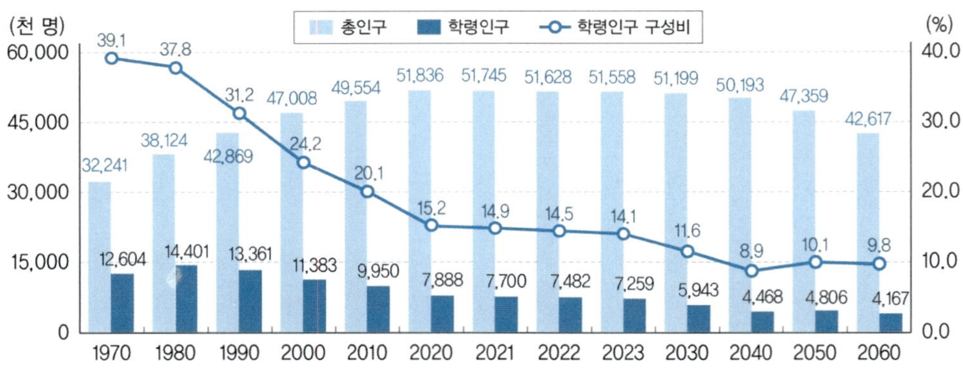

자료: 여성가족부, 「2023 청소년통계」, 2023.5

● 그림 1-2 학령인구 및 구성비

● 표 1-3 학령인구(6~21세) 추이

(단위: 천 명, %)

	총인구	학령인구 (6~21세)	구성비	초등학교 (6~11세)	구성비	중학교 (12~14세)	구성비	고등학교 (15~17세)	구성비	대학교 (18~21세)	구성비
1980	38,124	14,401	37.8	5,499	14.4	2,599	6.8	2,671	7.0	3,632	9.5
1993	44,195	12,508	28.3	4,266	9.7	2,438	5.5	2,311	5.2	3,493	7.9
1990	42,869	13,361	31.2	4,786	11.2	2,317	5.4	2,595	6.1	3,663	8.5
2000	47,008	11,383	24.2	4,073	8.7	1,869	4.0	2,166	4.6	3,275	7.0
2010	49,554	9,950	20.1	3,280	6.6	1,985	4.0	2,084	4.2	2,601	5.2
2020	51,836	7,888	15.2	2,724	5.3	1,364	2.6	1,390	2.7	2,410	4.6
2021	51,745	7,700	14.9	2,718	5.3	1,379	2.7	1,344	2.6	2,258	4.4
2022	51,628	7,482	14.5	2,701	5.2	1,366	2,6	1,322	2.6	2,093	4.1
2023	51,558	7,259	14.1	2,604	5.1	1,362	2.6	1,360	2.6	1,933	3.7
2030	51,199	5,943	11.6	1,592	3.1	1,151	2.2	1,325	2.6	1,874	3.7
2040	50,193	4,468	8.9	1,814	3.6	774	1.5	703	1.4	1,176	2.3
2050	47,359	4,806	10.1	1,688	3.6	928	2.0	953	2.0	1,237	2.6
2060	42,617	4,167	9.8	1,370	3.2	784	1.8	818	1.9	1,195	2.8

자료: 여성가족부, 「2023 청소년통계」, 2023.5

2022년 초 · 중 · 고 다문화학생은 전체 학생의 3.2%를 차지하는 16만 8천 645명으로 해마다 증가 추세에 있다. 전체 학생 수와 학령인구(6~12세)는 감소 추세인 반면, 다문화학생은 계속 증가하고 있으며, 2013년 대비 약 3배 수준으로 증가했다. 2022년 다문화학생 중 초등학생의 비중은 66.2%(111,640명), 중학생 23.5%(39,714명), 고등학생 9.9%(16,744명)이다.

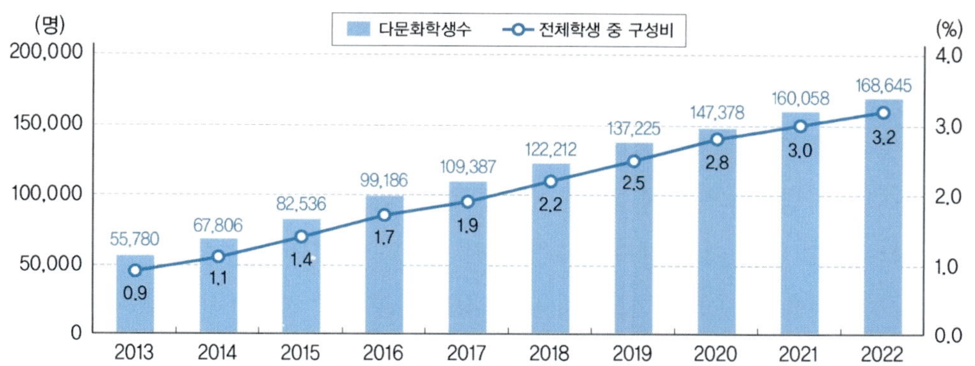

자료: 여성가족부, 「2023 청소년통계」, 2023.5

● 그림 1-3 다문화 학생 수 및 비중

● **표 1-4 다문화 학생 현황** (단위: 명, %)

	전체 학생[1] (천명)	다문화 학생 수[2]	구성비[3]	전년 대비	초등학교	구성비[4]	중학교	구성비[4]	고등 학교	구성비[4]	각종 학교	구성비[4]
2013	6,489	55,780	0.9	18.8	39,360	70.6	11,280	20.2	4,858	8.7	282	0.5
2014	6,294	67,806	1.1	21.6	48,225	71.1	12,506	18.4	6,734	9.9	341	0.5
2015	6,097	82,536	1.4	21.7	60,162	72.9	13,827	16.8	8,146	9.9	401	0.5
2016	5,891	99,186	1.7	20.2	73,972	74.6	15,080	15.2	9,816	9.9	318	0.3
2017	5,733	109,387	1.9	10.3	82,733	75.6	15,945	14.6	10,334	9.4	375	0.3
2018	5,593	122,212	2.2	11.7	93,027	76.1	18,068	14.8	10,688	8.7	429	0.4
2019	5,462	137,225	2.5	12.3	103,881	75.7	21,693	15.8	11,234	8.2	417	0.3
2020	5,356	147,378	2.8	7.4	107,694	73.1	26,773	18.2	12,478	8.5	433	0.3
2021	5,332	160,058	3.0	8.6	111,371	69.6	33,950	21.2	14,308	8.9	429	0.3
2022	5,284	168,645	3.2	5.4	111,640	66.2	39,714	23.5	16,744	9.9	547	0.3

자료: 여성가족부, 「2023 청소년통계」, 2023.5

주: 1) 초등학교, 중학교, 고등학교 및 각종학교 재적 학생 수

2) 국제결혼가정 학생(국내출생+중도입국)+외국인가정 학생

3) 다문화학생 수/전체 학생 수×100

4) 다문화학생 중 구성비

3. 청소년정책의 탄생

과거의 정책, 타 정부의 정책, 과학 · 기술 · 모형의 활용, 주관적 · 객관적 방법 등이 청소년정책 대안 개발의 원천이 된다.

과거의 정책이 현재 해결해야 할 정책문제와 동질적이거나 유사한 정책문제를 해결하기 위하여 제시된 경우에 중요한 정책대안 개발의 원천이 된다. 과거의 정책을 토대로 대안을 탐색하게 되면 장점은 첫째, 무엇보다도 청소년정책 결정 시 정책추진에서 나타날 수 있는 여러 가지 효과를 미리 짐작하고 예측할 수 있다는 것이다. 즉, 과거의 정책추진에서 나타난 결과에 대한 정보를 통하여 정책추진의 결과를 비교적 쉽게 예측할 수 있다는 점을 들 수 있다. 둘째, 정책대안의 채택, 집행과정 등에서 등장할 정치적 세력의 활동 등을 쉽게 예측할 수 있고, 셋째, 집행과정에서 필요한

활동, 자원 등을 미리 예측·계획할 수 있으며, 넷째, 과거의 정책에서 문제가 되었던 점들을 개선할 수 있다는 점을 들 수 있다. 반면에 단점으로는 과거에 채택했던 정책으로부터 나오는 결과, 정책의 추진과정 및 관련 정치세력, 정책의 집행 및 평가에서 문제가 되는 것들은 과거의 상황에서 정책이 추진되었을 때 나타난 것으로 상황이 바뀌게 되면 그 모든 결과가 바뀔 수 있다.

정책대안의 두 번째 출처는 타 청소년 행정부서의 정책이다. 이때 타 청소년 행정부서는 지방정부일 수도 있고, 외국의 청소년 행정부서일 수도 있다. 이 방법은 정책을 추진했을 때 나타날 결과의 예측, 정치적 세력의 분석, 집행상 필요한 자원, 계획 등의 사전검토 등이 쉬운 반면에 상황이 바뀌게 되면 동일한 정책이라도 다른 결과를 초래할 수 있다는 단점이 있다.

정책대안의 세 번째 출처는 과학·기술이다. 이것은 흔히 이론이라고 불리기도 하며 모형 설정과 직접 관련된다. 이론이나 과학적 지식에서 우리가 정책대안을 위하여 얻게 되는 내용은 정책목표와 이의 달성을 위한 정책수단, 그리고 이 양자의 인과관계에 관한 것이며, 외국 정부에서 사용하는 것이나 과거에 채택했던 정책수단은 어느 것이든지 정책대안으로 채택할 때는 이를 통하여 의도했던 정책목표가 달성되었는지에 대한 지식을 전제로 하여 이들을 정책대안으로 받아들임으로써 결국 그 내용에 있어서는 양자가 본질적으로 동일하다고 볼 수 있다.

정책대안의 네 번째 출처는 주관적·직관적 방법이다. 위의 세 가지 방법을 통하여 정책대안을 탐색하는 것은 이론이나 전문지식의 부족, 상황에 대한 정보의 부족 등으로 어려움에 직면하는 경우가 있게 된다. 이러한 경우에 관련 전문가의 주관적 의견을 이용하여 정책대안을 탐색하게 된다. 주관적·직관적 판단을 이용하는 방법으로는 흔히 논의되는 것이 브레인스토밍과 델파이 방법이 있는데, 양자 모두 정책대안의 개발, 창출뿐만 아니라 정책대안의 결과를 예측하는 데 사용되고 있다.

이러한 방법을 통하여 정책대안을 개발하고 탐색한 후에 예비검토(screen)를 거치게 된다. 그리고 실현 가능성이 있는 정책대안들을 본격적인 분석대상으로 삼게 되는데 실현 가능성은 정치적·행정적·경제적·기술적 측면에서 검토될 수 있다.

그리고 정책대안의 결과를 예측하는 방법으로는 여러 가지가 있는데, 첫째, 직관적 판단, 과거의 정책이나 외국의 정책결과에 의존하는 방법 등이 있다. 둘째, 모형이나 정책실험 등 통계적인 기법을 활용하는 방법이다. 셋째, 둘째 방법을 사용하기 어렵거나 약점이 있을 경우에 보완적으로 사용하는 전문가에 의한 델파이 방법이 있다.

4. 청소년정책의 의미와 내용

정책이란 “어떤 하나의 사회 분야에서 사회적 시스템, 구조, 문화, 가치, 규범, 형태, 물리적 환경 등을 어떻게 바꾸며, 또 어떠한 방법으로 바꾸고자 하는가 하는 정부관여의 수단”을 일컫는다.

정책의 개념을 정의한 학자로, ① Easton은 정책의 공식적 권위성에 초점을 두고 있으며, 정책을 전체 사회를 위한 가치의 권위적 배분으로 정의, ② Lasswell과 Kaplan은 정책을 목표, 가치 및 행정노선을 담은 사업계획, ③ Dye는 정책을 정부가 하기로 또는 하지 않기로 결정한 모든 행위라고 정의하였다. 그러므로 정책을 국책(國策)이라고도 하며, 미국에서는 공공정책(public policy)이라 한다.

예컨대, 청소년정책 목표는 ‘청소년정책을 통해 달성하고자 하는 바람직한 상태’를 의미한다. 청소년정책 목표는 청소년정책을 통해 실현하려는 이상적인 상태로 정책의 존재 이유가 되며, 정치 · 경제 · 사회 · 문화 등의 정책환경을 고려하여 수립된다.

청소년정책 목표를 설정하기 위해서 고려해야 할 요소는 첫째, 청소년정책 목표의 달성이나 정책문제 해결로써 얻게 되는 효과, 둘째, 정책목표 달성이나 정책문제 해결을 위한 비용, 셋째, 정책효과와 정책비용의 배분, 넷째, 정책목표의 달성 가능성이나 정책문제의 해결 가능성이다.

청소년정책 목표를 설정하는 이상적인 방법은 앞에서 살펴본 네 가지 요소(정책의제설정 · 정책결정 · 정책집행 · 정책평가)를 고려하되, 우선 정책목표에서 실현 불가능한 것을 제외하고 실현 가능한 정책목표 중에서 능률성 · 공평성 · 적합성 등의 기준을 고려하여 설정한다.

정책 목표가 설정된 다음으로 목표를 달성하기 위한 하위목표에는 청소년의 삶의 질 향상, 청소년의 사회참여, 청소년의 정보화 능력 함양, 국제감각과 글로벌리더십 함양, 청소년의 복지증진, 유해환경으로부터 청소년보호 등을 들 수 있다. 이러한 청소년정책 목표는 첫째, 최선의 정책수단 선정의 기준이 되고, 둘째, 정책집행의 지침이 되며, 셋째, 정책평가의 기준이 된다.

5. 청소년정책과정

정책의 형성과정은 학자에 따라 다양한 견해가 있으나, 정책의제설정 · 정책결정 · 정책집행 · 정책평가의 4단계로 나누는 것이 일반적이다.

즉, 어떠한 사회적 문제에 대하여 의제를 선정하고(정책의제설정), 이를 정책적으로 해결할 수 있는 결정, 즉 계획을 수립하게 되며(정책결정), 계획한 기본방침에 따라 업무를 추진하는 등 정책을 집행하게 된다(정책집행). 그리고 이와 같은 일련의 정책이 효과적으로 추진되고 있는지, 정책대상자들이 추진하고 있는 정책에 대하여 긍정적 혹은 부정적 반응인가를 관리, 감독하여(정책평가) 다음 정책결정에 반영한다(정책반영). 이것이 정책의 환류이다.

1) 청소년정책 의제설정

청소년정책의 의제설정에 영향을 미치는 요인은 청소년문제에 관한 사회적 관심과 사회환경의 변화, 정치지도자의 관심, 청소년정책의 대상('수혜자' 대신 '대상'으로 표기함)인

청소년의 의식과 욕구, 언론매체의 보도내용, 청소년단체나 청소년관련 학자의 의견, 청소년 업무를 담당하는 정부관료의 능력과 자세 등 많은 요인을 들 수 있다.

첫째, 청소년에 대한 사회적 관심을 살펴보면, 1960년대 초부터 청소년문제가 제기되면서 요보호청소년과 비행청소년의 보호와 선도를 위한 정책이 형성되어 왔다. 1961년 제정된 「미성년자보호법」은 전체 청소년을 대상으로 한 것이 아니라, 20세 미만의 미성년자의 흡연, 음주 및 선량한 풍속을 해칠 우려가 있는 유기장, 유흥업소 등의 출입을 금지하여 미성년자를 보호하고자 하는 데 목적이 있었다. 그리고 18세 미만 아동이 그 보호자로부터 유실 · 유기 또는 이탈되었을 경우, 아동의 건전한 출생을 기할 수 없는 경우, 기타의 경우에 아동이 건전하고 행복하게 육성될 수 있도록 아동의 복지를 보장하려는 「아동복리법」이 제정되었는데, 이러한 일련의 법률들은 주로 비행청소년 혹은 아동의 보호와 선도에 집중되었다. 이후 1997년 시행된 「청소년보호법」과 2000년 제정된 「청소년의 성보호에 관한 법률」, 2004년 「학교폭력예방 및 대책에 관한 법률」, 2014년 「학교 밖 청소년지원에 관한 법률」도 이러한 청소년문제에 대한 사회적 관심의 발로에서 비롯된 것이다.

둘째, 청소년 관련 환경변화는 저출산 · 고령화로 인한 청소년인구의 지속적 감소와 이혼율 증가, 한부모가구 청소년 수와 다문화가족 청소년 수가 늘고 있으며, 진로탐색 기회 확대를 위한 자유학기제와 고교학점제 시행에 따른 정책수요가 형성되어 가고 있다.

셋째, 정치지도자의 관심을 살펴보면, 정치지도자가 청소년육성에 관심을 갖는 정도가 정책의제설정에 큰 영향을 미치고 있다. 1979년 말 정권을 잡은 신군부는 청소년 문제와 청소년단체에 관심을 가져 1981년 3월 19일 한국청소년연맹을 창설하였다. 한국청소년연맹에 대한 정부의 지원을 제도화하기 위해 「한국청소년연맹 육성에 관한 법률」을 제정하였다. 정치지도자의 관심에 의해 창설된 한국청소년연맹은 청소년단체에 대한 국가와 지방자치단체의 지원을 확대하여, 청소년단체의 육성에 크게 기여하는 계기가 되었다.

그리고 기타 청소년의 의식과 욕구, 언론매체의 보도내용, 청소년단체나 청소년 관련 학자의 의견, 청소년 업무를 담당하는 정부관료의 능력과 자세 등의 요인이 청소년 정책의 의제설정에 영향을 미친다.

2) 청소년정책의 결정

청소년정책 결정의 참여자는 일반적으로 대통령, 행정부, 입법부, 언론, 청소년단체, 일반 국민, 전문가와 학자, 이익집단, 청소년 등을 들 수 있으나, 무엇보다 청소년 정책 목표를 결정하고 이 목표를 달성할 수 있는 정책수단을 채택하는 정책결정활동을 하는 청소년 행정조직의 역할이 매우 중요하다고 하겠다.

청소년정책 목표를 설정하기 위해서 고려해야 할 요소는 첫째, 청소년정책 목표의 달성이나 정책문제 해결로 얻게 되는 효과, 둘째, 정책목표 달성이나 정책문제 해결을 위한 비용, 셋째, 정책효과와 정책비용의 배분, 넷째, 정책목표의 달성 가능성이나 정책문제의 해결 가능성이다.

청소년정책의 목표가 설정된 후 최선의 정책대안을 선택하기 위해서는 정책대안을 광범위하게 탐색하고 개발해야 한다. 여러 가지 가능한 모든 대안을 비교 · 평가한 후에 최선의 우선순위를 결정해야 한다. 청소년정책의 대안을 설정하기 위해서는 과거의 정책, 외국 정부의 정책, 과학 · 기술 · 모형의 활용, 주관적 · 직관적 방법 등이 대안 개발의 원천이 된다.

정책수단 중에서 어느 것이 최선인지를 알기 위해서는 정책목표가 확정되고 이를 달성할 수 있는 정책수단이 광범위하게 개발되거나 탐색된 후에 정책수단, 즉 탐색된 정책대안 하나하나가 집행될 경우 어떠한 결과가 나타나게 될 것인지를 미리 예상해 보아야 한다.

청소년에 대한 예산을 책정하고 배정함에 있어 한정된 범위 내에서 효율적인 투자를 할 수 있도록 투자 우선순위의 결정이 필요하다. 정책대안의 선택기준은 학자마다 다양하나 바람직한 소망성의 기준으로서 효과성, 능률성, 공평성, 충분성, 대응성을 들 수 있다.

청소년정책의 대상은 청소년이어야 하며 부차적으로는 국민 대다수여야 한다. 그러나 어떤 정책이든 모든 사람의 욕구를 충족시킬 수 있는 정책은 없다. 그러므로 청소년문제에 대한 정확한 분석과 정책의 집행으로부터 발생할지도 모르는 2차적인 문제 등을 분석하여 가장 적합한 정책을 선택하여야 한다.

3) 청소년정책의 집행

청소년정책의 집행은 정책결정 이후의 행정활동을 의미한다. 정책집행은 조직 · 지도 · 조정 · 통제 등이 포함된다.

여성가족부는 정책 결정을 하는 기능과 지방자치단체나 청소년기관 · 단체의 청소년정책 집행을 조정 · 통제하는 기능을 가지고 있으며, 지방자치단체는 자체적으로 지역 청소년정책을 집행하고 있다.

청소년정책은 중앙행정기관의 소관기능에 따라 분산되어 있으나 종합조정기능이 보다 강화되어야 할 것이므로, 지방 청소년육성위원회의 기능 및 활동을 보다 활성화시켜야 할 것이다.

4) 청소년정책의 평가

청소년정책의 평가는 정부가 의도적 목적을 가지고 개입을 하는 활동인 정책을 대상으로 첫째, 정부개입, 즉 서비스나 정부활동은 올바르게 대상에게 전달되고 있는가, 둘째, 정부가 개입하기로 한 활동의 정도는 해결하고자 하는 문제의 성격과 특성을 고려했을 때 적정하며, 그러한 활동을 통하여 달성하고자 하는 목표는 달성되었는가 등을 평가하는 것이다.

청소년정책의 평가는 여성가족부에서 담당하고 있으며, 지금까지 청소년정책이 집행된 후 사후평가를 위주로 해왔으나, 정책 집행과정에서의 평가를 강화하여 그 결과에 따라 국고나 청소년육성기금 등을 차등 지원할 수도 있다.

일반적으로 정책평가의 기준은 다음과 같다.

① **효과성**(effectiveness): 일반적으로 목표 달성의 정도(degree of achievement)를 의미한다(Quade, 1982).

② **능률성**(efficiency): 능률성은 투입 대 산출의 비율로서 정의된다.

③ **공평성**(equity): 일반적으로 공평성은 "동일한 경우는 동일하게 취급하고, 서로 다른 경우는 다르게 취급하는 것"을 의미한다. 전자를 수평적 공평성, 후자를 수직적 공평성이라고 부른다.

④ **충분성**(adequacy): 충분성은 가치 있는 성과의 달성이 문제해결에 얼마나 이바지하였는가를 측정하는 기준으로서 문제를 일으키는 욕구, 가치, 기회 등을 충족시키는 효과성 수준의 정도를 지칭한다.

⑤ **대응성**(responsiveness): 대응성은 수혜자(대상) 대응성이라고 하며 하나의 정책이 특정 집단의 욕구나 선호 또는 가치를 충족시켜 주는 정도를 지칭하는 개념이다.

chapter 2

한국 청소년정책의 역사

1. 해방 이전의 청소년정책

1) 고대 중세사회의 청소년정책

우리나라 고대 중세사회의 정확한 청소년조직활동은 알 수 없으나 여러 가지 문헌과 고증을 통하여 청소년들의 활동을 살펴볼 수 있다.

우리의 조상들은 일찍이 소년들을 중시하여 그들에게 슬기와 용기, 그리고 불굴의 기지와 멋을 일깨워, 안으로는 수신의 기풍을 다지고 밖으로는 호국의 간성으로 키우고자 한 기록이나 풍습을 볼 수 있다.

이미 삼국시대에 마을의 청소년들이 그들 고유의 집회소를 가지고 성년식을 행하였다는 것과 두레라는 민간자생조직체에서의 집단활동을 통하여 농사에 관한 여러 가지 지식과 기술을 교환하고 마을 청소년들을 지도하는 기능도 수행한 바 있었으며, 고구려시대에는 남녀를 가리지 않고 청소년들이 무술연마를 즐겨하였다.

특히 평양으로 도읍을 옮긴 후부터는 지방 각지에 경당이라는 청소년 교육기관을 설치하여 미혼 남녀 가운데서 뽑힌 자로 하여금 무술을 익히게 하였고, 연초에는 대동강에서 무술경기도 하였다 한다.

경당은 15~16세의 미혼 청소년들로 구성되어 독서를 하거나 경전을 외우며 활쏘기를 익히는 집회장소였다는 점에서 볼 때 청소년 집단교육활동이라 생각되고 있다. 한편, 신라시대 진흥왕 때는 원화(源花), 국선(國仙), 선랑(仙郎), 풍월도(風月徒)라고 불리우는 청소년 조직인 화랑도(花郎徒)를 창설하였다.

2) 경당(扃堂)

고구려시대의 민간교육훈련기관, 구당서(舊唐書)와 신당서(新唐書)에는 각기 고구려의 내부 사정을 설명하는 가운데 "풍속에 서적을 사랑한다. 가난하여 천한 일에 종사하는 집에서까지도 각기 네거리에 큰 집을 지어 이를 경당이라고 부른다. 혼인하기 전의 자제들이 밤낮으로 그곳에서 독서를 한다거나 혹은 사격술을 습득한다거나 한다." 또는 "사람들은 학문을 좋아하여 가난해서 천한 일에 종사하는 집에서까지도 역시 서로 근면해서 길가에 모두 엄옥을 지어 그것을 경당이라고 한다. 미혼 자제들이 그곳에 모여서 경전을 암송하고 사격술을 습득한다."라고 하여 모두 경당에 대해서 언급하고 있다.

이 같은 기록의 내용으로 보아 경당은 지방의 촌락에 설치한 미혼의 평민층 자제를 위한 교육기관으로 짐작되는데, 여기에서는 경전과 사격술을 가르쳤다고 한다. 경당이 언제 설치되었는지 확실한 것은 알 수 없으나, 국초부터 촌락공동체 속에 남아 있던 원시적인 미성년집회를 국민개병제의 원칙에 입각한 군사조직으로 개편하는 과정에서 제정된 것이 아닐까 짐작된다.

그렇다면 경당은 중앙에 상류층의 자제를 교육하는 관학(官學)이 설립된 372년(소수림왕 2) 이후, 특히 427년(장수왕 15)의 평양천도 이후의 어느 시기에 제정된 것으로 생각해 볼 수 있다. 경당은 그 기원이라든지 성립의 배경·성격 모두가 신라의 화랑도에 비교할 수 있는 것으로 짐작되며, 이 점으로 볼 때 단순한 교육기관이 아니라 군사훈련기관으로서의 성격이 짙은 것으로 추측할 수 있게 한다.

3) 화랑도(花郎徒)

화랑도는 널리 알려진 바와 같이 우리나라의 대표적인 애국 청소년운동이었다. 화랑의 기원은 신라시대 중반을 전후하여 찾을 수 있으나, 이것이 처음으로 국가 제도로 활용되어 조직화되고 신라사회의 발전을 추진하는 기반으로 다듬어진 것은 신라의 진흥왕 시대라고 볼 수 있다. 화랑도의 교육은 어디까지나 자라나는 청소년들을 올바르게 육성하여 국가사회의 유용한 인재를 길러내는 것을 그 목표로 하고 있었다.

사군이충, 사친이효, 교우이신, 임전무퇴, 살생유택은 화랑집단의 교육목표로서 그 생활의 기본을 이루었을 뿐만 아니라, 오늘날까지도 우리 민족의 정신 속에 면면히 살아 흐르고 있음을 엿볼 수 있다.

화랑도는 고명한 학문의 선배들을 찾아다니며 많은 가르침을 받아 견문을 넓혔다. 국선들은 누구나 향가에 이해가 깊었고 문호에 출입하여 불교의 교리를 익혔으며, 불교사상과 함께 도교사상도 화랑도 교육사상에 많은 영향을 끼친 바 있었다.

그리고 화랑들의 교육에 빼놓을 수 없는 것이 노래와 춤이었다. 노래가 정신교육에 특히 청소년들의 사기를 북돋는 데 이바지하는 면은 매우 컸다. 그들은 현재의 모든 종교단체나 청소년단체가 음악을 즐기고 존중하는 그 이상으로 멋있고 즐거운 예술생활을 장려하였다.

이와 같이 노래와 춤은 그들의 명승지순례와 더불어 놀이로서의 성격을 강하게 띠고 있었으며, 현대 교육사상에서 강조되고 있는 청소년들의 자치활동이나 현지답사, 향토조사활동, 자연보호활동 등의 특별교육 내용이 이미 그들 화랑단체의 교육 가운데 있다는 것을 발견할 수가 있다. 이것은 청소년들에게 국사에 대한 관심과 지식을 함양하고 자연계에 대한 애착심을 기르고, 극기력을 향상시키는 체력단련과 참고 견디는 심력연마를 도모하고 고유한 신앙적 사상과 조상의 사적에 대한 견문을 넓히기 위한 것이다.

다음으로 주목할 만한 점은 실제 경험을 통한 학습방법을 채택하였다는 사실이다. 산자수명 한 곳을 찾아 국내 각 지방을 널리 유람하면서 견문과 체험을 통하여 배우고 심신을 단련하였던 것이다. 이와 같이 신성한 명승지를 찾아서 유람하였던 것은 자연의 품속에 돌아가 때 묻은 마음을 씻어버리고, 높고 맑은 마음으로 남자답게 호기를 키우면서 즐겁게 놀자는 것이었다.

또한 상수(지도자)가 랑도(郎徒)들에게 가르치는 교육과목 가운데는 집 짓는 법, 농사 짓는 법, 기구(機具) 만드는 법을 비롯하여 국가 유사시에 사용할 무술훈련 등 인간생활에 필요한 모든 과목이 포함되어 있었다.

이상과 같이 화랑집단의 조직과 교육제도를 볼 때 화랑도는 서양 중세 기사도(騎士道)는 물론, 4-H운동의 이념과 성격이 교육내용과 방법 등에 있어서 유사한 점이 많은 것을 발견할 수 있다.

이는 국가사회를 위한 유용한 인재를 양성하는 같은 청소년집단이라는 점과 지·덕·노·체를 균형 있게 발전시키는 전인교육 단체라는 점, 그리고 그 교육내용이나 야영생활, 각종 경기의 개최, 노래와 음악의 생활 등 여러 가지 측면에서 4-H운동과 공통적인 점이 많은 것을 엿볼 수가 있는 것이다.

4) 한국 근대사회의 청소년정책

8·15 이전의 청소년운동은 일본 제국주의의 치하에 대한 민족적 저항의 성격을 띠고 전개되었다. 즉, 농촌청소년운동이 추구하는 바는 농촌사회의 개발과 농민의 사회·경제적 지위를 향상시키는 데 목표를 두게 되었다.

우리나라의 근대적 청소년운동으로서 기록에 나타난 최초의 청소년운동은 1919년 3월 10일, 한국 남녀 소년원이 파리강화회의(講和會議)에 독립청원서(獨立請願書)를 제출하였다는 기록이 있다(독립운동사, 소년운동일지). 그리고 1919년 11월 경북 왜관에 '왜관소년회'가 조직되었으며, 1920년에는 경남 진주에서 진주소년회가 조직되고, 1921년에는 서울(경성), 안성, 인천, 김천, 성진, 고창, 완주 등 각지에서 소년운동단체가 새로이 생겨났다. 특히 1921년 5월 소파 방정환 선생이 조직한 천도교소년회는 전국 소년운동계에 많은 영향을 미친 바 있었다.

한편, 1921년 12월 10일 서울에서는 전국적인 소년단을 조직하기 위한 운동이 뜻있는 선각자들에 의하여 계획되어, 이듬해인 1922년 10월 5일 중앙고등보통학교에서 교직에 있던 조철호 등 여러 유지들의 발기로 조선소년군을 조직하고, 중앙학교에서 발대식을 가진 것이 후에 우리나라 보이스카우트 운동의 시초가 되었다.

이러한 가운데 서울 시내 소년운동 관계자들은 소년문제를 좀 더 조직적으로 선전하고 연구하기 위하여 1923년 4월 17일 천도교소년회에서 소년운동협회라는 일종의 연합기구를 만들었다. 그리하여 소년운동협회는 동년 5월 1일을 '어린이날'로 제정하였는데, 이의 제정은 한국 소년운동사상 획기적인 일로 볼 수 있다. 이러한 소년운동의 전진적이고 역사적인 발전은 천도교소년회와 방정환, 고한승 등 9명이 동경에서 조직한 색동회가 큰 역할을 한 바 있었다.

1919년 3 · 1 독립운동을 기점으로 하여 당시 전국 소년운동단체는 우후죽순처럼 생겨나기 시작하였다. 동아일보에는 1924년 4월 현재 그 수가 134개를 헤아리게 되었다고 보도되었으며, 1926년 5월에는 그 수가 무려 500여 개나 된다고 기록되어 있다.

5) 농촌청소년운동

거족적인 3 · 1 독립운동은 민중의 힘을 보다 효과적으로 결집하고 아울러 계속적으로 항일 에너지를 육성하기 위한 조직체의 필요성을 절감하게 하였다. 더욱이 민족의 장래를 책임져야 할 청년들의 수양과 훈련은 물론, 이들을 통한 민중의 계몽과 지도의 필요성은 더욱 절실하였다. 이러한 시대적인 요망은 3 · 1 독립운동 후 전국 방방곡곡에서 활발한 청년운동을 가져오게 하였고, 나아가서는 청소년운동까지도 전개하였다.

그리하여 민족의 전위임을 자각한 청년들은 전국적으로 일어나 자기 고장을 중심으로 하여 청년회를 조직하고 민족적 역량의 기초를 다지기 시작하였다. 그 결과, 지역 청년회원들은 서로 청년회를 통하여 유대를 강화하고 눈부신 활동을 전개하였다.

농촌청년회의 태동 가운데 그 실적이 가장 두드러진 곳은 경기도 양평의 봉안청년회와 강원도 춘천군의 천전리청년수양단으로 볼 수가 있다. 천전리청년수양단은 강원도 춘천시 신북리에 소재한 청소년단체로 농촌청년들 스스로가 마을의 발전과 농민의 경제 · 사회적 지위 향상을 위하여 많은 노력을 한 바 있는데, 이 청년조직단은 춘천고등보통학교 상록회 운동에 자극을 받아 발족되었으며, 주요 사업은 ① 야학을 통한 문맹퇴치, ② 공동작업을 통한 자립기반 조성, ③ 농한기 부업 장려, ④ 독서를 통한 교양 함양, ⑤ 금주 · 금연운동 등으로 요약할 수 있다. 천전리청년수양단은 1938년 말부터 일제의 강압을 받아 해체되었다.

6) 기독교청년회(YMCA) 농촌활동

한국기독교청년회는 실의에 빠진 민족과 나라를 구원하기 위하여 대한제국의 수도 한성에서 황성기독교청년회라는 청년집단을 창설하였다. 이 조직이 모체가 되어 오늘날의 서울기독교청년회연합회를 조직하게 되었으며, 전국적인 청년운동으로 발족시킬 수가 있었다.

기독교청년회가 3 · 1 독립운동 직후 가장 먼저 착수한 것은 농촌에 대한 조사사업이었다. 조사사업은 미국에서 국제 조사한국위원단으로 부룬너(Edmund de Burhner), 에빈슨(G. W. Avison) 등 10여 명의 전문가들에 의해 농촌사업을 위한 기초조사활동이 이루어졌다.

또한 기독교청년회는 농촌계몽과 사업추진을 위하여 각종 출판물도 많이 발간하였다. 그 가운데는 홍병시의 『농촌협동조합연구법』, 『정말(丁抹)과 정말농민(丁抹農民)』 등의 단행본이 출판되고, 농민들의 교과서인 『농촌업서』, 『농촌요람』 등을 발행하였다. 그리고 1929년 2월부터는 『농촌청년』이라는 월간지를 발행하여 농촌지역에 배부하였다.

기독교청년회의 농촌사업의 내용을 보면 정신교육, 보건교육, 농사개량지도, 농촌계몽 및 문맹퇴치운동과 협동조합운동 등이 중심이 되었는데, 주목할 것은 농촌지도자 양성을 위한 교육사업이었다.

7) 사각소년회(四角少年會)

4육(四育-德, 智, 體, 社交)의 목표로 설립된 사각소년회는 활동목적으로 "몸과 지혜가 자라 봉사적 생활의 선봉이 된 기독의 자취를 따라 덕육 · 지육 · 체육 · 봉사의 사각적 인격완성"을 도모하는 데 있었다. 이 밖에도 '소년위안회'를 열어 율동과 창가, 바이올린 독주, 기타 독주 등으로 수백 명의 아동들에게 즐거움을 안겨 주었다. 또한 '개인소년문제 상담'으로 종교문제를 비롯 성문제까지 전문가들을 초빙하여 상담하게 하되, 풍기문제에 대한 구제방법을 상담과 소책자의 발간으로 실행하였다.

1929년 10월 현재까지의 연구적인 모임의 성격을 가진 것으로 사회문제연구 구락부, 경제문제연구 구락부, 역사연구 구락부, 문예연구 구락부 등이 있었으며, 취미 구락부로는 등산구락부, 오찬구락부, 수렵구락부, 성극구락부 등이 있었다. 이것들은 여러 방면의 전문적인 지식을 요구하는 지식층에 다양하게 응답해서 그들의 지적 활동을 제고시키고 한국 사회 발전에 크게 기여한다는 문화적 동기가 컸다고 볼 수 있는 활동들이었다. 이 밖에도 에스페란토 강연회, 양복재단 강습, 모사편물(毛紗編物) 강습 등을 개최하여 실생활에 도움을 주기도 하였다.

2. 4-H 활동

1) 4-H 활동의 형성 배경

4-H는 미국에서 시작되어 현재 전 세계 80여 개 국가에 조직된 국제적 청소년단체이다. 미국에서 "4-H"라는 명칭을 공식화한 것은 1924년이지만, 이미 18세기 후반부터 19세기 초기에 농촌지역사회에는 4-H 활동과 유사한 청소년클럽들이 많이 있었다. 그러므로 4-H 활동의 성립배경을 제대로 이해하기 위해서는 4-H라는 명칭이 공식화되기 이전의 상황에 대해 이해할 필요가 있다.

4-H 활동의 시작은 여타 단체활동과는 다른 특징을 가지고 있다. 대중적 기반을 가지고 있는 유명한 지도자의 사상이나 종교적 이념에서 출발한 것이 아니라, 농촌지역사회를 중심으로 청소년에 관심을 가지고 있는 평범한 농장주, 농업과학자, 학교 선생님, 행정가, 그리고 뜻있는 시민들에 의해 뿌려진 씨앗이다. 또한 4-H 활동의 출발은 협동적 성격을 가지고 있다. 왜냐하면 4-H 활동은 출발시기부터 청소년에게 도움을 주려는 공공기관 및 민간단체가 협력하여 일궈낸 결실이기 때문이다.

한국에서 4-H 활동이 시작된 것은 1947년 경기도 지역을 중심으로 4-H 활동이 확산되어 1950년 한국전쟁으로 인하여 그 활동이 전면 중단되었다가, 휴전 후 1952년 농림부의 '농촌건설요강' 정책으로 4-H 구락부 사업을 농촌청소년 지도사업으로 시책화하면서 4-H 조직은 다시 활기를 찾아 전국에 확산되기 시작하였다. 당시의 한국사회는 정치, 경제, 사회, 문화의 모든 면에서 정체성을 잃은 채 혼란을 겪고 있었으며, 특히 농촌사회는 일제강점기의 소작농 형태가 여전히 존재하고 있었기 때문에 낙후를 면하지 못한 상태였다. 서울과 인접한 경기도는 그 정도가 다른 지방보다 심각하였다. 그리하여 몇 개 시 · 군을 시범적으로 농촌청년구락부를 조직하고, 영농기술과 농촌의 문화 향상을 위한 지도와 교육을 실시하였다.

2) 4-H 활동의 개념

4-H 활동은 농촌청소년들로 하여금 미래의 농촌을 이끌어나갈 수 있는 자질과 능력을 길러주기 위한 사회교육운동이며 사회개발운동이다. 이를테면 지 · 덕 · 노 · 체의 지도이념을 바탕으로 영농기술을 습득하고 정서를 함양토록 하여, 건전한 민주시민으로서 사회에 참여하고 봉사할 수 있는 인간교육을 실현하자는 데 있다. 특히 이 활동에서 주목할 점은 개인보다는 단체를 우선시하는, 즉 조직적으로 운영된다는 것이다.

4-H 활동의 기본목표를 보면 실용주의 정신이 반영된 내용으로 실천적 교외교육사업(校外教育事業)을 지향하고 있음을 알 수 있는데, 크게 두 가지로 축약할 수 있다. 첫째는 농촌청소년들에게 장차 발전하는 민주국민으로서 갖추어야 할 기본적인 소양과 자질을 길러 나가는 윤리적인 목적이며, 둘째는 보다 잘 살 수 있는 유능한 농민이 되어 명랑하고 올바른 사회생활을 영위하기 위하여 이에 필요한 각종 새로운 기술과 지식을 배우는 실용적인 목적이다. 이 외에도 정신적 · 육체적으로 성실하게 성장하도록 하기 위한 회원의 생활신조 외에 서약과 강령을 두어 스스로 심신을 다스리도록 하고 있다.

(1) 4-H 이념

4-H 활동은 농촌청소년을 중심으로 이루어진 하나의 사회운동이며 교육사업이었다. 4-H는 머리(Head), 마음(Heart), 손(Hands), 건강(Health)의 머리글자인 H를 따온 것이다.

- 지(Head): 머리를 명석하게 하여 올바른 판단과 계획능력을 기르고
- 덕(Heart): 덕성을 함양하여 진실과 겸손으로 인격을 도야하며
- 노(Hands): 근로와 봉사를 통해 기능을 기르고 밝은 사회건설에 이바지하며
- 체(Health): 건강을 증진하여 질병을 물리치고 능률을 증진하며 생활을 즐겁게 하는 것

4-H 활동은 이론적인 운동이기보다는 실천적이며 경험을 중시하는 운동으로써 경험 속에서 체득한 지식과 정신을 중요시하고 있다. 4-H 활동의 지(智)·덕(德)·노(勞)·체(體) 이념은 무차별적인 자연훼손과 개발로 인한 자연생태환경의 파괴 속에서 환경친화적인 의식개혁과 구체적인 행동양식을 일깨워주는 차원에서 매우 의미가 있다. 또한 놀랄만한 기술혁명과 급격한 산업화 및 도시화로 인한 인간성 상실의 시대 속에서 인간의 본질적인 가치체계와 삶의 방식을 새롭게 각인시켜 준다는 차원에서도 의미가 있다. 뿐만 아니라, 4-H 이념은 정보화 사회와 지식기반사회 속에서 각 개인이 취해야 할 생존방식과 생활양식을 일깨워 준다는 차원에서도 매우 중요하다.

네 가지 지도이념에 따라 자기가 살고 있는 마을이나 지역 생활권을 중심으로 모임을 만들어, 어려서부터 4-H 이념을 생활화하는 학습(과제)활동을 통하여 훌륭한 국민이 되어 지역사회개발에 중추적 역할을 담당할 수 있는 유능한 민주시민의식을 고양케 하는 실천적 사회교육사업이다. 따라서 4-H 활동은 민주시민으로서 갖추어야 할 기본적인 소양을 갖추고 변화하는 시대에 대처할 수 있는 유능한 차세대 국민을 양성하기 위한 사회교육사업이며, 실천적 운동이다. 이와 같이, 4-H 이념은 오늘날의 청소년의 건전육성과 사회에 이바지하는 모태가 되고 있다고 볼 수 있다.

(2) 4-H 목표

4-H 활동의 목적은 위와 같이 4-H 활동 이념의 생활화를 통해 전인적 인간, 완전

한 인간, 사람다운 사람을 일구어 내는데, 있으며, 청소년들이 자주적 활동을 통하여 지육(智育) · 덕육(德育) · 노육(勞育) · 체육(體育)의 네 가지 지도이념을 건전하게, 그리고 균형 있게 발전시켜 자아발전과 행복은 물론 가정과 사회 및 나라의 번영과 인류의 평화에 기여토록 하는 것이다.

4-H 활동이 이와 같은 포괄적인 목표를 가지고 사회교육운동을 전개하여 왔으며 그러한 운동방향을 지향해 왔다고 본다. 그러나 실제로는 4-H 활동이 농촌청소년 지도사업의 일환으로, 첫째, 농촌청소년들에게 장차 발전하는 민주국민으로서 갖추어야 할 기본적인 소양과 자질을 길러 나가는 윤리적인 목적과, 둘째로는 보다 잘 살 수 있는 유능한 농민으로서 건전한 사회생활을 영위하기에 필요한 새로운 기술과 지식을 배우는 실용적인 목적을 추구하는 운동방향을 지향해 왔다.

(3) 4-H 상징

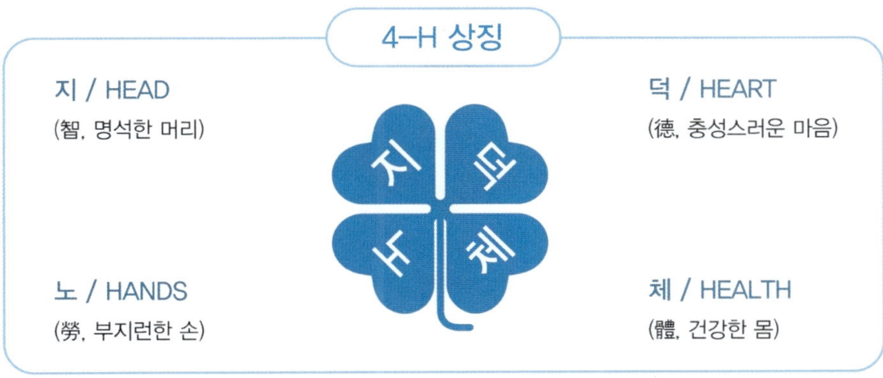

4-H 활동은 1907년 벤슨(Benson)에 의해 미국 아이오와(Iowa) 라이트 지역의 농촌청소년클럽(Boy's and Girl's Clubs)을 지칭하기 위해 처음 사용하였다. 그 당시 미국에서는 학생들이 학교에서 배운 교과내용을 가정과 지역사회에서 실천하도록 하기 위해 학생들로 구성된 많은 클럽들이 있었다. 벤슨은 그 당시 학교에서 이루어지고 있는 교육이념과 학교 밖의 청소년클럽을 연계시켰던 것이다.

4-H를 상징하는 클로버는 두과식물로써 강한 생명력을 갖고 있으며 행운과 성취를

상징한다. 또한 흰바탕은 청순함을, 녹색은 희망을 나타내고 있으며, 클로버 잎의 "H"자는 머리(Head), 마음(Heart), 손(Hands), 건강(Health)의 머리글자를 따서 표시하였으나, 1979년 새마을청소년회로 바뀌면서 'H'자 대신 지(智), 덕(德), 노(努), 체(體)를 사용하여 현재에 이르고 있다.

3) 4-H 이념의 실천체계

4-H 이념의 실천은 사회교육활동으로써 행동적 변화(Behavioral change)를 추구하는 것이다. 지육(智育)은 청소년들에게 농촌생활이나 사회생활에 필요한 지식과 지혜를, 덕육(德育)은 개인과 타인, 그리고 조직으로 건전한 가치관과 태도, 습관을, 노육(勞育)은 일상생활과 지역사회, 그리고 직업세계를, 체육(體育)은 신체와 정신건강으로 하위 실천 영역으로 구분할 수 있다.

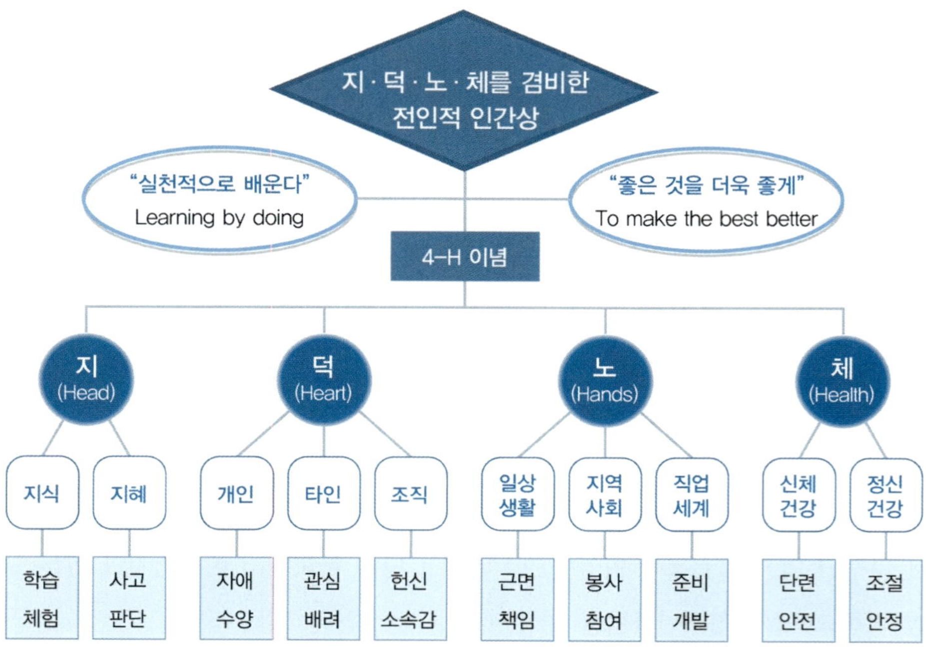

그림 2-1 4-H 이념 실천체계도

4) 새마을운동 전개과정과 4-H 활동

1971년부터 시작된 새마을운동은 농촌 표준환경 정비와 농가소득원의 확대, 그리고 도시새마을운동의 실천으로 전개되었다고 할 수 있겠다. 4-H 활동은 새마을운동보다 24년이나 앞서서 낙후된 농촌지역사회개발에 농촌청소년들이 선도적으로 실천하였으며, 그 정신과 내용 면에서 새마을운동을 소규모로 먼저 추진하였다.

반면에 4-H 활동은 농촌청소년층이 주축이 되어 대부분 농촌지역 내에서 농촌개발에 역점을 두었고, 새마을운동은 농촌과 도시의 전 지역사회에서 성인새마을지도자를 중심으로 주민 전체가 주도하고 정부의 정책지원으로 주민의 공통욕구를 해결하는 범국가적 운동이었으며, 초창기부터 마을 개발을 단계로 기초, 자조, 자립으로 육성하였다는 데 차이가 있다.

5) 4-H 활동의 평가

4-H 활동은 해방과 6 · 25 한국전쟁이라는 숱한 역경 속에서 이 땅의 청소년들에게 희망과 용기를 심어 주고, 더불어 전인적 인간상을 구현하기 위해 마련된 다양한 프로그램들은 오늘날 한국 사회를 한 걸음 나아가게 하는 원동력이 된 게 분명하다. 그러나 산업화, 도시화의 문명은 농촌을 황폐하게 함과 동시에 고립시켰고, 농촌은 이제 관심의 대상에서 벗어난 지 오래다. 농촌의 몰락과 함께 농촌 4-H 활동도 시들해진 것이 사실이며, 급기야 도시 속으로 파고들어 영농 4-H회와 학생 4-H회로 명맥을 유지하고 있다.

1987년 「청소년육성법」이 탄생하기 이전까지, 정확히 말하면 청소년수련활동과 수련거리가 법제화된 1991년 이전까지 4-H 활동이 한국 사회에 기여한 공로는 적지 않다. 특히 문화체육부가 21세기 주역인 청소년들을 위한 수련거리 기본형을 개발하기 위해 지 · 덕 · 체의 이념을 전제로 한 데는 4-H 활동이 청소년들에게 미친 영향이 그만큼 컸기 때문일 것이다.

3. 해방 이후의 청소년정책

1) 요보호아동과 비행청소년 대상의 대책

과거 우리나라의 청소년정책은 주로 청소년보호정책이었거나 학생들을 대상으로 한 사회단체활동이라 할 수 있다. 청소년보호정책은 해방 이후 1950년대에는 주로 전쟁고아와 미망인 자녀를 보호하기 위한 정부 및 회원단체의 지원사업이었고, 1960년대 이후에는 법령에 의하여 이들과 가출 · 기아 및 비행소년을 보호하기 위한 것이었다. 그리고 사회단체의 활동은 주로 초 · 중 · 고교생을 대상으로 한 농촌의 4-H 활동과 도시의 적십자청소년, 유네스코의 청소년운동 및 소년 · 소녀 스카우트 운동이 그 핵심이다.

이러한 것을 보면, 정부의 청소년정책은 요보호아동이나 비행청소년을 대상으로 한 보호 및 교정대책이라 할 수 있고, 법정단체인 사회단체의 청소년사업은 초 · 중 · 고교 학생들을 대상으로 한 교사에 의한 청소년지도였다.

이와 같이, 청소년정책의 대상이 요보호 및 비행청소년과 부유한 일부 학생들만을 대상으로 하였으며, 일반청소년, 즉 지역사회에 거주하는 미진학청소년, 가두직업청소년, 근로청소년, 무직 · 가출 · 부랑청소년 등은 이러한 보호에서 제외되었다.

2) 청소년정책의 태동

이러한 청소년을 선도 · 보호할 수 있는 사회정책이 필요하게 되었고, 이들을 지도할 수 있는 전문기관과 서비스가 요구되었다. 그리하여 1980년대 말 비로소 이들 청소년을 위한 정책이 나타나게 되었다. 지역사회 중심의 전문지도자에 의한 청소년 선도대책이 마련되었고, 이것을 구현하기 위한 중앙의 체육청소년부와 지방의 자치단체(시 · 도, 시 · 군 · 구)에 행정부서가 설치되었다. 그 후 청소년정책을 발전시키기 위한

'청소년육성 10개년계획'과 「청소년기본법」이 마련되었다. 이러한 청소년정책의 대변혁은 우리나라 청소년정책의 발달에 있어서 큰 의미를 지닌다.

청소년정책의 역사를 한 마디로 정의한다는 건 매우 어려운 일이다. 그것은 청소년정책의 개념과 그 내용을 어떻게 규정하느냐에 따라 많은 차이가 있기 때문이다. 즉, 육성과 보호, 복지를 개별적으로 정의하려 하면 청소년정책의 역사적 시점에 상당한 차이가 있는 것이다. 그렇지만 이런 상이한 요소들을 종합하여 좁은 의미로 해석하면, 청소년정책의 역사적 출발은 1987년 11월 28일 「청소년육성법」이 마련된 시점을 중심으로 하여 그 이후부터라고 할 수 있으나, 넓은 의미에서는 해방 이전까지 거슬러 올라가야 한다.

여기에서 말하는 넓은 의미의 청소년정책이란 청소년의 기본적 욕구인 소득, 보건, 교육, 주거 이외에도 비행, 보호, 고용, 환경, 스포츠, 예술, 레크리에이션, 상담 등을 해결하기 위한 국가 및 공공기관의 개입을 말할 수 있다. 이러한 개입을 체계적으로 종합한 청소년정책 또는 법령은 없으나, 분립된 법령이 약 52개가 되고 13개의 행정부서와 34개의 공공단체가 참여하고 있었다. 이러한 것을 본다면 비록 많은 문제가 있지만 우리나라에는 나름대로 청소년정책이 존재하고 있었던 것이다.

그러면 여기에서 광복 이후 주요한 청소년관련 법령을 중심으로 그 성격을 간략히 살펴보기로 한다. 1940년대 말 이후 1970년대까지 우리나라 정책 중 가장 주요한 사업은 청소년을 대상으로 한 교육사업이었고(교육법), 그 다음은 비행청소년을 대상으로 한 선도사업(소년법, 갱생보호법), 무의탁 요보호아동을 위한 보호사업(아동복지법), 그리고 근로청소년의 노동조건을 보호하기 위한 것(근로기준법)이었다. 그러나 1980년대에 들어와서 일반 청소년과 아동을 보호하기 위한 법령(아동복지법, 유아교육진흥법, 영유아보육법)과 청소년의 여가선용과 수련을 위한 「청소년육성법」이 제정되었으며, 1990년대에 들어와서 비로소 청소년정책의 좌표라 할 수 있는 「청소년기본법」이 제정되기에 이르렀다.

이어 1997년에는 「청소년보호법」이 제정되었으며, 2000년에는 「청소년의 성보호에 관한 법률」이 제정되어 청소년보호 측면에 비중을 두어 육성과 보호의 균형 있는 청소년정책을 설정하였다. 그리고 2004년에는 청소년육성을 세분하여 청소년기본법을 모법으로 하는 「청소년활동진흥법」과 「청소년복지지원법」이 제정되어 명실상부 청소년정책에 박차를 가하게 되었다.

3) 청소년사업 수행을 위한 민간단체

한편, 청소년정책을 펴기 위한 정부기구도 1970년대 말까지는 주로 위원회 체제였지만(교육위원회, 아동복리위원회, 청소년대책위원회 등) 1980년대에는 정부의 정책부서로서 행정전달체계가 어느 정도 확립되었다(체육청소년부, 시 · 도 청소년과(課), 시 · 군 · 구 청소년계). 그리고 청소년사업을 수행하기 위한 민간단체는 1960년 이전에도 YMCA, YWCA, 4-H 클럽 등이 있었지만, 1960년 이후 청소년단체를 육성하기 위한 법령이 제정됨으로써 순수한 민간단체와 법정단체의 자율적인 청소년사업이 거의 불가능하게 되었다.

이러한 법정단체가 국가적 필요성과 국민정신을 제고하기 위한 것은 1980년대 이후이지만 그 이전에는 외래적인 것이 대부분이었다. 청소년단체도 「청소년육성법」 제정 이후에 비로소 전문법인의 설립이 가능하였다. 그 이전에 설립된 30여 개 단체의 대부분이 외래적 · 종교적인 색채가 강하였다. 이러한 단체가 정부의 행정적 · 재정적 지원을 받기 때문에 자주적인 전문단체가 나타난다는 것은 거의 불가능하였다.

1950년대와 1970년대에 청소년을 위한 새로운 법령이 제정되지 않았다는 것은 청소년을 위한 새로운 정책이 개발되지 못하고 있다는 것을 의미하는데, 이것은 1950년대 초의 한국전쟁, 그리고 1970년대의 유신정치의 산물인 것 같다. 한국전쟁으로 인한 고아와 미망인 자녀들을 보호하기 위하여 주로 외국 원조단체(약 150여 개)의 사회복지서비스가 있었기 때문에 일반청소년의 육성에 대한 관심이 없었으며, 1970년대에는 공업화에 의한 경제개발정책으로 청소년의 가출이 심하였으나 이들의 대부분은 공업 및 서비스 노동자가 되었고, 청소년의 여가선용과 심신수련에 관심을 가질 여유가 없었을 것이다. 그리하여 우리나라 청소년정책이 1970년대까지는 주로 치안행정의 개념으로 인식하였고, 1980년대까지는 교육행정의 개념으로 인식하였던 것이 그 특성이다.

4) 청소년보호와 문제해결을 위한 위원회

한편, 요보호청소년을 위한 보호의 개념으로 인식된 복지행정도 1980년대 이후에는 일반청소년과 예방의 개념으로 인식하게 되었다.

이와 같이 청소년정책에 대한 인식의 변화는 그간 급속히 신장된 경제성장으로 여유가 생긴 이유도 있겠지만, 오히려 그 후유증으로 청소년문제가 더욱 심각해졌기 때문이다. 특히 1960년대부터 시작된 공업화에 의한 경제개발정책으로 도시에의 인구집중, 빈부격차, 유해환경의 심화 등으로 비행청소년이 양적으로 증가되었을 뿐만 아니라 질적으로도 연소화, 집단화, 포악해져 갔다.

이러한 것을 예방하기 위하여 「청소년육성법」과 「청소년기본법」이 나타났던 것이다. 청소년정책이 비행청소년의 선도와 요보호청소년을 보호하기 위한 치료대책을 중심으로 1970년대 중반까지만 하여도 청소년보호대책위원회(그 후 청소년대책위원회)가 형식상 청소년정책의 중심적 역할을 하게 되었다. 이 위원회는 심의기능을 하게 되어 있고 집행기능은 담당부서가 하였다. 그리고 1960년대의 청소년보호대책위원회(위원장은 내무부 장관)가 종합조정기능이 미흡하여 1970년대의 청소년대책위원회(위원장은 국무총리)로 변경되었다. 즉, 청소년의 보호기능 이외에도 지도와 육성을 중요시하기 시작하였다.

이 위원회의 기능 중에 기본계획 수립 및 종합정책 조정 이외에는 보건사회부, 교육부 및 내무부(치안국), 법무부의 정책의 고유 업무였던 것이다. 1960년 이후 청소년보호대책위원회를 내무부(치안국)가 주도하면서 비록 시 · 도, 시 · 군 · 구에 위원회가 조직되어 있었지만, 경찰서가 소년경찰과 보호관찰사업을 중심으로 행하였다. 한편, 1970년대 중반 이후 청소년단체는 학교와 교사 중심으로 학생들의 과외활동을 지도하였다.

청소년문제를 예방하기 위한 1980년대 청소년대책위원회를 국무총리실이 관장하면서 「유아교육진흥법」을 마련하기도 하였지만, 종합 조정이 가능한 행정부서와 공업화 및 가족해체에 의한 새로운 청소년정책의 필요성을 인식하게 되었다.

사실 정책이 국무총리실 소관업무가 되면서 청소년실태 조사와 청소년백서를 발간하는 업무를 수행하는 것 외에 별다른 업적이 없었다. 이러한 고민과 회의에서 「청소년기본법」의 필요성이 제기되었다. 그리하여 한때 이 업무를 문교부, 보건사회부 등이 서로 미루어 오다가, 한국청소년연맹이 「청소년의 보호육성법에 관한 법률」을 제안하였으며 마침내 이것을 중심으로 입법화되었다.

5) 청소년관련 법령 정비와 소관부처의 이동

「청소년육성법」은 청소년의 권리와 책임, 그리고 사회 및 국가의 책임이 명시되었으며 또한 그간 청소년대책위원회의 기능이 포함되었을 뿐만 아니라, 청소년수련시설, 청소년단체, 청소년연구원, 청소년기금을 제도화하였다. 다시 말하면, 청소년의 보호보다도 육성을 위하여 정부와 사회가 책임을 지고 정책을 전개한다는 것이다.

그러나 산업화의 진전과 핵가족 제도 속에서 청소년의 보호가 절실해지자, 1997년 「청소년보호법」이, 2000년 「청소년의 성보호에 관한 법률」이 제정되기에 이르렀고, 2004년에는 「청소년기본법」을 전면 개정하여 「청소년활동진흥법」과 「청소년복지지원법」의 개별 법령을 제정하였다. 또한 양분화된 청소년정책의 일원화를 외치는 목소리가 높아지자, 2005년 4월 27일 문화관광부 청소년국과 청소년보호위원회를 통합하여 '청소년위원회'를 발족하였으며, 「청소년기본법」 개정에 따라 2006년 3월 30일 '국가청소년위원회'로 명칭을 변경하였다.

정부조직 개편으로 2008년 2월 29일에 아동과 청소년정책이 통합되어 보건복지가족부 아동 · 청소년정책실로 편입되어 아동 · 청소년 관련법 통합을 추진하였으나 무산되었다. 2010년에는 「청소년의 성보호에 관한 법률」이 「아동 · 청소년의 성보호에 관한 법률」로 개정 시행되어 아동도 보호대상임을 명확히 하고, 아동 · 청소년을 대상으로 한 유사 성교 행위 및 성매수 유인행위 처벌 규정을 신설하였고, 아동 · 청소년의 성보호를 더욱 강화하였다.

2010년 3월 19일에는 가족해체 및 다문화가족 등 사회현안에 적극 대응하기 위해 보건복지가족부의 청소년 및 다문화가족을 포함한 가족기능을 여성가족부로 이관하는 내용으로 '여성부'가 '여성가족부'로 개편되면서, 여성정책은 물론 가족정책 및 청소년 육성 · 보호기능을 수행하기에 이르렀다.

chapter

3 청소년정책의 발달과정

1. 고대 중세사회
2. 1900~1948년(격동기)
3. 1948~1987년(도입기)
4. 1988~1992년(형성기)
5. 1993~2003년(성장기)
6. 2004~2009년(역동기)
7. 2010~현재

청소년정책의 발달과정을 정의한다는 것은 매우 어려운 일이라 판단된다. 그동안 대부분 해방 이후 정책을 논의하여 왔을 뿐만 아니라, 체계적인 과정의 논증이 이루어지지 않고 있다. 이에 저자는 문헌과 고증을 통하여 고대 중세사회로부터 시작되는 청소년정책을 정리하고자 한다.

1. 고대 중세사회

우리의 조상들은 청소년들을 중시하여 그들에게 슬기와 용기, 그리고 불굴의 기혼과 멋을 일깨워 안으로는 수신의 기풍을 다지고, 밖으로는 호국의 간성으로 키우고자 한 기록이나 풍습을 볼 수 있다.

① 경당(扃堂, 삼한시대, 372년경)

경당은 지방의 촌락에 설치한 미혼의 평민층 자제를 위한 교육기관으로 짐작된다. 삼한시대에 마을의 청소년들이 그들 고유의 집회를 가지고 성년식을 행한다는 것과 두레라는 민간 자생조직체에서의 집단활동을 통하여 농사에 관한 여러 가지 지식과 기술을 교환하고, 청소년들을 지도하는 기능도 수행하면서 고구려 시대에는 남녀를 가리지 않고 청소년들이 무술연마를 하였다는 것은 신라의 화랑도와 유사한 점을 찾을 수 있다.

② 화랑도(花郎徒, 신라시대)

화랑도의 기원은 신라시대 중반을 전후하여 찾을 수 있으나 이것이 국가제도로써 활용되어 조직화되고, 신라사회의 발전을 추진하는 기반으로 다듬어진 것은 신라의 진흥왕 시대라고 볼 수 있다. 삼국유사의 화랑에 대한 기록에는 화랑은 대개 15세에서부터 18세까지의 청소년으로 되어 있으며, 화랑도는 성원 스스로의 의사에 따라 결합되어 공동 목표를 위하여 일정한 기간 동안 수련하였다. 이러한 신라의 화랑도는 우리나라의 대표적인 애국청소년운동이라고 할 수 있다.

2. 1900~1948년(격동기)

격동기는 1900년대 초부터 정부 수립시기까지를 정의한다. 1919년 3·1 독립운동을 시작으로 전국의 각 지역에서는 청소년조직들이 우후죽순처럼 생겨나기 시작하였다. 당시 동아일보 기사에는 1926년 5월을 기준으로 전국에 청소년 조직단체가 무려 500여 개나 된다고 기록되어 있다. 이 시기를 저자가 격동기라 하는 것은 항일운동과 연관되는 청소년들의 교육과 훈련, 민중의 계몽과 지도의 필요성에 의한 전국 각 지역에서 자기 고장을 중심으로 하여, 청소년들의 조직과 교육은 현재의 청소년정책의 시발점이라 할 수 있다는 데 그 의미가 있다.

① 왜관소년회(1919년)

경북 왜관에 왜관소년회가 조직되었으며, 1920년에는 경남 진주에 진주소년회가 조직되었고, 1921년에는 서울(경성), 안성, 인천 등 각지에서 청소년운동단체가 조직되어 활동을 하였다.

② 천도교소년회(1921. 4.)

천도교소년회는 소파 방정환, 조철호, 김기전 등의 노력으로 조직되었으며, 이때 구호는 "씩씩하고 참된 소년이 됩시다. 그리고 항상 서로 도와줍시다."로 되어 있으며, 실천운동으로 "어린이에게 존댓말 쓰기"를 전개하였다.

③ 어린이날 제정(1922. 5. 1.)

천도교소년회에서 매년 5월 1일을 어린이날로 처음 정하였다. 1923년 5월 1일은 방정환을 포함한 일본 유학생들이 주축이 되어 제1회 어린이날 행사와 함께 색동회가 창립되었으며, 1927년 5월 첫 일요일을 어린이날로 변경하였다. 1945년 광복 이후에는 5월 5일로 정하였으며, 1975년부터 공휴일로 제정하여 현재까지 이르고 있을 뿐만 아니라, 어린이날 노래는 윤석중 작사, 윤극영 작곡으로 1948년 어린이날부터 부르고 있다.

④ 조선소년군(1922. 10. 5.)

서울에서는 전국적인 소년단을 조직하기 위한 운동이 뜻있는 선각자들에 의하여 계획되어, 1922년 10월 5일 중앙고등보통학교에서 교직에 있는 조철호 등 여러 유지들이 8명의 소년으로 조선소년군을 조직하고 경성 제1호대의 발대식을 가진 것이 이후에 우리나라 보이스카우트 운동의 시초가 되었다. 스카우트 정신은 지(知)·덕(德)·체(體)를 겸비한 훌륭한 시민을 양성하는 전인교육에 목표를 두고 있다. 일제는 스카우트운동을 탄압하기 위하여 1937년 7월 31일 파고다 공원에서의 강연회를 빌미로 그해 9월 3일 강제 해산시켰으나, 1946년 3월 1일 사단법인 대한보이스카우트 중앙연합회로 재건되었다.

⑤ 색동회 창립(1923. 5. 1.)

색동회는 소파 방정환 선생이 동화와 동요를 중심으로 한 아동문학을 연구하여 아동문제를 연구하자는 데 뜻을 두고 소년운동가 강영호, 손진태, 고한승, 정순철, 조준기, 진장섭, 정병기 등이 일본 동경에서 창립하였다. 방정환은 어린이 운동을 통해서 독립정신을 고취시켰다.

⑥ 4-H 활동 도입(1947. 3.)

4-H 활동은 농촌청소년 활동으로서 1947년 3월 미국의 군종장교였던 앤더슨 대령

이 경기도에 '4-H 구락부'를 조직한 이후 점차 4-H 활동이 확산되어, 1952년 12월 농림부의 「농촌건설요강」 정책으로 4-H 구락부 사업을 농촌청소년 지도사업으로 시책화하면서, 4-H 활동은 활기를 찾아 전국에 확산되기 시작하였다. 한국 4-H 활동은 지(Head), 덕(Heart), 노(Hands), 체(Health)의 정신을 기조로 농촌 청년을 지도 · 육성하여 생산증강 및 농촌의 경제부흥과 문화 향상을 기도함을 목적으로 활동하였다.

3. 1948~1987년(도입기)

도입기는 정부 수립 이후부터 청소년육성의 법적 토대가 되는 1987년 「청소년육성법」이 제정되기까지를 말하며, 청소년규제 · 보호관련 최초 단행법률 탄생 및 위원회 규정이 제정되었다.

① 「미성년자보호법」 및 「아동복리법」 제정(1961. 12. 30.)

「미성년자보호법」은 미성년자의 끽연과 음주 및 선량한 풍속을 해하는 행위를 제한 또는 금지함으로써 미성년자의 건강을 보호하고 선도 · 육성함을 목적으로 하고 있으며, 「아동복리법」은 아동이 그 보호자로부터 유실 · 유기 또는 이탈되었을 경우, 그 보호자가 아동을 양육하기에 부적당하거나 양육할 수 없는 경우, 아동의 건전한 출생을 기할 수 없는 경우, 또는 기타의 경우에 아동이 건전하고 행복하게 육성되도록 그 복리를 보장함을 목적으로 하고 있다.

② 청소년의 달 지정(1964. 5.)

청소년의 능동적이고 자주적인 주인의식을 고취하고, 청소년육성 등을 위한 국민의 참여분위기를 조성하기 위하여 지정하였다.

③ 청소년보호대책위원회 설치(1964. 9. 11.)

청소년의 선도 및 보호에 관한 종합적인 대책을 강구하기 위하여 국무총리 소속하에 '청소년보호대책위원회'를 설치하여 문제청소년을 보호하고 선도하는 데 주안점을 두고 있다. 이는 뒤에 '청소년대책위원회'(1977)를 출범시키는데, 전자는 '대책강구'라고 할 수 있으며, 후자는 '심의'하는 기관이다.

④ 한국청소년단체협의회 설립(1965. 12. 8.)

국내 15개 민간 청소년단체들의 자발적인 협의체로 창설되어 청소년문제에 대한 공동연구와 정보교환 및 상호 협력을 도모하고, 청소년관련 행정부처와 유관 사회단체, 각급 학교, 그리고 세계의 청소년기구와 연계적인 협력체계를 구축하기 위해 청소년 및 지도자들을 위한 연합활동을 전개하기 시작하였으며, 현재는 「청소년기본법」 제40조에 근거하여 2005년 특수법인 체제를 갖추고, 우리나라 청소년단체들의 협의체 역할 및 기능 수행을 위한 활동을 해나가고 있다.

⑤ 「스카우트활동에 관한 육성법」 제정(1968. 7. 28.)

청소년들의 스카우트 활동을 지원하여 이를 선도·육성함을 목적으로 제정하여 스카우트 교육방법에 의하여 소년 및 소녀의 품성을 도야하고, 체력을 증진시키며, 유용한 기능을 체득하게 하여 사회에 헌신하는 봉사정신을 배양함으로써 국가발전에 공헌하는 활동을 수행하는 보이스카우트와 걸스카우트를 지원하기 위하여 제도를 만든 것이다.

⑥ 「아동복지법」 제정(1981. 4. 13.)

1961년에 제정된 「아동복리법」은 당초의 "모든 아동의 건전육성"이라는 법안을 실현하지 못하고 "요보호아동"을 대상으로 입법화되었으며, 1981년 전면 개정하여 「아동복지법」으로 명칭을 변경하고 종전의 보호아동에게 적용했던 대상을 전체 아동으로 확대하였다.

⑦「한국청소년연맹육성에 관한 법률」 제정(1981. 4. 13.)

청소년의 전인교육을 통한 국가관을 정립시키고 조국통일과 새 역사 창조에 이바지할 수 있는 청소년으로 양성하기 위하여 사단법인 한국청소년연맹을 조직하여 지원 · 육성하기 위하여 만든 법률이다.

⑧「한국해양소년단연맹육성에 관한 법률」 제정(1984. 12. 31.)

청소년들에게 해양사상을 고취시키고 투철한 국가관과 진취적인 기상을 함양하기 위하여 설립된 한국해양소년단연맹을 지원 · 육성하기 위하여 만든 법률이다.

⑨「청소년육성법」 제정(1987. 11. 28.)

도입기에서 특기할 만한 사항은 청소년육성과 관련한 인격도야 · 심신단련 · 청소년교류에 대한 필요성이 청소년관련 법규에 의해 처음으로 대두되어 청소년 분야 단행 법률로써 「청소년육성법」이 제정되었으며, 1991년 제정된 「청소년기본법」의 토대가 되었다.

4. 1988~1992년(형성기)

형성기는 청소년육성 체계의 수립과 새롭게 탄생한 「청소년육성법」 시행(1988년 6월), 새 「대한민국 헌법」 제34조에 의해 기초를 마련하게 된다. 즉, "국가는 … 청소년의 복지 향상을 위한 정책을 실시할 의무를 진다."는 헌법적 근거 위에 청소년정책을 수립하여 1987년 11월 28일 제정된 단행 법률인 「청소년육성법」이 시행된 시기부터 「청소년육성법」을 전면 개편하여 1991년 12월 31일 제정된 「청소년기본법」이 시행된 1993년 1월 1일까지의 시기를 말한다.

① **청소년육성법 시행**(1988. 6.)

이 단행 법률의 제정은 1987년 10월 29일 새 헌법에 근거하고 있다. 그동안 한국의 청소년정책은 주로 요보호청소년을 중심으로 비행 · 보호 · 교육의 필요에 의해 이루어지고 있는 실정이었으며, 청소년들의 사회변화에 의한 가치관과 생활양식 및 욕구가 급속히 변화되고 있는 상황에서 청소년의 건전육성 측면에서 「청소년육성법」을 제정 · 시행하게 되었다.

② **한국청소년연구원 설립**(1989. 7.)

청소년의 삶의 질을 개선하고 잠재력을 계발하기 위하여 청소년육성 · 보호를 위한 국가정책 전문연구기관으로 설립되었다. 1993년 한국청소년개발원으로 확대되었고, 2007년 한국청소년정책연구원으로 명칭을 변경하고 현재까지 운영 중이다.

③ **청소년에 관한 장기 10개년계획 수립 표명**(1990. 1. 31.)

체육청소년부가 한국청소년연구원의 도움으로 「청소년육성법」에 근거하여 체계적으로 수립한 장기계획이 한국청소년기본계획(1991)으로 10개년 계획이었으나, 이후 정부는 5년 단위의 청소년육성 5개년 계획으로 수립하여 시행되고 있으며, 현재는 제7차 청소년정책기본계획(2023~2027)이 시행 중이다.

④ **청소년대화의 광장 개원**(1990. 2. 26.~현재)

1990년 대국민 종합상담창구로서 출범한 '청소년종합상담실'은 정부 차원의 청소년 상담사업 및 종합적이고 중추적인 상담기관으로서의 역할강화를 위해 1991년 '청소년대화의 광장'으로 확대 · 개편되었다. 1992년 하반기부터는 '청소년대화의 광장'으로 법인화 작업을 추진하여 1993년 재단법인 '청소년대화의 광장'으로 탄생하게 되었고, 1999년에는 '한국청소년상담원'으로, 2012년에는 '한국청소년상담복지개발원'으로 명칭을 변경하고 현재까지 운영 중이다.

⑤ 청소년종합상담실 시범설치 · 운영(1990)

정부는 중앙 차원의 청소년상담 전문기관을 설치 · 운영하는 것과 연계하여 지방청소년의 상담과 학부모의 청소년문제에 대한 정보 제공과 자문, 상담을 처리하고, 청소년에게 필요한 각종 정보제공과 프로그램 참여기회를 확대하기 위해 1990년 광주와 대구에 청소년종합지원센터를 시범적으로 운영하고, 이후 16개 시 · 도 청소년종합상담실을 설치 · 운영했으며, 2006년 청소년상담지원센터로 2012년에 청소년상담복지센터로 명칭을 변경하여 2023년 7월 현재 전국에 240개소가 운영 중이다.

⑥ 청소년헌장 선포(1990. 5. 12.)

청소년헌장은 구속력을 지닌 법령은 아니지만 청소년의 권리에 대한 선언적 의미로서의 특색을 지니고 있으며, 1998년 10월에 개정되어 현재에 이르고 있다.

⑦ 청소년정책조정실 신설(1990. 9. 10.)

「청소년육성법」이 시행되면서 1988년 6월 체육부 청소년국이 설치되었으며, 1990년 9월 체육청소년부 청소년정책조정실이 신설되어 청소년선도 · 지도 · 보호 · 육성 · 교정 · 지원 등을 청소년육성 개념 및 내용으로 정리하였으며, 문제청소년 중심의 행정에서 전체 청소년에 대한 행정으로 전환하고, 조정기능(총리)과 총괄기능(장관)의 구분으로 명시하였다.

⑧ 「청소년기본법」 탄생(1991. 12. 31.)

「청소년기본법」의 제정과정은 통상적으로 행정부가 법률안을 제안하고 국회에서 입법한 후에 그것을 근거로 행정부의 각종 계획 수립이 뒤따르는 형식을 취하는 데 비해서, 「청소년기본법」은 광범위한 의견수렴을 거쳐 먼저 정책(한국청소년기본계획)이 수립되고, 이를 보장하기 위하여 기존의 「청소년육성법」을 폐지하고 새로 입법화되어 오늘에 이르고 있다.

5. 1993~2003년(성장기)

성장기는 청소년육성 영역의 확립, 「청소년보호법」 및 「청소년의 성보호에 관한 법률」 제정, 청소년수련거리 개발 · 보급의 활성화 등 1993년 1월 1일 「청소년기본법」이 시행된 때로부터 「청소년활동진흥법」과 「청소년복지지원법」이 제정 · 시행되기까지의 시기를 말한다. 이 시기는 청소년을 보호하기 위한 법률의 탄생과 아울러 청소년육성에 필요한 각종 사업들이 계획적으로 시행되었으며, 특히 양적 팽창보다 질적 측면에 심혈을 기울이고 있는 시기라고 볼 수 있다.

① 제1차 청소년육성 5개년계획 수립, 시행(1993~1997)

미래 사회의 주역이 될 청소년들이 어떤 모습으로 성장해 갈 것인가 하는 문제는 청소년 개개인은 물론 국가의 종합적이고 장기적인 청소년정책이 수립 · 집행되어야 할 과제이다. 제1차 청소년육성 5개년계획을 살펴보면 청소년을 건전하게 육성하기 위해서는 무엇보다 먼저 요구되는 ① 가정의 교육기능을 강화하고, ② 이를 학교교육 기능과 연계 · 추진하며, ③ 청소년의 건전한 의식의 함양과 생활태도를 기르기 위한 사회환경의 개선, ④ 청소년 문화활동 기반의 조성을 위한 제 사업이 국가 주요사업으로 적극 추진하기 위하여 수립되었다.

② 한국청소년수련시설협회 설립(1993. 1.)

한국청소년수련시설협회는 「청소년활동진흥법」 제40조 규정에 의거하여 설립된 기관으로서 청소년활동 및 시설에 대한 전문지식과 기술을 개발 · 보급, 청소년시설 종사자의 권익증진과 전문성 향상을 위한 역량강화 등 청소년과 청소년지도자, 청소년 수련시설을 위한 다양한 활동을 전개해 오고 있다.

③ 청소년유해감시단 조직(1993.)

청소년 유해환경 정화를 위한 감시 · 고발활동과 대국민 계도활동을 위해 1993년부터 민간의 청소년유해환경감시단 사업을 조직화하여 2022년 현재 전국 256개 감시단에서 시민단체, 직장인, 자영업자, 주부 등 단원 2만여 명이 활동하고 있다.

④ 한국청소년자원봉사센터 개소(1996. 6.)

청소년자원봉사활동에 대한 체계적이고 종합적인 정보를 수집하고 제공하기 위한 기관으로, 1995년 교육개혁방안에 청소년자원봉사활동이 인성교육 과제로 포함(교육개혁위원회)되었고, 1996년 한국청소년자원봉사센터로 개소, 중앙센터와 서울센터의 기능을 병행하여 수행(한국청소년개발원에서 위탁운영)하였다. 1999년부터는 국무총리실 산하 한국청소년개발원 직제상의 하나로 운영되어 왔으며, 2005년 한국청소년진흥센터 설립운영, 2010년 한국청소년활동진흥원을 설립하여 '청소년활동정보서비스(dovol.youth.go.kr)를 통해 자원봉사활동 서비스를 운영하고 있다.

1996~1999년 전국 16개 시 · 도에 청소년자원봉사센터가 단계적으로 설치, 2006년 청소년자원봉사센터를 시 · 도 청소년활동지원센터로 개편, 2007년 시 · 도 청소년활동진흥센터로 명칭을 변경하여 현재 전국의 17개 시 · 도 센터에서 청소년활동과 청소년참여지원, 자원봉사 가능 기관과 프로그램을 안내하고 봉사참여 기록을 관리 및 제공하고 있다.

⑤ 「청소년보호법」 제정(1997. 3. 7.)

사회의 자율화와 물질만능주의 경향에 따라 날로 심각해지는 음란 · 폭력성의 청소년 유해매체물과 유해약물 등의 청소년에 대한 유통과 유해한 업소에의 청소년 출입을 규제함으로써 성장과정에 있는 청소년을 각종 유해한 사회환경으로부터 보호 · 구제하고, 나아가 건전한 인격체로 성장할 수 있도록 종합적으로 규제할 수 있는 법률의 필요성에 따라 「청소년보호법」이 제정되었다.

⑥ 청소년보호위원회 발족(1997. 7. 5.)

청소년보호법의 규정에 의한 청소년보호에 관한 업무와 유해환경으로부터 청소년을 보호하기 위한 각종 시책을 독립적으로 추진하기 위하여 문화체육부 소속하에 합의제 행정기관으로 '청소년보호위원회'를 설치하였다.

⑦ 청소년헌장 개정(1998. 10. 25.)

1990년 선포된 청소년헌장이 "청소년은 자기 삶의 주인이다. 청소년은 인격체로서 존중받을 권리와 시민으로서 미래를 열어갈 권리를 가진다"의 전문과 청소년의 권리에 대한 12개 조항, 청소년의 책임에 대한 9개 조항으로 구분하여 정체성을 담은 새로운 헌장으로 선포되었다.

⑧ 국립평창청소년수련원 개원(1998. 11. 14.)

자연권 청소년수련활동의 시범적 운영 및 총괄 · 지원을 위한 중앙단위의 자연권 종합수련시설로서, 공 · 사립 청소년수련시설에 대한 지원과 청소년수련거리 운영의 새로운 방향을 제시하기 위하여 국립시설로 설립하였다.

⑨ 「청소년의 성보호에 관한 법률」 제정(2000. 2. 3.)

청소년의 성을 사는 행위, 성매매를 조장하는 온갖 형태의 중간매개 행위 및 청소년에 대한 성폭력 행위를 하는 자들을 강력하게 처벌하고, 성매매와 성폭력 행위의 대상이 된 청소년을 보호 · 구제하는 장치를 마련함으로써 청소년의 인권을 보장하고 건전한 사회 구성원으로 복귀할 수 있도록 하고, 청소년을 대상으로 하는 성매매 및 성폭력 행위자의 신상을 공개함으로써 범죄예방 효과를 극대화하려는 것이다.

⑩ 국립중앙청소년수련원 개원(2001. 8. 15.)

한국 청소년수련활동의 총 본산인 국가 차원의 중추시설로서 청소년 수련 프로그램 개발 · 보급 및 시범운영, 청소년지도자의 양성 및 연수, 국내외 청소년교류 및 수련시설 간 네트워크 정보제공 등을 통하여 21세기 한국 청소년상을 구현하는 청소년활동의 전당으로 자리잡기 위하여 국립시설로 설립되었다.

⑪ 청소년대상 성범죄자 신상 공개(2001. 8. 30.)

성범죄자 신상정보를 국민에게 알림으로써 성폭력에 대한 경각심을 고취시키고 성범죄를 사전에 예방하기 위해 성범죄자에 대한 성명, 나이, 사진, 주소 및 실제 거주지, 신체정보, 등록대상 성범죄 요지, 전과사실, 전자발찌 부착 유무를 공개 고지하도록 하고 있다. 등록 · 관리는 법무부가 공개 · 고지 집행은 여성가족부가 담당하고 있다. 2023년 7월 현재 법원 명령으로 인터넷 사이트에 신상정보가 공개된 성범죄자는 3,174명이다(자료: sexoffender.go.kr).

⑫ 청소년보호 종합센터 개소(2003. 9. 24.)

국무총리 소속의 '청소년보호위원회'에서는 가출, 가정 · 학교폭력, 성폭력, 성매매, 약물, 근로권 침해 등 위험에 노출된 청소년에게 상담과 긴급구조, 보호시설 연계, 학업지원, 법률 및 의료지원 등 종합적인 서비스를 원스톱으로 지원하기 위하여 서울에 시범적으로 '청소년보호 종합센터'를 설치하였다.

6. 2004~2009년(역동기)

역동기는 청소년행정 조직기구 개편과 2004년 2월 9일 전면 개정된 「청소년기본법」의 시행 및 「청소년활동진흥법」, 「청소년복지지원법」이 제정 · 시행된 때로부터 아동과 청소년정책이 통합된 보건복지가족부까지의 시기를 말한다. 이 시기에는 문화관광부 청소년국과 청소년보호위원회가 통 · 폐합되어 이원화되어 있던 청소년행정을 일원화하는 조직기구의 개편이 이루어져, 2005년 청소년위원회가 발족되어 국가청소년위원회로 명칭이 변경되었고, 2008년 2월 보건복지가족부로 아동과 청소년정책이 통합된 시기를 말한다.

① 「청소년기본법」 전면 개정(2004. 2. 9.)

1991년에 제정되었던 「청소년기본법」을 청소년들의 사회적 변화와 청소년의 환경적 변화에 의한 제도적 장치의 필요에 의해 전면 개정하게 되었다. 청소년육성의 기본원리와 정책적 근간에 관한 사항을 중심으로 규정하고, 종전 「청소년기본법」에서 규정하고 있던 청소년활동에 관한 사항은 「청소년활동진흥법」으로, 청소년복지에 관한 사항은 「청소년복지지원법」으로 별도 제정하여, 청소년활동 · 청소년복지 · 청소년보호에 대한 정책적 지원이 유기적이고 종합적으로 이루어지도록 하는 데 의의가 있다.

② 「청소년활동진흥법」 제정(2004. 2. 9.)

「청소년활동진흥법」은 「청소년기본법」 제47조 규정에 근거하여 제정하게 되었다. 주 5일 수업시대의 도래 등 새로운 사회 · 제도적 환경변화에 대응하여 미래사회의 주역이 될 청소년이 수련활동뿐만 아니라 문화활동, 교류활동 등 다양한 청소년활동을 통해 자신의 기량과 품성을 함양하고 꿈과 희망을 마음껏 펼칠 수 있도록 하기 위한 제도적 기반을 마련하는 한편, 대부분의 청소년활동이 포함되도록 하였으며 청소년활동에 청소년의 참여를 보장하고, 청소년수련활동에 대한 체계적인 관리와 지원, 그리고 청소년수련활동인증제를 도입하는 등 청소년활동에 관한 제반사항을 단일법으로 체계화하고 있다.

③ 「청소년복지지원법」 제정(2004. 2. 9.)

「청소년복지지원법」은 「청소년기본법」 제49조 규정에 근거하여 제정하게 되었다. 청소년의 성장과 생활에 필요한 기초적인 여건이 미비한 청소년에게 사회 · 경제적인 특별한 지원과 교육적인 선도가 필요한 비행청소년에 대하여 기초생활보장, 학업 · 의료지원, 직업능력 강화와 상담 · 수련 · 체육활동 등의 다양한 활동을 통하여 건강한 민주시민으로 성장할 수 있도록 복지서비스 지원체계를 제도화하고, 모든 청소년에 대한 인권보장 및 자치권 향상, 이용요금 할인우대 및 건강증진 등에 관한 사항을 명확히 규정하였다.

④ 한국청소년진흥센터 개소(2005. 3. 11.)

청소년활동을 활성화하기 위하여 청소년수련활동인증제 실시, 청소년활동 및 복지, 보호에 관한 종합적인 정보안내 및 서비스 제공, 청소년복지 지원을 위한 사업 및 서비스 영역 개발 및 보급의 기능을 담당하여 청소년의 삶의 질 향상에 기여함을 목적으로 한다. 청소년활동 진흥을 위해 2010년 한국청소년수련원과 한국청소년진흥센터를 통합하여 한국청소년활동진흥원을 설립하여 청소년역량 증진과 청소년 안전확보, 청소년 참여확산, 국제활동 활성화 등의 사업을 수행하고 있다,

⑤ 문화관광부 청소년국과 청소년보호위원회 통 · 폐합(2005. 4. 27.)

청소년 육성업무는 문화관광부에서, 청소년 보호업무는 청소년보호위원회에서 이루어지던 이분화된 청소년행정 전달체계를 조직적이고 통합적인 행정업무를 위하여 기존의 문화관광부 청소년국(33명)과 청소년보호위원회(55명)의 기능을 통합하여 청소년육성과 보호업무를 동시 추진하게 됐다.

⑥ 청소년위원회 발족(2005. 5. 2.)

「청소년기본법」 제16조에 근거하여 문화관광부의 청소년업무와 국무총리 소속하의 청소년보호위원회를 「정부조직법」 제2조의 규정에 의한 중앙행정기관으로 2005년 4월 27일자로 국무총리 소속하에 합의제 행정기관인 '청소년위원회'를 설치하게 된 것이다. 조직으로는 위원장 1인과 상임위원 1명, 비상임위원 11명(총 13명)으로 되어 있으며 사무처에는 사무처장(상임위원 겸직) 1인과 1관, 3단, 14팀(130명)으로 구성되었다.

⑦ 청소년수련활동인증제 도입(2006. 3.)

「청소년활동진흥법」의 중요한 특징 중의 하나는 수련활동이 청소년의 균형 있는 성장에 기여할 수 있도록 수련활동의 내용과 수준을 향상시키기 위하여 청소년수련활동인증제를 도입한 것을 들 수 있는데, 청소년수련활동인증제를 운영하기 위해 한국

청소년활동진흥원에 청소년수련활동인증위원회를 설치하며, 동 인증위원회의 인증을 받은 수련활동에 참여한 청소년의 활동기록을 유지·관리하고, 청소년의 참가 확인요청이 있는 경우 이를 확인하여 주도록 하고 있다.

⑧ 국가청소년위원회로 명칭 변경(2006. 3. 30.)

국가 중앙행정기관임에도 불구하고 국민들이 청소년단체 또는 일반 시민단체 명칭으로 잘못 인식하는 경우가 많아, 이를 명확히 하기 위해 2005년 12월 「청소년기본법」 개정에 의해 '청소년위원회'를 '국가청소년위원회'로 명칭을 변경하여 2006년 3월 30일부터 시행되었다. 그동안 지나치게 보편적인 활동정책의 한계를 극복하기 위해 구체적·개별적 정책을 개발하여, 청소년복지정책의 영역을 개척·확장함으로써 청소년 활동, 복지, 보호의 3대 정책 영역을 정립시키기로 하였다.

⑨ 「청소년의 성보호에 관한 법률」 전면 개정(2008. 2.)

아동·청소년 대상 성범죄 근절을 위해 「청소년의 성보호에 관한 법률」이 개정(2008. 2. 4. 시행)되어 청소년대상 성범죄자에 대한 신상정보 등록·열람제도가 강화되었다.

청소년대상 성범죄로 유죄 확정 판결을 받은 자는 10년간 사진, 상세주소 등 신상정보가 등록되고 형 집행 종료 후 청소년의 법정 대리인, 청소년관련 교육기관 등의 장은 5년간 자료를 열람할 수 있게 됐다.

청소년대상 성범죄자의 취업제한 시설 및 취업제한 기간은 5년에서 10년으로 확대되어, 청소년대상 성범죄자는 형이 확정된 날로부터 10년간 청소년관련 교육기관 등에 취업 또는 운영하거나 사실상 노무를 제공할 수 없게 된다. 또한 피해자의 고소 없이 청소년대상 성범죄에 대한 수사기관의 수사가 가능해졌다.

⑩ 보건복지가족부 출범(2008. 2. 29.)

2008년 2월 29일, 정책대상이 동일함에도 불구하고 각기 다른 추진체계를 바탕으로 독립적으로 발전해 온 아동정책과 청소년정책이 새 정부의 출범과 더불어 단일 부처 관할의 보건복지가족부 체계로 재정비되었다.

이명박 정부는 능동적 복지체계 구축을 위해 출생에서 자립까지 생애주기별 특성에 맞춰 적절한 복지서비스, 즉 영유아(6세 미만)를 대상으로 건강증진, 보육지원 중심의 정책을, 아동(6~12세)을 대상으로 건강 · 안전, 기초학습, 활동기회 보장 정책을, 청소년(13~18세)을 대상으로 비행 · 일탈예방, 학력향상, 청소년활동을 통한 잠재역량 계발 지원정책을, 청년(19~24세)을 대상으로 취 · 창업 등 자립능력 지원 중심의 정책을 핵심적으로 추진하였으나 이의 결실을 맺지는 못했다.

아동 · 청소년의 개념 및 연령에 대해 재정의를 시도하였고, 종전의 아동 · 청소년 이원화된 법률체계를 출생에서 자립까지 하나의 정책 틀에서 추진한다는 기본이념으로 '아동 · 청소년기본법'으로 개정을 진행하였으나 무산되었다. 또한 아동과 청소년의 정책의 상호 연계와 협력을 도모할 수 있도록 정책 전달체계와 인적 인프라와 민간협의체의 법정화에 대해 논의를 진행하였으나, 2010년 3월 청소년정책이 여성가족부로 이관됨에 따라 청소년정책이 가족중심정책의 새로운 전기를 맞이하게 되었다.

7. 2010~현재

① 「아동 · 청소년의 성보호에 관한 법률」 전면 개정(2010. 1.)

「청소년의 성보호에 관한 법률」에서 「아동 · 청소년의 성보호에 관한 법률」로 개정하여 아동도 이 법에 따른 보호대상임을 명확히 하고, 아동 · 청소년을 대상으로 한 유사 성교행위 및 성매수 유인행위 처벌 규정을 신설하며, 성범죄 피해자 및 보호자에 대한 합의 강요행위를 처벌하는 규정을 신설하도록 하여 아동 · 청소년의 성보호를 더욱 강화하였다. 아동 · 청소년 성범죄자는 재범 가능성 및 범죄의 경중 등을 고려하여 정보통신망을 통하여 신상정보를 공개해 아동 · 청소년 성범죄에 대한 경각심을 제고했다.

② 여성가족부 출범(2010. 3. 19.)

2010년 3월 19일 여성정책과 가족 · 청소년정책을 통합적으로 추진할 여성가족부가 공식적으로 출범하였다. 청소년정책의 기본 방향은 건강한 미래세대를 위한 청소년의 참여와 역량강화를 위해 학교와 지역사회의 연계를 강화하여 청소년 참여활동의 기반을 확대하는 데 역점을 두었으며, 특히 미래형 교육과정과 연계하여 청소년의 창의적 체험활동을 활성화시키고, 진로교육을 확대하여 청소년의 자립지원을 강화하였다. 또한 지역사회청소년통합지원체계(CYS-net)를 확대하고, 학교와의 연계를 강화하여 위기청소년에 대한 보호지원을 강화하였으며, 사이버 공간상의 청소년 유해환경에도 대처하였다.

③ 국립청소년우주센터 개원(2010. 7. 9.)

국립청소년우주센터(고흥)는 우리나라에서는 국립중앙청소년수련원, 국립평창청소년수련원에 이은 세 번째 국립청소년수련시설이며, 국립시설로는 첫 번째 특성화수련시설이기도 하다. 국립청소년우주센터는 우주분야에 대해 전문화 · 특성화된 수련시설로서, 우주개발 시대에 부합하여 우리나라 청소년들에게 우주체험 활동의 기회 제공을 목적으로 설립된 시설이다. 전라남도 고흥군에 부지 271,039㎡, 연면적 10,408㎡ 규모의 우주체험관, 우주생활관 등을 약 495억 원의 예산을 투입하여 준공되었다.

④ 한국청소년활동진흥원 설립(2010. 8. 18.)

한국청소년활동진흥원은 공공기관 선진화계획('08. 8. 26)의 일환으로 청소년 관련 정책 수립, 프로그램 지원, 시설유지 · 관리 등의 유기적 연계를 위해 청소년 분야 공공기관인 한국청소년수련원과 한국청소년진흥센터의 2개 기관을 통합하여 설립되었다.

한국청소년활동진흥원은 다양하고, 창의적인 청소년 체험활동을 진흥시켜 청소년의 잠재 역량 계발과 인격형성을 도모하고, 수련 · 참여 · 교류 · 권리증진 활동을 종합적으로 지원함으로써 궁극적으로 청소년의 삶의 질 향상에 기여함을 목적으로 설립된 공공기관이다. 사무처와 6개 국립시설인 국립중앙청소년수련원(충남 천안), 국립평창청소년수련원(강원 평창), 국립청소년우주센터(전남 고흥), 국립청소년농생명센터(전북 김제), 국립청소년해양센터(경북 영덕), 국립청소년미래환경센터(경북 봉화)를 운영하고 있다.

⑤ 제4차 청소년정책(수정 · 보완) 기본계획(2010. 11. 25.)

정책 비전으로는 '꿈을 키우는 청소년, 희망을 더하는 가족, 밝은 미래사회'로 설정하고, 기본방향으로는 가족, 학교, 지역사회가 함께 청소년을 보호 · 지원하는 정책 구현의 통합적 청소년정책과 모든 청소년의 역량 강화 및 기회균등을 통한 미래성장 동력을 양성하는 보편적 청소년정책, 중앙부처 중심에서 지역수요 맞춤형 정책 추진의 수요자 중심의 청소년정책을 설정하였다.

4대 분야, 12대 중점과제, 100대 세부 추진과제를 수립하였는데, 4대 분야로는 청소년의 자기주도적 역량 증진, 가족기능 및 사회안전망 강화, 건강하고 안전한 사회환경 조성, 청소년정책 추진체계 정비를 설정하였다.

⑥ 청소년희망센터(2011)

청소년희망센터는 2011년 한국청소년상담원(현 한국청소년상담복지개발원) 내에 설치된 '청소년권리 전담기구'로, 권리의 주체자이자 의무자인 청소년들이 자신의 권리를 지키고 타인의 권리를 존중해 주며 희망 속에 살아갈 수 있도록 돕기 위해 설립되었다. 청소년희망센터에서는 청소년권리 실태조사 및 모니터링단 운영, 청소년권리 기획과제 발굴 및 실태조사 수행, 교육 및 홍보활동 등을 추진하여 청소년 권리 침해를 예방하고 보장하기 위한 사업을 추진하고 있다.

⑦ 「청소년복지지원법」 전부 개정(2012)

청소년복지에 대한 다양한 수요에 대응하고 청소년을 효율적이고 체계적으로 지원하기 위하여 지방자치단체의 장을 중심으로 지역사회가 협력하여 업무를 수행하는 지역사회 청소년통합지원체계를 구축 · 운영하도록 하고, 위기청소년의 유형별로 다양한 지원방안을 마련하는 등 위기청소년에 대한 보호 및 지원을 강화하며, 청소년복지지원기관 및 청소년복지시설의 설치 · 운영에 관한 내용을 체계적으로 정비하고, 이주배경청소년지원재단의 설치 · 운영 근거를 마련했다.

⑧ 「청소년보호법」 전부 개정(2012)

청소년유해업소의 범위를 확대하고, 청소년유해매체물의 판매나 대여 등을 할 때에는 본인 여부를 확인하도록 하며, 청소년유해매체물 제공자 등이 위법행위를 한 경우 그 내용 등을 공표하고, 16세 미만 청소년이 인터넷게임의 회원으로 가입할 때에는 친권자의 동의를 받도록 하며, 청소년에게 청소년유해약물 등을 제공하는 것을 금지하는 등 청소년을 유해환경으로부터 보호하기 위한 다양한 시책을 도입하고, 유해매체물의 오 · 남용의 예방 및 피해 해소, 청소년유해약물 피해 예방 및 치료 · 재활 등의 사업 근거를 규정하는 등 사후 관리대책을 마련했다.

⑨ 「아동 · 청소년의 성보호에 관한 법률」 전부 개정(2012)

공중 밀집 장소에서의 추행, 통신매체를 이용한 음란행위 등 반의사불벌죄로 규정되어 있던 조항을 삭제하고, 아동 · 청소년이용음란물의 범위와 소지 개념을 명확히 하며, 음주 또는 약물로 인한 감경 배제 규정의 적용대상을 확대하고, 신상정보의 등록 및 공개 관련 소관 부처의 중복 문제를 해소하기 위하여 등록에 관한 사항은 법무부장관이 집행하도록 하고 이 법에서는 관련 조항을 삭제하며, 현재 읍 · 면 · 동까지만 공개하던 것을 도로명 및 건물번호까지로 확대하고, 경계를 같이 하는 읍 · 면 · 동 게시판에도 신상정보를 공지하도록 하는 등 신상정보 고지 제도를 확대하며, 성범죄자의 취업제한 기관을 확대하여 성범죄자에 대한 관리를 보다 강화했다.

⑩ 제5차(2013~2017) 청소년정책 기본계획(2012. 12.)

「제5차 청소년정책 기본계획」은 '청소년이 행복한 세상, 청소년이 꿈꾸는 밝은 미래'를 비전으로, '역량함양 및 미래핵심인재 양성', '참여와 권리증진', '균형 있고 조화로운 성장', '안전하고 건강한 생활환경'을 목표로 하고 있다.

제5차 기본계획은 제4차 기본계획의 연속성을 담보하면서 가족 · 여성정책과 연계한 발전전략을 지향하며, 위기청소년을 포함한 모든 청소년으로 대상을 확대하여 글로벌 시민으로 성장을 위한 필수역량 함양을 정책과제로 설정했다. 청소년의 건강한 성장을 위해 '청소년의 정신건강'과 '청소년의 참여와 권리증진', '청소년의 진로와 자립' 분야의 정책과제를 적극 개발하였다.

⑪ 국립중앙청소년디딤센터 운영(2012. 12. 개원)

국립중앙청소년디딤센터(경기도 용인시 소재)는 우울증, 불안장애, 주의력결핍과잉행동장애(ADHD), 학대 및 학교폭력 피해, 학교 부적응 등으로 정서적 · 행동적 어려움을 가진 청소년(만 9~18세)에게 상담치료 · 생활보호 · 교육 · 자립지원 등의 종합적 · 전문적 서비스를 제공하는 최초의 거주형 국립시설이다.

⑫ 제1차(2013~2015) 청소년보호종합대책(2012. 12.)

여성가족부는 「청소년정책관계기관협의회」를 개최하여 「제1차 청소년보호종합대책(2013~2015)」을 확정하였다. 보호대책은 신 · 변종 유해매체, 유해업소 등 새로운 환경과 이로 인한 청소년 문제에 적극 대처하여 청소년이 건강하고 안전하게 성장할 수 있도록 지원하기 위한 중기 대책으로 처음 수립되었다.

6대 전략과제로는 ① 청소년 인터넷 중독 및 음란물 차단 대책 마련, ② 청소년유해약물 예방 · 치료를 통한 청소년 건강 증진, ③ 청소년유해업소에 대한 신속한 대응체계 구축, ④ 청소년 (성)폭력 · 학대 예방 및 피해자 치료 · 재활, ⑤ 청소년의 근로보호 강화, ⑥ 청소년보호정책의 추진체계 구축 및 민간협력 강화 등을 담고 있다.

⑬ 청소년지도사 · 청소년상담사 보수교육 의무화(2013. 1.)

청소년지도자의 자질 향상을 위한 「청소년기본법」 개정으로 2013년 1월 1일부터 청소년지도사와 청소년상담사의 보수교육이 의무화됐다. 시 · 도 청소년활동진흥센터, 청소년수련시설, 청소년단체에서 청소년지도 업무에 종사하는 청소년지도사는 한국청소년활동진흥원에서 2년마다 20시간 이상 교육을 받아야 한다.

청소년상담복지센터, 청소년복지시설, 청소년단체, 학교 등에서 청소년상담 업무에 종사하는 청소년상담사는 한국청소년상담복지개발원에서 매년 8시간 이상 교육을 받아야 한다.

보수교육대상자가 보수교육을 받지 않거나, 청소년관련 시설 · 단체 등을 운영하는 자가 해당 시설 · 단체 종사자인 보수교육대상자에게 보수교육을 이유로 불리한 처우를 할 경우, 100만 원 이하의 과태료에 처해진다.

⑭ 아동 · 청소년대상 성범죄자 처벌 강화(2013. 6.)

「아동 · 청소년의 성보호에 관한 법률」 시행으로 반의사불벌죄(피해자가 가해자의 처벌을 원하지 않는다는 의사를 표시하면 처벌할 수 없는 범죄)가 전면 폐지됐다. 또 강간죄 형량이 그동안 5년 이상에서 무기징역 또는 5년 이상으로 강화되는 등 성범죄 형량이 강화됐다. 아동 · 청소년대상 성범죄자의 취업제한 시설이 유치원, 어린이집, 학교, 청소년활동 · 복지시설 등에서 경비업, 일반 PC방, 복합유통게임제공업, 청소년활동기획업소, 대중문화예술기획업소 등으로 확대됐다.

⑮ 국립청소년농생명센터(2013. 7. 11. 개원)

청소년농생명센터는 역사적으로 풍요로운 농경문화를 꽃피운 전라북도 김제시에 건립하여 농업생명과 관련된 지역자원을 연계해 청소년들에게 다양한 농업생명 체험활동 기회를 제공하고 있다. 센터는 LED식물공장, 종자은행, 유전자분석실, 바이오연료 등 전문첨단장비를 갖춘 부지 38,510㎡(11,650평) 규모로 생활관, 체험관, 온실, 전망대 등으로 구성되어 있다. 농업생명공학, 농업과학기술, 농업생태환경, 야외활동코스 등을 갖추고 있다.

⑯ 국립청소년해양센터(2013. 7. 18. 개원)

국립청소년해양센터는 수려한 해양환경과 풍부한 해양자원을 가진 경상북도 영덕군에 위치해 있으며, 2011년 5월에 착공하여 49,730㎡(약 15,000평)의 부지에 운영본부, 생활관, 전망대, 체험관 등으로 구성되어 있다. 주요 시설은 운영본부, 생활관, 체험관(해양탐사코스, 선박 · 항해코스, 극지연구코스, 해양훈련코스 등), 전망대 등을 갖추고 있다.

⑰ 이동 · 숙박형 청소년활동 신고 의무화 시행(2013. 11. 29.)

2013년 충남 태안군 안면도의 사설 해병대 캠프에 참가했던 학생들이 파도에 휩쓸려가 실종, 사망한 사건 이후 19세 미만 청소년을 대상으로 하는 이동 · 숙박형 청소년활동의 실시 계획을 사전에 신고하도록 하고, 신고 수리된 내용을 인터넷홈페이지 등에 공개하여 청소년이 안전하게 활동에 참여할 수 있도록 도입된 제도이다. 신고가 수리되기 전에는 참가자 모집을 할 수 없고, 「청소년활동진흥법 시행규칙」에 참가자 모집 시작 14일 전까지 하도록 규정되어 있다.

⑱ 국립청소년인터넷드림마을(2014. 10. 27. 개원)

인터넷 · 스마트폰 중독으로 일상생활에 어려움을 겪는 청소년들을 대상으로 상시 맞춤형 치유서비스를 제공하기 위해 설립한 국립청소년인터넷드림마을은 전북 무주군에 소재하고 있으며, 폐교를 활용해 만든 상설 인터넷 · 스마트폰 중독 치료 전문기관이다. 참가자들은 관계능력 증진, 자존감 회복을 위한 다양한 맞춤형 통합 서비스 및 개인 · 집단상담, 수련활동, 대안활동 등 치유서비스에 참여가 가능하다.

⑲ 「학교 밖 청소년 지원에 관한 법률」 시행(제정 2015. 5. 28. 시행 2015. 5. 29.)

매년 5만여 명의 청소년이 다양한 이유로 학교를 그만두고 있으며, 소재가 파악되지 않는 누적 인원이 23만 여명에 이르고 있는 상황에서 학교 밖 청소년 지원을 위해

「학교 밖 청소년 지원에 관한 법률」에 따라 전국에 학교 밖 청소년 지원센터(청소년지원센터 꿈드림) 221개소 운영(2023. 7. 현재)되고 있다. 학교 밖 청소년의 개인적 특성과 요구를 고려하여 학업복귀와 사회진입을 할 수 있도록 학업복귀를 원할 경우, 복교, 검정고시, 상급학교 진학, 대안학교 입학 등을 지원하고, 사회진입을 원할 경우, 직업훈련, 자격증 취득, 취업, 자기계발 등을 지원하고 있다.

⑳ 청소년활동안전센터 출범(2015. 4. 8.)

지난 세월호 참사와 태안 해병대 캠프 사건 등으로 청소년활동 현장은 많이 위축됐고, 모든 활동에 안전이 강조되고 있다. 이후 청소년활동 안전사고 예방과 관리를 전담하는 전문기관인 청소년활동안전센터가 출범했다. 청소년수련활동 신고제와 청소년수련활동 인증제, 청소년 수련시설 안점점검 등 안전관리 기능을 총괄하여 청소년수련활동의 안전을 효과적으로 지원한다. 청소년과 시설 운영자 및 지도자 등 대상별 맞춤형 안전교육을 지원하고, 수련활동 현장 점검, 안전관리 컨설팅과 안전캠페인, 안전매뉴얼 보급 등을 하고 있다.

㉑ 청소년정책위원회 출범(2015. 12. 18.)

「청소년기본법」에 따라 2015년 12월 확대 · 개편해 출범한 청소년정책위원회는 여성가족부장관을 위원장으로, 교육부 · 법무부 · 문화체육관광부 · 보건복지부 · 고용노동부 등 관계부처 차관급과 민간전문가를 포함한 총 20명으로 구성됐다. 위원회는 청소년정책에 대한 심의 · 조정 기능을 통하여, 향후 여러 부처에서 추진되는 다양한 정책과 현안사항에 대한 총괄 조정의 기능을 한다.

㉒ 제2차(2016~2018) 청소년보호종합대책(2016. 4.)

'청소년이 건강하고 안전한 대한민국 실현'이라는 비전과 '유해환경 개선 및 청소년 피해 예방'이라는 목표 아래 5개 정책영역별(매체물, 유해약물, 유해업소, 유해행위, 근로보호)로 모니터링 · 제도개선, 대응능력 함양 및 인식제고, 피해구제 및 사후관리의 유형에 따라 28개 중점과제로 구성되었다. 대책에는 인터넷 개인방송 · 동영상 사이트 모니터링 등을 통해 온라인상 청소년 유해환경을 개선하고, 청소년 근로권익 보호를 강화하는 내용 등이 포함되었다.

㉓ 청소년회복지원시설을 청소년복지시설로 신설(2016. 5.)

「소년법」에 따른 감호 위탁 처분을 받은 청소년에 대하여 보호자를 대신하여 그 청소년을 보호할 수 있는 자가 상담 · 주거 · 학업 · 자립 등 서비스를 제공하는 '청소년회복지원시설'을 신설했다. 그동안 해당 청소년을 민간 차원(일명 '청소년회복센터')에서 주거 · 상담 · 학업 · 자립지원 등의 서비스를 제공하는 시설을 운영하였다. 「소년법」 처분 소년을 위한 전담 시설인 '청소년회복지원시설'이 청소년복지시설의 하나로 신설됨에 따라, 보호 소년들의 재범 방지 및 건강한 성장을 지원할 수 있도록 했다.

㉔ 성범죄자의 아동 · 청소년 관련 기관 취업제한 10년까지(2016. 11.)

「아동 · 청소년의 성보호에 관한 법률」의 '성범죄자 취업제한제도'는 아동 · 청소년이 주로 이용하는 기관 · 시설에서 성범죄 전력자가 아동 · 청소년에게 접근하는 것을 사전에 차단하기 위해 지난 2006년 도입한 제도이다. 법원에서 성범죄 판결과 동시에 취업제한 명령을 선고받은 자는 최대 10년간 관련 기관의 취업이 제한된다.

㉕ 제6차 청소년정책기본계획(2018~2022) 수립(2018. 3.)

6차 정책기본계획은 저출산과 저성장, 4차 산업혁명 등으로 급변하는 사회경제적 흐름 속에서 기존 청소년정책의 대전환이 필요하다는 인식 아래 수립됐다. 기본계획 정책비전은 "현재를 즐기는 청소년, 미래를 여는 청소년, 청소년을 존중하는 사회"로 설정했으며, 정책목표로는 청소년의 참여 및 권리증진, 청소년주도의 활동 활성화, 청소년자립 및 보호지원 강화, 청소년정책 추진체계 혁신이다.

㉖ 제3차(2019~2021) 청소년보호종합대책(2019.5)

여성가족부는 유해환경으로부터 청소년을 보호하기 위해 14개 부처 · 관계기관 합동으로 '청소년 유해환경 개선 및 자율적 대응역량 강화'라는 목표 아래 5대 정책영역(매체물, 유해약물, 유해업소, 유해행위, 근로보호), 28개 중점과제로 구성됐다.

주요 내용은 청소년의 불건전한 만남을 매개 · 조장할 우려가 있는 랜덤 채팅앱으로부터 청소년 보호방안 마련과 음식점 등에서 청소년과 동반 · 동석한 가족이나 성인의 권유 · 강요로 청소년이 술을 마신 경우, 사업자 이외 동반 · 동석한 가족 · 성인에게도 청소년보호 책임을 부과했다. 청소년 혼숙 등에 따른 피해예방을 위해 무인텔 등 숙박업소에 의무화된 종사자 및 설비에 대한 점검 · 단속 강화, 숙박앱 등을 통한 청소년의 혼숙 예방 방안을 마련했다. 또 청소년 폭력 피해 예방 및 회복지원 강화와 청소년의 노동인권 의식제고 및 연계 지원 강화 등도 담고 있다.

㉗ 청소년정책위원회, 구성원의 20% 이상 청소년으로 위촉(2019. 6)

청소년정책위원회 위원에 청소년을 일정비율 이상 반드시 포함하도록 하는 내용의 청소년 기본법 일부개정법률안이 시행됐다. 청소년정책위원회는 청소년기본법 제10조에 의거하여 청소년정책에 관한 주요 사항을 심의 · 조정하기 위한 기구이며, 여성가족부장관을 위원장으로 13개 부처 차관급 및 민간위원이 참여하는 위원회이다. 개정안에 따르면, 청소년정책위원회의 위원정수가 기존 20명에서 30명 이내로 확대되고, 위원 구성시 전체 위원의 5분의 1이상에 청소년을 반드시 포함하여야 한다.

㉘ 아동 · 청소년성착취물 구입 · 시청하면 처벌(2020. 05)

'아동 · 청소년의 성보호에 관한 법률' 일부개정법률안 통과로 '아동 · 청소년이용음란물'을 '아동 · 청소년성착취물'로 용어 변경하고, 아동 · 청소년성착취물을 광고 · 소개하거나 구입 · 시청하는 행위에 대해서도 처벌할 수 있는 근거를 마련했다.

㉙ 고위기청소년 지원 청소년안전망(2020)

여성가족부는 청소년의 자살 · 자해 등 위기상황 예방과 고위기청소년 지원을 강화하기 위해 지자체가 주도하는 청소년안전망팀 사업을 2020년 9개소로 운영을 시작했다. 2021년 14개소, 2022년 20개소에서 운영되었고, 2023년 현재 총 22개 지방자치단체가 운영하고 있다. 지자체 청소년안전망팀에는 위기청소년 전담공무원과 민간 전문인력(청소년통합사례관리사)을 배치하여 전담조직을 구성하고, 위기청소년 발굴과 지원기관 연계, 지역 위기청소년 실태조사 및 정책 개발 등의 사업을 추진하고 있다.

㉚ 국립대구청소년디딤센터(2021.11.26. 개원)

대구디딤센터는 수도권의 국립중앙청소년디딤센터(경기도 용인시)에 이어 전국에서 두 번째로 건립된 시설로, 정서 · 행동 조절에 어려움을 겪거나 인터넷 · 스마트폰 과의존 청소년들을 위한 치료재활시설이다. 센터는 치료실, 상담실, 대안교실, 체육관, 생활동, 생태체험장 등을 갖추고, 정서 · 행동문제 치유 장기과정과 인터넷 · 스마트폰 과의존 치유 단기과정을 운영해 복합적인 솔루션을 제공하고 있다.

㉛ 제4차(2022~2024) 청소년보호종합대책(2022.06.29)

청소년보호종합대책은 다양한 매체환경 및 생활환경 등에서 나타날 수 있는 유해요인으로부터 청소년을 보호하고 건강한 성장환경을 조성하기 위한 것으로, 청소년보호법에 따라 정부부처 합동으로 매 3년마다 수립 · 시행되고 있다. 여가부는 디지털 미디어에 대한 청소년의 자율적 대응 역량 강화와 온라인 유해환경 개선을 위한 제도 기반 구축을 목표로 건강하고 책임감 있는 미디어 이용환경 조성, 유해환경 등으로부터 안전할 권리 보장, 사이버 폭력 등으로부터 안전한 사회문화 조성, 근로청소년 권익보호 및 노동인권 의식 제고 등 4대 추진전략 아래 핵심 추진과제를 마련했다.

㉜ 국립청소년미래환경센터(2022. 7. 21 개원)

국립청소년미래환경센터는 부지 10만 6,222㎡, 연면적 8,572㎡ 규모로 경북 봉화에 건립됐다. 청소년들이 인류의 보편적 문제, 지구환경 문제, 경제 · 사회 문제 등에 대해 관심을 가지고, 현세대와 미래세대가 함께 공존할 수 있는 세상을 만들어 갈 수 있도록 육상생태계 보전, 기후변화와 대응, 생산과 소비를 핵심테마로 다양한 청소년활동을 운영하고 있다. 특화체험시설로 포레스트어드벤처(온실), 창의공작실, 멀티미디어실, 환경실험실, ESD포럼실, 자원순환실 등을 갖추고 있다.

㉝ 제7차 청소년정책기본계획(2023~2027) 수립(2023.02)

저출산 · 고령화로 청소년 인구는 감소하고 있으며 학교 밖 청소년과 가정 밖 청소년, 은둔형 청소년, 가족돌봄청(소)년 등 정책적 지원이 필요한 청소년은 증가하는 추세다. 디지털 문해력(Digital Literacy) 등 역량 제고의 필요성이 높아지는 한편, 미디어 과의존 증가, 온라인을 통한 유해환경 확산 등 부작용도 증가하고 있어 정책적 대응이 필요하다. 여성가족부가 수립한 5개 대과제는 플랫폼 기반 청소년활동 활성화, 데이터 활용 청소년 지원망 구축, 청소년 유해환경 차단 및 보호 확대, 청소년의 참여 · 권리 보장 강화, 청소년정책 총괄 조정 강화다.

chapter

4

청소년육성 · 보호 · 복지정책

1. 청소년육성정책
2. 청소년보호정책
3. 청소년복지정책

우리나라의 청소년정책은 여러 부처에 분산되어 실시되어 왔고, 시대의 흐름에 따라 적절한 변화양상을 보이며 발전해 왔다. 현재 청소년정책을 담당하는 여성가족부에서 전체 청소년을 대상으로 한 정책의 총괄과 청소년시설 운영, 청소년활동, 복합적인 청소년 육성사업과 유해환경(유해매체물 · 유해업소 · 유해구역 · 유해약물 · 유해물건)에 대한 유통규제와 단속업무를 수행하고 있다. 이 밖에 교육부, 문화체육관광부, 통일부, 외교부, 법무부, 국방부, 행정안전부, 보건복지부, 고용노동부, 국토교통부, 경찰청 등에서 고유기능에 따른 청소년 업무를 담당하고 있다.

1. 청소년육성정책

「청소년기본법」 제3조 제2호는 "청소년육성이라 함은 청소년활동을 지원하고 청소년의 복지를 증진하며, 사회여건과 환경을 청소년에게 유익하도록 개선하고 청소년을 보호하여 청소년에 대한 교육을 보완함으로써 청소년의 균형 있는 성장을 돕는 것을 말한다."고 규정하고 있다.

이렇게 청소년의 건전한 육성을 정책적으로 계획 · 수립하여 효율적으로 수행하기 위하여 「청소년기본법」은 목적 조항에 "… 청소년의 권리 및 책임과 가정 · 사회 · 국가 및 지방자치단체의 청소년에 대한 책임을" 정해 두고 있으며, "… 청소년육성정책에 관한 기본적인 사항을 규정"하고 있다.

그러면 독립된 제도 영역으로써 우리나라 최초의 청소년관련 법률인 「청소년육성법」(1987. 11. 28. 제정)의 탄생 배경을 시작으로 청소년육성정책에 대해 알아보기로 한다.

1) 청소년육성법의 탄생 배경

18세기 이후 일기 시작한 청소년의 교육 주체성 사상은 20세기의 복지국가의 새로운 인권사상과 결부되어 청소년에 대한 국가기능에도 큰 영향을 미치게 되었다. 국가행정이 종래의 소극적인 청소년보호 · 규제대책에서 벗어나, 그들의 건전한 성장과 발달을 위하여 적극적으로 육성하려는 정책과 제도를 시행하게 되고, 이것이 법에 반영되어 「청소년육성법」을 형성하게 되었다.

이러한 세계사적 추세를 대표하는 법적 규범이 바로 1989년 유엔이 채택한 '아동의 권리에 관한 협약(Convention of the Rights of the Child)'이다.

제1차 세계대전(1914~1918)으로 수많은 어린이와 청소년이 희생되자, 1924년 '아동의 권리에 관한 제네바 선언'이 국제연맹에 의해 채택되었다. 그러나 이러한 노력에도 불구하고 발발한 제2차 세계대전은 이전보다 훨씬 많은 희생과 충격을 남겼다.

1945년 창설된 유엔은 그 직후인 1946년부터 '아동의 권리에 관한 헌장'을 만드는 작업에 착수하여, 1959년 유엔의 '아동의 권리에 관한 선언' 채택 등 어린이 · 청소년에 대한 지구적 관심을 선언하는 과정을 거쳐, 1989년 유엔 회원국의 만장일치로 '아동의 권리에 관한 협약'이라는 구속력 있는 국제법규를 탄생시켜 오늘날 「청소년육성법」제의 '마그나 카르타'와 같은 지위를 가지고 있다.

이 협약은 청소년에 대한 보호 · 지원과 같은 종래의 기능뿐만 아니라, 육성의 기능까지 망라하는 통일적 법규로서 국내외를 막론하고 최초의 것으로, 18세 미만의 어린이 · 청소년에 대한 보호 · 육성의 기본원칙과 이를 실현하는 구체적인 권리 · 의무를 규정하고 있다.

2) 청소년육성정책의 발달과정

우리나라 청소년육성정책이 구체적으로 실현된 시기는 1961년 「미성년자보호법」과 「아동복리법」이 제도 입법화된 이후부터라고 할 수 있다. 「미성년자보호법」은 미성년자의 끽연과 음주 및 선량한 풍속을 해하는 행위를 제한 또는 금지함으로써 미성년자의 건강을 보호하고 선도 · 육성함을 목적으로 하고 있다. 「아동복리법」은 아동이 그 보호자로부터 유실 · 유기 또는 이탈되었을 경우, 그 보호자가 아동을 양육하기에 부적당하거나 양육할 수 없는 경우, 아동의 건전한 출생을 기할 수 없는 경우 또는 기타의 경우에 아동이 건전하고 행복하게 육성되도록 그 복리를 보장함을 목적으로 하고 있다.

이러한 제도는 1945년 해방과 1950년 한국전쟁의 소용돌이 속에서 발생한 수많은 고아와 기아 등 사회적 보호를 우선으로 하는 아동이 급증하면서 태동한 청소년육성정책이라 볼 수 있다. 따라서 이러한 법규들은 오늘날의 육성보다는 보호 · 선도 측면의 비중이 클 수밖에 없었다.

이는 전면개정과 제정을 거듭하면서 꾸준히 발전하였고, 청소년정책 수행의 전기를 마련하였다는 점에서 청소년정책의 역사에 중요하다. 특히 보호 · 선도 측면의 비중이 크다고는 하지만, 이때 처음으로 청소년육성과 관련한 인격도야 · 심신단련 · 청소년교류에 대한 필요성이 청소년관련 법규에 의해 처음으로 대두되었다는 점은 특기할 만한 사항이다.

이를 토대로 1987년 11월 28일 「청소년육성법」이 제정되었고, 1991년 6월 10개년 동안 시행되는 「한국청소년기본계획」이 수립되었다. 그리고 1991년 12월 31일 「청소년기본법」이 탄생하였으며, 1997년 「청소년보호법」이, 2000년에는 「청소년의 성보호에 관한 법률」이 탄생하였고, 이 법은 2009년에 「아동 · 청소년의 성보호에 관한 법률」로 전면 개정되었다. 2004년에는 「청소년활동진흥법」과 「청소년복지지원법」이, 2014년에는 「학교 밖 청소년 지원에 관한 법률」이 제정됐다.

3) 청소년육성정책의 추진 경과

앞에서 살펴본 바와 같이, 청소년정책이라는 분야가 정부 차원의 하나의 독립된 정책으로 수립되고, 집행된 것은 불과 얼마되지 않는다. 1987년 우리나라 최초의 청소년관련 법률인 「청소년육성법」이 제정되고, 이를 추진할 청소년 전담조직이 1988년 6월 당시 체육부에 설치되면서 청소년정책이 정부정책의 하나로 자리매김을 하게 되었다.

그 이전에는 청소년을 유해환경으로부터 보호하고 비행청소년을 선도하는 정부정책이 주된 과제였다. 또한 스카우트 · 적십자활동 등 청소년단체활동이 있었지만, 학교교육의 일환이거나 단체에 가입된 청소년을 대상으로 하여 추진되어 왔다.

1991년 6월, 1992년부터 2001년까지 10개년 동안 시행되는 「한국청소년기본계획」이 수립되었고, 1993년에는 기본계획을 토대로 하여 문화와 체육 등과의 상호 유기적인 연계 업무를 추가하여 '제1차 청소년육성 5개년계획'을 수립해, 1997년까지 시행하였다. 또한 1998년에는 '제2차 청소년육성 5개년계획'을 수립하여 2002년까지 시행하였고, 2003년부터 2007년까지 '제3차 청소년육성 5개년계획'을 수립하여 시행하였으며, '제4차 청소년육성계획'은 2008년부터 2012년까지 시행 중에 청소년을 둘러싼 환경 변화에 대한 적절한 대응책을 포괄적으로 담는 데 한계가 있고, 신규정책을 발굴하고 정책 간 연계방안 마련을 위해 제4차 청소년정책 기본계획을 수정 · 보완(2010. 12.) 수립을 시행했다. 제5차 청소년정책 기본계획은 2013년부터 2017년까지, 제6차 청소년정책 기본계획은 2018년부터 2022년까지, 제7차 청소년정책 기본계획(2023~2027)은 2023년에 수립하여 시행 중이다.

2. 청소년보호정책

우리 법제사상 청소년규제 · 보호에 관한 최초의 단행 법률은 1961년 12월 30일에 제정된 「미성년자보호법」과 「아동복리법」이다. 이들 법률은 변천을 거듭하며 발전되어 오다가 「청소년육성법」을 탄생시켰고, 「청소년기본법」의 모태가 되었다. 이런 흐름 속에 사회는 산업화 과정을 거치면서 물질적으로 풍요한 시기를 맞게 된다. 따라서 이전의 단순한 보호 차원을 넘어 청소년육성에 관심을 가지게 되었다. 이에 1991년 제정된 「청소년기본법」은 청소년육성을 그 목적으로 하고 있으며, 청소년보호에 관하여는 단행 법률인 「청소년보호법」이 별도로 제정되기에 이르렀다.

1) 청소년보호정책의 변화

① 해방 전후시기(1940~1949년)의 한국사회는 해방의 벅찬 감동에서도 정치적 혼란과 경제적 종속성으로 민간의 생활은 궁핍할 수밖에 없었다. 전국의 여러 곳에서 폭동이 발생하고 물가지수의 급등으로 인하여 실업자들이 속출하였고, 사회는 불안정하였으며, 이러한 상황 속에서 주로 절도 등 생활고와 관련된 범죄가 증가하였다. 따라서 당시에는 생활고와 관련된 절도와 정치적 불안상태에 편승하는 범죄들이 많았음을 알 수 있다.

1945년 8월 15일 광복이 되자 대부분의 사설감화원을 폐쇄하고 경성소년원의 명칭을 서울소년원으로 바꾸고, 비행소년 보호 및 교정기관으로 새 출발을 하게 되었다. 그 후 비행소년에 대한 교정보호의 필요성이 증대되어 대구, 안양, 광주, 부산, 김해 등지에 소년원 시설을 증설하였다. 해방 이후 사회는 질서혼란, 생계곤란, 전쟁고아의 급증으로 범죄소년, 우범소년, 걸식부랑아가 늘어나게 되었으며, 당시 국·공립 보호단체에 이런 소년들을 수용하였으나, 대부분이 시설을 탈출하여 거리로 나와 범죄소년이 날로 증가하였다.

② 한국전쟁 전후시기(1950~1959년)는 1948년 정부 수립과 더불어 과도정부로부터 소년원 4개소, 분원 2개소를 인수하여 운영하다가, 1950년 한국전쟁으로 시설의 대부분이 파괴됨으로써 소년보호행정이 난관에 부딪히게 되었으나, 1953년부터 연차적으로 시설 보수작업에 착수하여 1957년까지 동란 이전의 수준으로 회복하였다. 대한민국 정부 수립 이후, 1948년 11월 대통령령 제21호로 법무부 산하 기구인 법무국 아래 소년과를 두었으며, 소년과에서 소년의 심판과 교정보호 및 범죄예방 등 소년보호 업무를 관장하였다.

그러나 1950년 3월 대통령령 제307호에 의해 법무부가 축소되면서 소년과가 폐지되어 소년보호 업무가 법무과로 이관되었으나, 전쟁 이후 청소년범죄의 급증으로 다시 1954년 9월 소년과를 부활하여 소년보호 업무를 관장하였다. 「대한민국 헌법」이 제정 · 공포됨에 따라, 헌법의 기저에 흐르고 있는 인도주의 이념과 사회문화적 복지주의 요청에 입각하여 이의 실현을 위한 형사정책인 견지에서 「조선소년령」 및 「교정원령」을 폐지하고, 1958년 7월 24일 「소년법」(법률 제489호)을 제정하고 그 해 8월 법률 제493호로 「소년원법」이 제정됨으로써 소년보호 행정의 기틀이 마련되었다.

「소년법」의 중요한 특징으로는 소년보호 사건을 서울가정법원 및 지방법원의 소년부에서 관할하게 하고, 보호의 대상을 범죄소년 · 촉법소년 · 우범소년으로 하여 검사의 선결주의를 취하면서 과학적인 조사방침을 정하여 조사관에게 사회 · 환경적 증거를 수집하게 하였다.

③ 정치변혁과 경제발전의 시기(1960~1969년)는 청소년보호정책이 구체적으로 수립되는 발아의 시기이다. 1961년 12월 「미성년자보호법」과 「아동복리법」이 제정되었는데, 「미성년자보호법」은 미성년자의 끽연과 음주 및 선량한 풍속을 해하는 행위를 제한 또는 금지함으로써 미성년자의 건강을 보호하고 선도 · 육성함을 목적으로 하고 있으며, 「아동복리법」은 아동이 그 보호자로부터 유실 · 유기 또는 이탈되었을 경우, 아동의 건전한 출생을 기할 수 없는 경우 또는 기타의 경우에 아동이 건전하고 행복하게 육성되도록 그 복리를 보장함을 목적으로 하고 있다.

1964년 5월에는 청소년의 달을 지정하였고, 1964년 9월에는 청소년의 선도 및 보호에 관한 종합적인 대책을 강구하기 위하여 국무총리 소속하에 '청소년보호대책위원회'를 설치하게 되었다. 또 1965년에는 '청소년단체협의회'가 설립되어 단체 간의 상호 협력을 도모하였다. 1969년 법률 제2118호 「스카우트 활동에 관한 육성법」이 제정되면서 한국보이스카우트연맹과 한국걸스카우트연맹이 법적 지원을 받는 근거가 되었는데, 이 법안으로 인하여 청소년단체에 대한 국가와 지방자치단체의 재정적 지원이나 시설의 대여가 이루어졌으며, 각 지부장에게는 조세감면의 혜택이 있어 청소년단체에 대한 개인, 단체, 법인의 출연을 조장하였다.

④ 경제의 고도성장기(1970~1979년)는 1970년 국회에서 「청소년보호법」이 발의되었으나, 의결되지 못하고 해를 넘김으로써 폐기되었고, 1974년 10월 중앙청소년보호대책위원회에서 '청소년선도종합대책기구 설치 건의안'을 국무총리실에 제출, 1977년 7월 대통령령 제9679호에 의한 '청소년대책위원회'가 된다. 이 청소년대책위원회는 청소년보호대책위위원회를 계승한 것이나 차이점이 좀 있었다. 첫째, 위원장이 내무부장관에서 국무총리로, 위원들이 이전에는 차관급에서 장관급으로 격상되었으며, 따라서 조직들 또한 시 · 도, 시 · 군 · 구뿐만 아니라 읍 · 면 · 동까지 확대되었다는 점과, 둘째, 청소년지도 · 육성 · 보호에 관한 기본계획과 종합적인 정책이 수립되었다는 점이다. 특히 내용을 보면 "청소년의 인격도야 및 심신단련과 민간청소년단체 종합지도 및 육성"을 추가하였다.

⑤ 민주적 독재화의 시기(1980~1989년)의 1980년대 초반에 「새마을운동 조직육성법」에 의해 한국새마을청소년후원회(4-H 활동)가 법적 지원을 받았고, 교육개혁 조치가 1980년 7월에 발표되어 청소년시설 정책의 변화를 가져와 민간기관 혹은 민간인의 청소년시설 참여가 법적으로 가능하였으나, 시설을 설치하기 위한 장소 확보가 어렵고 법적 지원과 정부의 통제요인 때문에 실질적으로 가능하지 않았다.

1981년 신군부에 의해 한국청소년연맹이 창설되었으며, 「한국청소년연맹 육성에 관한 법률」이 제정되었다. 그리고 부설 한국청소년연구소는 조사사업과 학술세미나 등을 주관하였다. 이러한 한국청소년연구소의 학술자료는 1984년 제정된 「청소년 보호 · 육성을 위한 기본법」의 기초자료로 제공되었다. 1982년에는 '체육부' 창설과 더불어 체육부 장관의 임무 안에 청소년행정의 소관업무 규정을 두었다. 1987년 정부는 「청소년육성법」을 제정하고, 1988년에는 체육부에 청소년국을 설치하여 청소년종합대책을 수립하였으며, 체육부가 청소년업무를 전담

함과 동시에 각 시 · 도에 청소년과를, 시 · 군 · 구에 청소년계를 설치하여 학교 중심의 청소년육성정책을 지역사회 중심으로 전환하는 계기를 마련하였다. 1989년 7월에 정부출연 연구기관인 한국청소년연구원(현 한국청소년정책연구원)이 개원되었다.

⑥ 문민자치시대(1990년 이후)의 청소년 보호대책으로서는 1990년대, 특히 문민정부가 출범하면서부터 크고 작은 변화를 가져왔지만, 1990년 12월 '체육부'가 '체육청소년부'로 개칭된 것과 청소년국이 청소년정책조정실로 확대 · 개편된 것이 가장 큰 변화라고 할 수 있다. 그리고 1990년 5월에 '청소년헌장'을 정비하여 재공포하였다. 1987년 11월 「청소년육성법」이 제정되었으나 실질적인 사업이 없었는데 반해, 1991년 12월 기존의 「청소년육성법」의 한계점을 보완 · 개정한 「청소년기본법」이 제정됨으로써 청소년육성을 위한 기본법제를 갖게 되었다. 이 법에 의거하여 정책사업적인 면에서 중 · 장기 정책계획을 수립하여 '청소년육성종합계획'을 발표하였고, 청소년보호의 총체적이고 장기적인 대책을 수립하게 된 것이다. 또 명지대학교에 청소년지도학과와 중앙대학교의 청소년학과가 신설되어 사회의 청소년문제에 더욱 관심을 가지고 연구하게 되었다.

2) 청소년보호정책의 추진 경과

법무부 보호국 내부에서도 '소년감별소'가 '소년분류심사원'으로 바뀌어 보다 과학적이고 체계적인 분류심사와 감별을 기하였고, 소년원 내의 교과과정을 정규학교화하여 교과과정에 있어서도 많은 내실을 이루고 있다. 1990년 보호관찰에 따른 수강명령 및 봉사명령이 실시되었고, 보호관찰 또한 경미하고 범죄성이 미약한 소년사범 및 비행소년에게 실시되었던 것이 1994년부터 청소년보호 차원에서 더욱 확대되어 실시되고 있다.

또, 향락음식점 출입 혹은 노래방 출입 등에 관하여 사회단체, 청소년단체 등에서 미성년자 출입제한구역의 청소년 출입에 대한 논란, 담배자판기 설치 제한에 관한 논란, 노래방에 대한 논란이 있었다. 특히 이러한 출입제한구역의 출입연령에 대해서 많은 논의가 있었는데, 1992년도에 「풍속영업의 규제에 관한 법률시행령」이 제정되면서 현 20세에 대하여 18세로 낮추자는 경찰청의 의견 제시로 본격화되었으나, 반대의견에 부딪혀 철회된 바 있다.

이러한 시련 끝에 1997년 「청소년보호법」이 제정된다. 「청소년보호법」은 날로 심각해지는 청소년유해환경을 종합적으로 규제할 수 있는 법률의 필요성에 따라 제정된 것이다. 또 1997년 7월 5일에 청소년보호위원회가 발족되었고, 2000년 2월 3일에는 「청소년의 성보호에 관한 법률」이 제정되기에 이른다. 「청소년의 성보호에 관한 법률」은 청소년의 성을 사는 행위, 성매매를 조장하는 온갖 형태의 중간 매개행위 및 청소년에 대한 성폭력 행위를 하는 자들을 강력하게 처벌하고, 성매매와 성폭력 행위의 대상이 된 청소년을 보호 · 구제하는 장치를 마련함으로써 청소년의 인권을 보장하고, 건전한 사회 구성원으로 복귀할 수 있도록 하는 한편, 청소년을 대상으로 하는 성매매 및 성폭력 행위자의 신상을 공개함으로써 범죄예방 효과를 극대화하려는 것이다.

2009년 6월 9일에는 「청소년의 성보호에 관한 법률」이 「아동 · 청소년의 성보호에 관한 법률」로 전면 개정하여, 아동도 이 법에 따른 보호대상임을 명확히 하고, 아동 · 청소년을 대상으로 한 유사 성교 행위 및 성매수 유인행위 처벌 규정을 신설하며, 성범죄 피해자 및 보호자에 대한 합의 강요행위를 처벌하는 규정을 신설하도록 하여 아동 · 청소년의 성보호를 더욱 강화하였다.

2012년 12월 18일에는 「아동 · 청소년의 성보호에 관한 법률」을 전부 개정하여 아동 · 청소년이용음란물의 범위와 소지 개념을 명확히 하며, 음주 또는 약물로 인한 감경 배제 규정의 적용대상을 확대하고, 신상정보의 등록 및 공개 관련 소관 부처의 중복 문제를 해소하기 위하여 등록에 관한 사항은 법무부장관이 집행하도록 하고, 읍 · 면 · 동까지만 공개하던 것을 도로명 및 건물번호까지로 확대하고 경계를 같이 하는 읍 · 면 · 동 게시판에도 신상정보를 공지하도록 하는 등 신상정보 고지 제도를 확대하며, 성범죄자의 취업제한 기관을 확대하여 성범죄자에 대한 관리를 보다 강화했다.

이후 관련 법 개정을 통해 성범죄자의 아동 · 청소년 관련기관 취업제한을 30년까지 하고, 무인텔 등의 숙박업주는 청소년의 이성혼숙을 방지하기 위해 출입자 나이를 확인하도록 했다. 또 업소에서 영리목적으로 술 · 담배 심부름을 시키면 처벌할 수 있도록 하고, 도박중독의 폐해를 줄이기 위해 경마 · 경륜 · 경정 등의 장외발매소와 장외매장에 대해 청소년 출입 · 고용을 금지토록 했다.

여성가족부는 「청소년정책관계기관협의회」를 2012년에 개최하고 「제1차 청소년보호종합대책(2013~2015)」을 최종 확정하였다. 내용은 신 · 변종 유해매체, 유해업소 등 새로운 환경과 이로 인한 청소년문제에 적극 대처하여 청소년이 건강하고 안전하게 성장할 수 있도록 지원하기 위한 중기 대책으로 처음 수립되었다. 이를 통해 청소년 유해환경과 문제에 대해 분석하고 예측하여 전략과제 · 중점과제 마련 등을 범부처 차원에서 수립 · 시행할 수 있게 되었다. 「제2차 청소년보호종합대책(2016~2018)」은 '청소년이 건강하고 안전한 대한민국 실현'이라는 비전과 '유해환경 개선 및 청소년 피해 예방'이라는 목표 아래 매체물, 유해약물, 유해업소, 유해행위, 근로보호 등의 5개 정책영역을 중심으로 구성됐고, 인터넷 개인방송 · 동영상 사이트 모니터링 등 온라인상 유해환경 개선과 지역별 청소년근로권익보호협의체 운영 등 청소년 근로권익 보호를 강화하는 내용 등이 포함됐다.

3. 청소년복지정책

우리나라에서 청소년복지라는 용어가 사용되기 시작한 것은 최근의 일이다. 이전에는 아동복지 속에 포함되거나 아동복지의 연장선상에서 청소년복지가 다루어졌다. 그나마 독립적인 하나의 학술적 체계의 측면에서 정의를 내리지 않고, 청소년문제의 하나인 청소년지도라는 의미에서 극히 소극적으로 배려되었다. 따라서 청소년복지는 이념의 주체인 청소년 개개인의 인권이 보장됨은 물론, 사회의 일원으로 존중되어야 한다. 다시 말해, 이제 청소년복지는 물리적인 시설뿐만 아니라 정신적 · 심리적 · 신체적 환경의 상호작용까지를 포함해서 포괄적으로 고찰해야 할 것이다.

「청소년기본법」의 내용에 있어서 청소년복지의 정의를 살펴보면, '청소년복지란 청소년이 정상적인 삶을 영위할 수 있는 기본적인 여건을 조성하고 조화롭게 성장 · 발달할 수 있도록 제공되는 사회적 · 경제적 지원을 말한다'(법 제3조)고 정의하고 있다. 이를 실현하기 위하여 동법 제49조(청소년복지의 향상)는 '국가는 청소년들의 의식 · 태도 · 생활 등에 관한 사항들은 정기적으로 조사하고, 이를 개선하기 위하여 청소년의 복지향상 정책을 수립 · 시행하여야 하며, 국가 및 지방자치단체는 기초생활의 보장, 직업재활훈련, 청소년활동 지원 등의 시책을 추진함에 있어서 정신적 · 신체적 · 경제적 · 사회적으로 특별한 지원을 필요로 하는 청소년에 대하여는 우선적으로 배려하여야 한다'고 규정하고 있다.

1) 청소년복지정책의 변천

전통적으로 아동과 청소년을 양육하는 것은 가정의 역할이었다. 이 때문에 아동과 청소년복지는 가족의 영역으로 인식되었고, 국가의 개입은 최소한에 그쳤다. 그런데 해방 이후 지난 50년 동안 6 · 25 한국전쟁, 1960년대 이후 산업화와 도시화과정을 거치면서 청소년의 생활환경이 급격히 변화되었고, 청소년의 욕구와 문제에 대한 정부의 대응도 달라졌다.

여기에서는 한국 청소년복지의 변화를 몇 가지 시기별로 나누어서 각 시기별 주요 사안을 개괄적으로 살펴보고, 청소년복지의 발전방향을 모색하고자 한다.

청소년복지는 해방 이후 상당기간은 아동복지의 연장선상에서 다루어지다가 「미성년자보호법」의 제정(1961)과 중앙청소년보호대책위원회의 설치(1964)로 아동과 다른 '청소년 영역'이 설정되고, '세계청소년의 해(1985)'를 계기로 하여 「청소년육성법」이 제정(1987)되면서 청소년 영역이 확고히 되었다. 따라서 한국 청소년복지의 시대 구분은 대통령의 집권시기를 기준으로 하기보다는 청소년복지와 관련된 주요 법이나 제도의 변화에서 찾는 것이 좋을 것이다.

해방 이후부터 일제하의 제도를 답습하거나 임시적인 각종 행정지침으로 이루어진 긴급구호의 시기를 '청소년복지의 맹아기'로 보고, 1962년부터 「청소년육성법」이 제정된 1987년까지를 '청소년복지의 도입기', 그리고 1988년부터 현재까지를 '청소년복지의 전개기'라고 규정하고자 한다.

(1) 청소년복지의 맹아기

해방 이후부터 「아동복리법」과 「미성년자보호법」이 제정된 1961년까지는 청소년복지가 조선구호령(1944)과 몇 개의 미군정 법령 및 그 처무준칙에 따라서 실시되었다(이윤상, 1992 : 20). 이 시기에는 청소년복지가 아동복지와 그 영역이 구분되지도 않았으며, 아동복지도 다른 사회복지의 영역과 별 구분 없이 긴급구호를 하는 수준이었다. 그러나 요보호아동 · 연소노동자 · 비행청소년의 보호에서 청소년복지의 맹아를 찾을 수 있다.

① 13세 이하 요보호아동의 보호

이 시기의 공공구호 대상은 65세 이상의 무의탁 노인, 6세 이하의 아동을 부양하는 여자(모), 13세 이하의 아동, 불치의 병으로 신음하는 사람, 여성, 노인, 장애인이었고 그중에서 청소년은 배제되어 있음을 알 수 있다. 물론 일부 나이 어린 청소년도 포함되었지만, 청소년은 아동의 연장선상에서 보호한 것이다.

② 아동시설의 인가제와 유형

이 시기에는 사회복지시설이 그 대상별로 구분되어서 아동시설이 정체성을 갖게 되고 정부의 지원과 감독이 강화된 것은 의미 있는 일이었다. 정부(사회부)는 '후생시설 설치기준'(1950년 2월 17일)을 공포하여 아동시설을 '인가시설'로 하였다. 이 기준은 한국전쟁으로 발생된 수많은 전쟁고아를 수용 · 보호하는 데 근거가 되었으며, 이후 '후생시설 운영요령'(1952년 10월 4일)으로 강화되었다. 이 운영요령은 아동시설을 영아원, 육아원, 감화원 등으로 구분하고, 이 밖에도 후생시설을 모자원, 정신치료감화원, 불구수용원, 맹아원, 직업보도원, 양로원 등으로 구분하였다.

③ 18세 미만 아동 노동의 보호

이 시기에 청소년을 보호의 대상으로 인식한 것은 「아동노동법규」에서 찾아볼 수 있다. 미군정은 「아동노동법규」(1946년, 법령 제112호)에서 아동의 노동을 보호하기 위하여 상공업체 고용금지(14세 미만), 중공업체 또는 유해업체 종사금지(16세 미만), 위험직종 또는 유해직종 종사금지(18세 미만), 그리고 일일 노동시간의 제한(16세 미만 8시간 이내, 18세 미만 10시간 이내)을 규정하였다. 비록 '아동'이란 용어를 사용하고 있지만, 18세 미만 '근로청소년'을 보호하기 위한 최초의 규정이란 점에서 의의가 있고, 이러한 정신은 「미성년자노동보호법」(1947년, 과도정부 법령 제4호)과 「근로기준법」(1953)에 의해서 계승되었다.

④ 20세 미만 비행소년의 보호

비행아동에 대한 시설보호는 일제하에서부터 시작되어서 영흥학원(1923), 목포학원(1938) 등이 설치 · 운영되었다. 이에 대한 법으로 「소년령」(1942)이 제정되고, 경성소년재판소(1942)란 소년법원이 설치되었다. 반사회적 성향을 가진 20세 미만 소년의 생활환경 조정과 생행교정을 위해 보호처분을 행하고, 형사처분에 있어 특별조치하기 위한 「소년법」(1958)이 이 시기에 제정되었다.

이 시기의 보호대상은 일차적으로 요보호아동이었지만, 그 대상에 따라서 연령이 약간씩 차이가 있음을 알 수 있다. 즉, 시설보호의 대상은 13세 이하로 제한하고 있지만, 근로아동은 18세 미만, 비행소년은 20세 미만으로 확대되었다. 생계욕구에 대한 복지서비스는 '아동'에 한정시켰지만, 노동과 인권의 옹호에서는 그 대상을 '소년'까지 확장시킨 것이다. 그러나 당시의 보호수준은 매우 열악한 것이었고, 서비스의 질에 대한 국가 책임의 한계도 명확하지 않았다.

(2) 청소년복지의 도입기

우리나라에서 청소년복지가 도입되기 시작한 것은 「미성년자보호법」과 「아동복리법」(1961)의 제정에서 찾을 수 있다. 「아동복리법」의 제정 이전에도 「보호시설에 있는 고아의 후견직무에 관한 법률」, 「고아입양특례법」(1961)이 제정되었지만, 그 이름에서 볼 수 있는 바와 같이 아동의 극히 일부인 '고아'에 대한 보호가 입법 목적이었다. 또한 청소년복지의 시각에서 볼 때, 이 시기에는 「미성년자보호법」이 제정되어서 청소년의 보호와 선도를 위한 법적 장치가 마련되었다.

「아동복리법」의 체제는 전면 개정되어 「아동복지법」(1981)이 제정되면서 보호의 대상이 '요보호아동'에서 전체 '아동'으로 크게 바뀌었다. 이는 아동복지의 대상을 일부로 인식하지 않고 전체로 본다는 점에서 큰 변화였다. 이 법에서는 '아동'이란 용어를 사용하고 있지만, 18세 미만의 아동 중에는 사회통념상 '청소년'이 포함되어 있다.

이 시기에 청소년복지의 도입은 비행의 우려가 있는 미성년자의 보호와 근로청소년의 복지, 그리고 장애청소년의 복지에 초점이 맞추어졌다. 일반청소년에 대한 복지도 포괄적인 욕구의 충족과 문제의 해결보다는 선도와 보호에 한정되었다.

① 18세 미만 요보호아동의 보호

「아동복리법」은 요보호아동의 연령을 기존의 13세 이하에서 '18세 미만'으로 상향시키고, 아동복지에 대한 국가의 책임을 명시했다는 점에서 그 의의가 크다. 보호대상을 18세 미만의 아동으로 확장시킨 것은 비록 '아동'이란 용어를 사용하고 있지만, '청소년'까지 포함한 것으로 볼 수 있다. 또한 보호의 대상인 '요보호아동'에 대한 정의를 명확히 하고, 이들에 대한 국가의 책임을 명시하였다. 즉, 아동이 그 보호자로부터 유실, 유기 또는 이탈되었을 경우, 아동의 건전한 출생을 기할 수 없는 경우, 그리고 기타의 경우에 아동이 건전하고 행복하게 육성될 수 있도록 하였다(「아동복리법」 제2조).

② 아동복리시설의 세분화

「아동복리법」은 아동복리시설로 아동상담소, 보육시설, 조산시설, 정신박약아시설,

맹아양호시설, 농아양호시설, 신체허약아보호시설, 아동휴양시설, 교호시설, 부랑아보호시설, 소년직업보도시설, 지체부자유아보호시설, 모자보호시설 등 13개 종류로 규정하였다. 이를 후생 시설운영요령의 시설 유형과 비교하여 볼 때 시설의 종류가 세분화되었고, 특히 장애아동을 위한 시설이 성인시설과 구분되었음을 알 수 있다. 전문화된 복지서비스는 대상자의 분류와 욕구에 따라서 제공되어야 하는데, 청소년복지는 아동복지와 별도로 인식되지 않았고 아동복지의 연장선에서 다루어졌음을 알 수 있다.

이 시기에 설치된 아동복리(지)시설 중에서 '아동상담소'는 기존의 아동복리시설과는 다른 기능을 수행하였다. 이전 시기의 시설들은 요보호아동을 긴급 구호하는 차원에서 수용보호가 핵심이었고, 아동의 연령과 장애 유무로 분리 수용하는 정도였다. 그런데 아동상담소는 가정에서 보호자로부터 유실, 유기 또는 이탈된 아동을 상담하고 귀가 조치하거나 수용시설로 이송하는 기능을 수행하였다. 따라서 이 상담소는 가정과 수용시설의 중간지점에 있으면서 요보호아동을 보호하였는데, 특히 가출 · 부랑아동과 학대받은 아동을 상담하는 기능을 수행하였다.

또한 아동복리시설에 아동 휴양시설을 포함시킨 것도 의미 있는 사안이었다. 전통적인 아동복리시설은 수용시설만 취급하였는데, 이 법에서 아동이용시설까지 포함시킨 것은 장차 「청소년육성법」에서 '청소년이용시설'을 포함시킬 수 있는 선례를 보인 것이다.

③ 장애청소년에 대한 복지사업

장애청소년에 대한 복지는 장애아동 혹은 전체 장애인에 대한 복지와 분화되지 않은 상태에서 이루어졌지만, 이 시기에 뚜렷한 진전이 있었다. 1977년에 제정된 「특수교육진흥법」은 장애인에 대한 특수교육을 증진하여 그들에게 필요한 생활지식과 기능을 전수함으로써 일반 사회생활에 참여하게 함을 목적으로 하였다. 장애인에는 시각, 청각, 정신박약, 정서장애, 언어장애, 기타 심신장애자 등이 포함되었다. 이들은 국 · 공립 특수교육기관에 취학하거나 사립교육기관 중 의무교육과정에 취학할 경우

무상교육을 받을 수 있도록 하였는데, 일차적인 수혜자는 장애아동과 청소년이었다. 장애인복지에 대한 관심은 1981년 '세계장애자의 해'를 계기로 증대되어서 「심신장애자복지법」이 제정되고, 보건사회부(현 보건복지부)에 전담부서인 재활과가 설치되었다. 이 법은 장애인복지에 대한 국가와 지방자치단체의 책임이 미약하고 장애 발생의 예방과 장애인의 고용촉진에서 한계가 있다는 비판도 받았지만, 「장애인복지법」(1989)으로 전문 개정될 때까지 장애인복지사업의 근거법이 되었다.

④ 미성년자의 보호와 선도

청소년에 대한 복지는 생계, 보건, 교육, 주거 등 인간의 기본적인 욕구에서 아동과 차별화한 것이 아니라, '풍속'이나 '여가'에서 구분하는 데 그쳤다. 이 시기에 청소년을 대상으로 한 대표적인 법인 「미성년자보호법」은 미성년자(만 20세)의 흡연, 음주, 기타 선량한 풍속을 해하는 행위를 금지하고, 미성년자의 보호에 필요한 사항을 규정함으로써 미성년자의 건강보호와 선도를 도모하고자 하였다. 미성년자에게 규제하는 행위는 대부분 성인들이 아무런 죄의식이 없이 하는 행위임에도 불구하고, 미성년자란 '지위' 때문에 '비행'으로 낙인이 찍혔다.

⑤ 근로청소년을 위한 복지사업

정부가 청소년에게 구체적으로 복지서비스를 준 것은 근로청소년에 대한 교육과 여가사업에서 찾을 수 있다. 일반 학교에 부설한 야간특별학급과 산업체 부설학교의 개설(1977)은 중 · 고등학교에 취학할 기회를 박탈당한 근로청소년에게 중등교육 기회를 제공하였다. 이 사업은 산업체에게는 고용안정을 주고 근로청소년에게는 일하면서 공부할 수 있는 기회를 준 이중적 목적을 가졌지만, 배움을 갈망하는 근로청소년에게 매우 의미 있는 사업이었다. 근로청소년의 학력과 연령이 높아지면서 이 사업은 점차 축소되었지만, 아동이 아닌 '청소년'에게 직접적인 혜택을 주는 사업이었다. 또한 근로청소년의 건전한 여가생활을 도모하기 위하여 주요 공단지역에 '근로청소년회관'을 건립하기 시작하였고(1981), 미혼 여성 근로자의 주거욕구를 충족시키기 위해서

'근로청소년 임대아파트'를 건립하기 시작하였다(1981).

⑥ 청소년보호대책의 실천

이 시기에 정부가 명시적으로 '청소년'을 정책의 대상으로 설정한 것은 '중앙청소년보호대책위원회'(1964)의 설치였다. 이 위원회의 설치와 운영은 이 시기 청소년복지의 위상을 가름할 수 있다. 즉, 청소년은 보호의 대상으로 인식되고, 국가의 책임은 행정적인 대책을 세우는 것이며, 그 책임은 위원회로 분산되었다는 점이다. 따라서 매년 청소년보호대책위원회가 열렸지만, 청소년복지의 제도화 등 획기적인 정책은 수립되지 않았다. 청소년정책에 기본이 되는 법을 제정하고, 이에 대한 행정체계를 갖춘 것은 「청소년육성법」이 제정될 때까지 유보되었다.

(3) 청소년복지의 전개기

우리나라에서 아동복지와 구분되는 청소년복지의 영역이 될 수 있었던 것은 「청소년육성법」(1987)의 제정에서 찾을 수 있다. 그런데 이 법의 어느 조항에도 '청소년복지' 혹은 '복지'란 낱말은 없다. 다만 이 법은 "청소년의 인격형성을 도모하고, 청소년의 보호 · 육성 · 선도 및 지원에 관한 사업을 효율적으로 추진함으로써 청소년이 국가 · 사회발전에 이바지할 수 있는 건실하고 유능한 국민으로 성장하도록 함을 목적으로"(「청소년육성법」 제1조) 제정된 것에 비추어 볼 때, 청소년복지의 수행을 위한 근거법이 될 수 있었다. 「청소년육성법」의 대체법으로 제정된 「청소년기본법」(1991)에서는 "청소년의 복지를 증진"(「청소년기본법」 제3조)을 법의 목적으로 규정하였다. 그러나 이 법에서도 청소년복지를 실현할 수 있는 구체적인 제도가 크게 미흡하다는 점이 문제이다.

2) 청소년복지정책의 추진 경과

(1) 2005년 「청소년복지지원법」 시행

「청소년복지지원법」 시행으로 청소년의 복지 향상에 대한 가정 · 사회 및 국가의 책임과 의무를 정하고, 미래사회의 주역이 될 청소년들의 삶의 질 향상과 최적의 성장 · 발달을 도모하기 위해 2004년 2월 9일 제정되고, 2005년 2월 10일 시행됐다. 국가 및 지방자치단체는 청소년이 원활하게 정보에 접근하고 그 의사를 표명할 수 있도록 하기 위하여 청소년관련 정책 수립 등의 절차에 청소년의 참여 또는 의견수렴을 보장하는 조치를 시행하도록 하고, 청소년 관련 정책 수립에 청소년의 참여 및 의견 수렴 보장과 청소년에게 국가나 지방자치단체의 시설 이용료 면제 및 할인, 청소년증 발급(9세 이상 18세 이하 청소년), 특별지원청소년(생활 · 학업 · 의료 · 직업훈련 지원 등)의 내용을 담고 있다.

(2) 청소년상담사업의 확대

정부는 전체 청소년의 건전한 육성과 특히 요보호계층 청소년의 고민상담, 취업과 진로, 여가문제 등을 지원할 수 있는 '청소년종합지원센터'를 1990년도에 대구와 광주에 설치하였다. 이 지원센터는 1년 동안 시범 운영한 결과, 전문적인 청소년상담사업을 전개하기 위하여 1991년부터 시 · 도 청소년상담실로 개칭하고, 다른 시 · 도에도 확대되었다. 시 · 도 청소년상담실은 일반청소년을 위한 복지기관이 거의 없는 상태에서 청소년의 고민을 상담할 수 있는 통로가 됐고, 시 · 군 · 구 단위에도 청소년상담실이 설치되기 시작했다. 또 청소년상담실을 지원하기 위하여 한국청소년상담원을 설립할 수 있는 근거를 마련했다.

(3) 청소년복지지원법 전부 개정(2012. 8. 2. 시행)

청소년복지에 대한 다양한 수요에 대응하고 청소년을 효율적이고 체계적으로 지원하기 위해 지역사회가 업무를 수행하는 지역사회 청소년통합지원체계(CYS-NET)를 확대 구축 · 운영하도록 하고, 기존의 상담뿐만 아니라 청소년 학업중단, 취약계층, 인터넷중독 청소년 등을 지원하는 청소년 상담복지사업을 종합적으로 수행하도록 했다. 종전의 한국청소년상담원을 한국청소년상담복지개발원으로 명칭 변경하고, 시 · 도 및 시 · 군 · 구 청소년상담지원센터를 청소년상담복지센터로 하고, 이주배경청소년지원센터 설치 · 운영 근거를 마련했다. 또한 청소년복지시설의 종류를 청소년쉼터, 청소년자립생활관, 청소년치료재활센터로 정했다.

(4) 국립중앙청소년디딤센터(경기 용인 소재, 2012. 12. 개원)

여성가족부는 청소년의 정신적 건강에 보다 관심을 갖고, 정서 · 행동장애 청소년을 보다 적극적으로 지원하기 위해 디딤센터를 개원했다. 국립중앙청소년디딤센터는 정서 · 행동장애로 어려움을 겪는 청소년들의 치료 · 재활을 위해 종합적 · 전문적 서비스를 제공하는 거주형 원스톱(One-stop) 지원시설이다. 디딤센터는 인터넷게임 중독, 학대 및 학교폭력 피해, 따돌림, 학교부적응 등으로 인해 정서 · 행동장애를 겪는 9세에서 18세 청소년에게 수요자 중심으로 치료재활 · 생활보호 · 자립지원 · 교육서비스 등을 종합적으로 제공한다.

(5) 지역사회 위기청소년 지원의 청소년안전망

청소년안전망(지역사회청소년통합지원체계 CYS-NET)이란 위기청소년 보호지원을 위한 사업으로서, 지역사회 시민 및 청소년관련 기관, 단체들이 위기 상황에 빠진 청소년을 발견해 구조 및 치료하는 데 참여하여 건강한 민주시민으로 성장하도록 지원하기 위해 협력하는 연계망으로, 위기청소년 지원을 위한 사회안전망이라고 볼 수 있다. 청소년상담복지센터에서는 위기청소년을 지원하기 위하여 개별화된 지역사회 청소년지원서비스를 통합 · 연계하여 학업중단, 가출, 인터넷중독 등 위기청소년에 대한 상담 · 보호 · 의료 · 자립 등 맞춤형 서비스를 원스톱으로 제공하기 위해 '청소년안전망

-지역사회 청소년통합지원체계(CYS-Net: Community Youth Safety-Net)'를 구축·운영하고 있다.

(6) 청소년동반자(YC) 프로그램

청소년동반자 프로그램(Youth Companion Program)은 위기(가능)청소년을 돕는 전문적인 서비스로서, 청소년 분야에 지식과 경험을 갖춘 전문가들이 도움이 필요한 청소년들에게 직접 찾아가 지속적인 관계를 맺고 상담, 정서적 지지, 기관연계 등을 제공하는 프로그램이다.

청소년동반자(YC)는 청소년 상담 분야에 지식과 경험을 갖춘 전문가로서, 도움이 필요한 청소년들을 위해 직접 가정 및 학교 등을 방문, 청소년 및 가족과 지속적인 상호교류를 통해 각종 상담, 심리·정서적 지지, 자활 지원, 학습·진로 지도, 문화체험 등을 제공하는 역할을 하고 있다.

(7) 학업중단 최소화 위해 학업중단숙려제 도입

교육부와 여성가족부는 학교 밖으로 떠나는 청소년의 수를 줄이기 위하여 '학업중단숙려제'를 2012년 6월부터 시행하고 있다. 학업중단숙려제는 학업중단의 징후가 발견되거나 학업중단 의사를 밝힌 학생 및 학부모에게 위센터(위클래스), 청소년상담복지센터 등의 외부전문 상담을 받으며 일정기간 숙려하는 기간을 갖도록 하는 제도이다. 학업중단숙려기간동안 학교에 출석하지 않고, 시·도교육청이 정한 기관에서 상담 및 프로그램을 이수하면 출석이 인정된다. 학업중단숙려제가 종료된 이후에 본인의 의사에 따라서 자퇴나 다시 학교로 돌아와 학업을 이어갈 수 있다.

(8) 학교 밖 청소년지원센터 꿈드림 운영

청소년이 다양한 이유로 학교를 그만두고 있는 상황에서, 학교 밖 청소년 지원을 위해 「학교 밖 청소년 지원에 관한 법률」에 따라 전국에 '청소년지원센터 꿈드림'이 운영되고 있다. 학교 밖 청소년의 개인적 특성과 요구를 고려하여 학업복귀와 사회진입을 할 수 있도록 학업복귀를 원할 경우, 복교, 검정고시, 상급학교 진학, 대안학교 입학 등을 지원하고, 사회진입을 원할 경우, 직업훈련, 자격증 취득, 취업, 자기계발 등을 지원하고 있다. 2016년부터 거주지 인근 검진기관을 통한 학교 밖 청소년 건강검진을 확대하고, 건강검진 DB를 구축하는 등 학교 밖 청소년들의 건강관리도 강화하고 있다.

3) 청소년복지시설

(1) 여성가족부 산하

① 청소년쉼터

청소년쉼터는 가정 밖 청소년들이 가정, 학교, 사회로 복귀하여 생활할 수 있도록 보호하는 시설로, 무료 숙식 및 의료서비스를 제공하고, 가정 밖 청소년을 위한 상담 및 심리검사, 생활지도 등이 이루어진다. 일시쉼터(24시간 이내 보호를 위한 아웃리치센터와 7일 이내 보호를 위한 고정형 쉼터), 단기쉼터(3개월 이내 보호를 위한 시설), 중장기쉼터(3년 이내 보호시설)가 있다.

② 청소년자립지원관

일정 기간 청소년 쉼터 또는 청소년회복지원시설의 지원을 받았는데도 가정 · 학교 · 사회로 복귀하여 생활할 수 없는 청소년에게 자립하여 생활할 수 있는 능력과 여건을 갖추도록 지원하는 시설, 2022년 현재 총 11개소가 운영되고 있다.

③ 청소년치료재활센터

학습 · 정서 · 행동상의 장애를 가진 청소년을 대상으로 정상적인 성장과 생활을 할 수 있도록 해당 청소년에게 적합한 치료 · 교육 및 재활을 종합적으로 지원하는 거주형 시설, 경기도 용인의 국립중앙청소년디딤센터와 대구청소년디딤센터가 운영되고 있다.

④ **청소년회복지원시설**(청소년회복센터: 사법형그룹홈)

청소년회복지원시설은 가정이 해체되었거나 제 기능을 발휘하지 못한 채 정상적인 양육을 제대로 받지 못하는 소년재판을 받은 청소년들을 부모와 가족을 대신해 보살피고, 훈육하는 역할을 하는 곳으로 대안가정이라 할 수 있다. 법원의 소년보호처분을 통해 만들어진 공동생활가정으로 사법형 그룹홈으로 불리기도 한다. 부산 · 경남을 중심으로 2022년 기준 전국에 18개소가 운영 중이며, 2016년 5월「청소년복지지원법」에 청소년회복지원시설을 복지시설로 포함시켰다.

(2) 보건복지부 산하

① **자립지원시설**(자립생활관)

자립생활관은 보호종료아동(만 18~24세)에게 일정기간 숙소를 제공하여 안정된 자립기반 마련을 돕고 있으며, 상담, 자립, 정서, 생활 등 다양한 프로그램을 운영하고 있다. 서울, 부산, 대구, 광주, 대전, 충청, 전라 등 16개소(2022년 기준)가 운영 중이다.

② **공동생활가정**(그룹홈)

그룹홈은 가정해체, 방임, 학대, 빈곤, 유기 등의 이유로 보호가 필요한 만 18세 미만 아동청소년에게 가정과 같은 주거환경에서의 아동청소년의 개별적인 특성에 맞추어 보호 양육서비스를 제공하는 소규모 아동보호시설(신고시설)로 5~7명의 아동으로 가구가 구성된다(2022 기준 아동그룹홈 518개소, 학대피해아동쉼터 98개소).

(3) 법무부 산하 – 청소년자립생활관

무의탁 범죄소년의 자립을 지원하는 시설은 법무부 산하의 (재)소년보호협회에서 운영하는 청소년자립생활관이다. 청소년자립생활관은 전국에 8개가 있고, 각 시설마다

12~20명의 무의탁 범죄소년이 거주할 수 있어, 총 130명 정원으로 운영 중이다. 대상자는 만 12세~24세까지의 청소년으로 무의탁 출원생과 요보호청소년이다. 청소년자립생활관의 설립목적은 무의탁 범죄청소년과 요보호청소년들에게 그룹홈 형태로 가족애를 느끼고, 안정된 사회정착을 도와 일탈과 비행을 예방하고 연계성 있는 자립지원시스템을 구축하여 건강한 사회인으로 성장하도록 하는 것이다. 이를 위해 숙식과 직업훈련 제공, 학업 지원, 자립관련 다양한 프로그램을 제공한다.[1)]

---

1) 조윤정 · 주경필, 「청소년자립생활관 청소년들의 자립과정에서의 저항과 자유갈망」, 청소년문화포럼 VOL.54, 한국청소년문화연구소, 2018.

chapter

5 청소년정책기본계획

1. 청소년정책기본계획의 배경

「청소년기본법」 제13조에서 여성가족부장관은 관계 중앙행정기관의 장과 협의한 후, 청소년정책위원회(청소년정책에 관한 주요 사항을 심의 · 조정)의 심의를 거쳐 청소년육성에 관한 기본계획을 5년마다 수립하도록 하여 청소년육성에 대한 국가적 책무의 중요성을 제시했다. 기본계획에 포함해야 하는 사항으로는 이미 시행한 이전의 기본계획에 관한 분석평가와 청소년육성에 관한 기본방향과 추진목표, 청소년육성에 관한 기능의 조정, 분야별 주요시책, 청소년육성에 소요되는 재원의 조달방법, 그 밖에 청소년육성을 위하여 특히 필요하다고 인정되는 사항 등이다.

1) 청소년정책기본계획 비전

기본계획	비전
한국청소년기본계획 (1991. 6.)	• 덕 · 체 · 지의 조화로운 완성
제1차 청소년육성5개년계획 (1993. 9.)	• 우수한 전통문화를 바탕으로 건강한 청소년문화를 창달 • 덕 · 체 · 지 · 예를 고루 갖춘 전인적 민주시민의 자질을 함양 • 신한국의 주인으로서 개혁의 성과를 계승 · 발전시켜 나가도록 함
제2차 청소년육성5개년계획 (1998. 7.)	• 청소년이 오늘의 사회구성원으로 행복을 추구하며, 스스로 생각하고 활동하는 주체적인 삶을 영위 • 내일의 주역으로서 사회가 필요로 하는 인성과 자질을 함양하고, 건강한 정신과 체력을 가꾸어 건전하고 책임의식 있는 민주시민으로 성장해 나갈 수 있도록 함
제3차 청소년육성기본계획 (2003. 11.)	• 도전하는 청소년, 꿈이 있는 사회
제4차 청소년정책기본계획 (2007. 12.)	• 건강하고 행복한 청소년, 희망세상 실현
아동청소년정책기본계획 (2008. 12.)	• 아동 · 청소년이 살기 좋은 사회

기본계획	비전
제4차 청소년정책(수정보완) 기본계획(2010. 12.)	• 꿈을 키우는 청소년, 희망을 더하는 가족, 밝은 미래사회
제5차 청소년정책기본계획 (2012. 12.)	• 청소년이 행복한 세상, 청소년이 꿈꾸는 밝은 미래
제6차 청소년정책기본계획 (2018. 3.)	• 현재를 즐기는 청소년, 미래를 여는 청소년, 청소년을 존중하는 사회
제7차 청소년정책기본계획 (2023. 2.)	• 디지털 시대를 선도하는 글로벌 K-청소년

2) 청소년정책기본계획의 핵심주제

1993~1997	제1차 청소년육성5개년 계획	청소년정책의 독자적인 영역 설정, 청소년시설 등 인프라 구축
1998~2002	제2차 청소년육성5개년 계획	청소년을 사회구성원으로서 권리 존중하는 사회적 인식 마련
2003~2007	제3차 청소년정책5개년 계획	청소년활동 여건조성과 청소년 유해환경 정화
2008~2012	제4차 청소년정책기본계획	아동과 청소년정책 통합 및 보편적·통합적 청소년정책 추진
	제4차 청소년정책(수정·보완) 기본계획	다양한 체험활동 기반 확충 및 청소년의 정책참여 기회 확대
2013~2017	제5차 청소년정책기본계획	청소년 역량 함양 및 미래인재 양성, 안전하고 건강한 생활환경
2018~2022	제6차 청소년정책기본계획	청소년 주도의 지원적·협업적 청소년정책으로의 전환
2023~2027	제7차 청소년정책기본계획	청소년 성장기회 제공, 안전한 보호 환경 조성

3) 청소년정책기본계획의 주요 내용

● 표 5-1 각 청소년정책기본계획 정책영역체계 비교

기본계획	정책영역체계
한국청소년기본계획 (1991. 6.)	• 청소년 활동 • 청소년 복지 • 청소년 교류 • 법제 보강 • 재정 확충, 운영
제1차 청소년육성5개년계획 (1993. 9.)	• 가정과 학교의 역할 증대 • 청소년 보호 및 선도 • 건전한 청소년 활동의 지원 • 청소년 교류 확대 지원 • 국민 참여 확산 및 추진체계 강화
제2차 청소년육성5개년계획 (1998. 7.)	• 청소년의 권리보장과 자율적인 참여기회 확대 • 청소년이 주체가 되는 문화 • 체육중심의 수련활동 체제 구축 • 국제화 · 정보화 시대의 주도능력 배양 • 청소년의 복지증진과 자립지원 • 가정과 지역사회의 역할강화와 참여확산
제3차 청소년육성기본계획 (2003. 11.)	• 청소년 권리신장 및 자발적 참여 기반 구축 • 주5일제 대비 창의적 청소년활동 여건 조성 • 취약계층 청소년복지 지원 강화 • 청소년건강 보호 및 유해환경 정화 • 추진체제 정비 및 범국민적 참여 확산
제4차 청소년정책기본계획 (2007. 12.)	• 청소년 사회적 역량강화 • 청소년인권과 복지 증진 • 청소년 친화적 환경 조성 • 청소년정책 추진체계 정비
아동청소년정책 기본계획 (2008. 12.)	• 아동 · 청소년의 권리 보장 토대 구축 • 공평한 출발기회 보장 • 개인의 소질과 적성에 근거 역량개발 지원 • 아동 · 청소년의 안전과 건강 확보 • 유해환경으로부터의 보호체계 강화 • 아동 · 청소년정책 추진체계의 재정비
제4차 청소년정책(수정보완) 기본계획(2010. 12.)	• 청소년의 자기주도적 역량 증진 • 가족기능 및 사회안전망 강화 • 건강하고 안전한 성장환경 조성 • 청소년정책 추진체계 정비
제5차 청소년정책기본계획 (2012. 12.)	• 청소년의 다양한 역량 강화 • 청소년 참여 및 권리 증진 • 청소년복지 및 자립지원 • 청소년 친화적 환경 조성 • 청소년정책 추진체계 강화
제6차 청소년정책기본계획 (2018. 3.)	• 청소년 참여 및 권리증진 • 청소년 주도의 활동 활성화 • 청소년 자립 및 보호지원 강화 • 청소년정책 추진체계 혁신

기본계획	정책영역체계
제7차 청소년정책기본계획 (2023. 2.)	• 플랫폼 기반 청소년활동 활성화 • 데이터 활용 청소년지원망 구축 • 청소년 유해환경 차단 및 보호 확대 • 청소년의 참여 · 권리 보장 강화 • 청소년정책 총괄 조정 강화

① 제1차 청소년육성 5개년계획(1993~1997)에서는 청소년정책의 기본방향을 청소년이 각자의 취미와 능력에 따라 자발적으로 심신을 단련하여 소질을 계발할 수 있는 여건을 조성하고, 청소년의 활동공간을 확보하고 우수한 프로그램을 개발 보급하며 청소년단체와 지도자를 육성, 청소년이 밝고 건강하게 성장할 수 있도록 건전한 사회환경을 조성, 청소년에 대한 가정, 학교, 사회의 관심을 제고하고 청소년대책에 대한 범국민적 참여분위기를 확산하는 것으로 정했다. 주요 정책과제로는 가정과 학교의 역할 증대, 청소년보호 및 선도, 건전한 청소년활동의 지원, 국민 참여 확산 및 추진체계 강화 등이다.

② 제2차 청소년육성 5개년계획(1998~2002)에서는 청소년을 '오늘의 사회에 중요한 구성원'으로 인정하여 그들의 권리가 존중되고, 독립된 인격체로서 스스로 생각하고 행동하며 밝고 활기찬 창의적인 삶을 영위할 수 있도록 했다. 아울러 청소년은 '미래의 주역'으로서 바른 사고와 행동을 하며, 문화적 감성, 과학능력과 정보화 마인드, 모험심과 개척정신, 봉사와 협력정신, 전문적 직업능력, 국제감각 '21세기 청소년상' 등을 실현함으로써 미래사회가 요구하는 인성과 책임감, 자질과 능력을 갖춘 민주시민으로 성장할 수 있도록 정책목표를 삼았다.

③ 제3차 청소년육성 5개년계획(2003~2007)에서는 소수 · 문제청소년 선도 · 보호 위주의 정책에서 건강한 청소년의 육성으로, 청소년을 정책대상으로 보는 관점에서 정책 파트너로 보는 관점으로, 중앙 및 공급자 중심 정책에서 지역 · 현장 및 수요자 중심의 정책으로의 방향 전환이 사회적 공감대를 형성했다. 국가 · 지역사회, 청소년 개인의 발전을 위해 청소년이 적극적인 역할과 기능을 할 수 있도록 청소년참여를 제도화했다. 청소년육성 5대 정책과제로 청소년 권리신장 및 자발적 참여기반 구축, 주 5일제 대비 창의적 청소년활동 여건 조성, 취약계

층 청소년복지 지원 강화, 청소년건강 보호 및 유해환경 정화, 추진체제 정비 및 범국민적 참여 확산 등을 내세워 정책을 추진했다.

④ 2007년 말에 수립한 제4차 청소년육성 5개년계획(2008~2012)에서는 모든 청소년들이 자신의 능력에 맞는 역량을 개발하여 원활한 성인기로의 이행 발판을 마련하고, 이를 통해 궁극적으로 미래사회의 성장동력을 구축할 수 있도록 그간에 분산되어 있던 청소년정책 및 정책관련 자원의 '집중화'를 추구했다.

제4차 청소년정책기본계획은 정책환경과 새로운 환경 변화에 대한 적절한 대응책을 포괄적으로 담는 데 한계가 있어, 2010년 11월 25일에 여성가족부장관을 위원장으로 하는 '청소년정책 관계기관협의회'를 개최해 '제4차 청소년정책(수정·보완)기본계획'을 확정하였다.

주요 추진방향으로는 청소년들이 개성과 창의력을 계발하고 자신의 삶을 결정하며 미래를 스스로 개척해 나갈 수 있도록 능동적 학습역량, 시민역량, 진로개척 역량을 증진하고, 청소년이 가족으로부터 충분한 지지를 받으며 건강하게 성장할 수 있도록 가족기능을 강화하고, 가족의 돌봄을 충분히 받을 수 없는 청소년에 대해서는 지역사회가 가족과 같은 보살핌을 제공하고, 국가, 지역사회, 청소년이 함께 청소년의 건전한 성장을 저해하는 유해요인을 개선하고 안전, 건강, 인권이 보장되는 유익한 환경을 조성하는 것을 추진했다.

⑤ 2013년부터 2017년까지 진행된 '제5차 청소년정책기본계획'은 '청소년이 행복한 세상, 청소년이 꿈꾸는 밝은 미래'를 비전으로 청소년의 역량 함양 및 미래핵심 인재 양성, 청소년의 자기주도적 참여와 권리증진, 청소년의 균형 있고 조화로운 성장, 청소년의 안전하고 건강한 생활환경을 목표로 설정했다. 이를 위해 청소년의 다양한 역량 강화, 청소년 참여 및 권리 증진, 청소년 복지 및 자립 지원, 청소년 친화적 환경 조성, 청소년정책 추진체계 강화 등의 과제를 추진했다.

⑥ 2018년부터 2022년까지 추진된 '제6차 청소년정책기본계획'은 '현재를 즐기는 청소년, 미래를 여는 청소년, 청소년을 존중하는 사회'라는 비전으로 청소년 참여 및 권리증진, 청소년 주도의 활동 활성화, 청소년 자립 및 보호지원 강화, 청소

년정책 추진체계 혁신을 정책목표로 설정했다. 이를 위해 청소년 참여 확대, 청소년 권리증진 기반 조성, 청소년 민주시민 성장 지원, 청소년활동 및 성장지원체계 혁신, 청소년 체험활동 활성화, 청소년 진로교육 지원체제 강화, 청소년 사회안전망 확충, 대상별 맞춤형 지원, 청소년 유해환경 개선 및 보호지원 강화, 청소년정책 총괄·조정 강화, 지역 중심의 청소년정책 추진체계 강화, 청소년지도자 역량 제고 등의 세부과제를 설정했다.

⑦ 2023년부터 2027년까지 5년간 추진될 청소년정책의 방향을 담은 '제7차 청소년정책 기본계획'은 '디지털 시대를 선도하는 글로벌 K-청소년'을 비전으로 하고, '청소년 성장기회 제공, 안전한 보호 환경 조성'을 정책목표로 설정했다. 기본계획의 수립 방향은 청소년의 역량 강화를 위한 플랫폼 기반 청소년 활동 활성화, 데이터를 활용한 청소년 지원망 구축, 청소년의 안전을 위한 유해환경 차단 및 보호 강화, 청소년의 주도적 참여 및 권리 보장 강화, 청소년정책의 효과성 증진을 위한 총괄·조정 기능 내실화를 내세웠다.

2. 청소년정책 환경[1)]

1) 청소년의 특성 변화

◈ 청소년 인구 규모 감소와 함께 청소년 특성이 변화

□ **(청소년 인구) 청소년 수는 지속 감소, 위기청소년은 증가 추세**

○ **(인구 규모)** 우리 사회는 2000년대 이후 초저출산 국가에 진입하였으며, 이로 인한 청소년 인구 규모 급감 추세

1) 자료 : 관계부처합동, 「제7차 청소년정책기본계획」, 2023.2

* 전체 인구 대비 청소년 비중 감소: (1980년) 36.8% → (2022년) 15.8%

– 총 인구 중 청소년이 차지하는 비중은 지속 감소하여 '60년에는 청소년 비중이 10% 정도에(10.7%) 불과할 것으로 전망

○ **(특성별 규모 변화)** 전체 청소년 수 감소에도 불구, 위기유형별 청소년 규모 증가와 함께 새로운 유형의 위기 취약 청소년 발생

– 가정 밖 · 학교 밖 청소년은 코로나19로 인해 '20년에 규모가 일시적으로 감소하였으나 다시 증가, 다문화 청소년은 규모와 비중 모두 지속 증가 추세

* 가정 밖 청소년(9–19세, 가출신고 기준) : ('18년) 24,384명 → ('21년) 23,133명 → ('22년) 28,643명
다문화 학생(전체 대비 비율) : ('17년) 109,387명(1.9%) → ('21년) 160,058명(3.0%) → ('22년) 168,645명(3.2%)

– 은둔형 청소년, 가족돌봄청(소)년(영케어러, young-carer) 등 기존 유형을 벗어난 새로운 위기 취약 청소년이 대두

⇨ **청소년 인구 규모 감소로 청소년 개개인의 역량 제고 중요**

⇨ **새로운 유형의 위기 · 취약 청소년 발생으로 복지 · 지원정책 수요 확대**

□ **(청소년 활동) 디지털 친화도가 높고 활동 수요는 다양**

○ **(디지털 친화)** 현 청소년 세대는 디지털과 함께 성장하여 디지털 문화에 익숙한 세대*이며, 관련 온라인 활동 및 기기 활용에도 능숙

* 디지털 네이티브(Digital Native) : 디지털 활용 환경에서 성장하여 일상생활 전반에서 디지털 및 온라인을 활용하고, 관련 기기 사용에도 능숙한 세대

– 디지털 환경 상 신속한 반응 소통을 추구하며, 온라인 SNS 등을 통한 소통 협업, 공통관심사 공유 등을 중시하는 특성

– 청소년들의 디지털 매체 이용 및 활용률은 매우 높은 수준이며, 관련 교육 등에 대한 수요 증가

⇨ **청소년의 디지털 친화 특성과 수요 다양화에 따라 활동프로그램 개선 필요**

○ **(수요 다양화)** 청소년의 수요가 다양화되어 여러 분야에의 활동 참여를 희망

– 분야별로는 문화 · 예술, 모험 · 개척 등에 대한 수요가 높고 디지털 확산 등에 따라 과학 · 정보 관련 분야 관심이 지속 높아지는 상황

* 청소년 희망 활동 : 문화/예술 35.7% ▸ 모험/개척 12.3% ▸ 직업/진로 10.8% 순
과학 · 정보 : ('14년) 7.5% → ('17년) 8.3% → ('20년) 9.1% (2020 청소년종합실태조사)

– 또한 청소년이 이전보다 개인 능력에 대한 가치를 높게 두고 있어 개인 역량 제고 및 관련 활동에의 관심 증가

* 청소년의 직업선택 기준은 자신의 능력(37.8%), 적성(16.8%) 순으로 2017년 대비 자신의 능력에 대한 비중이 크게 증가(30.4%→37.8%) (2020 청소년종합실태조사)

□ **(청소년 건강) 최근 청소년의 심신 건강 변화 발생**

○ **(신체적 건강)** 청소년의 신체 건강 관련 지표가 전반적으로 나빠진 상황

– 아침식사 결식률 및 비만율이 이전 대비 증가하였으며, 비대면 환경 확산 등으로 신체활동 시간은 감소

○ **(정신·정서적 건강)** 코로나19 이후 우울증 진료, 불안장애 등 청소년의 정신 · 정서적 문제 증가

⇨ **청소년의 신체 건강 향상과 함께 정서 · 심리 문제 심화로 위기에 빠지지 않도록 조기 개입 및 지원 필요**

□ **(청소년 근로) 근로청소년 부당처우 등 보호 사각지대 잔존, 근로형태는 다양화**

○ **(근로청소년 처우)** 청소년 임금근로자 중 비정규직 비율이 높고*, 근로계약서 미작성 등 부당행위 역시 지속되고 있는 상황

* 청소년 임금근로자 중 비정규직 비율 : ('17년) 64.5% → ('20년) 71.6% (2020 청소년종합실태조사)

○ **(근로형태 다양화)** 최근 플랫폼 등을 활용하여 통상적인 근로형태에서 벗어난 새로운 근로형태(Gig Worker 등)*가 확산

– 청소년 또한 다양화된 근로시장에 진입하여 활동 중

* (Gig Worker) 플랫폼을 주요 기반으로 하여 고용주의 필요에 따라 단기 · 일회성 업무를 수행하는 노동자

⇨ **청소년이 공정한 근로여건에서 일할 수 있는 환경 조성 필요**

2) 청소년을 둘러싼 여건의 변화

◈ 다양한 사회변화로 청소년이 직면한 기회와 위기 모두 증가

□ **(기술발전) 디지털 활용이 확대되는 동시에 이를 통한 유해요인 증가**

○ **(디지털 확산)** 신기술 발전, 디지털 전환 가속화 등 사회 전반에 디지털 중심 문화가 크게 확산

– 디지털 확산은 산업구조와 일자리 구조를 다양화하고, 일상생활 속 블록체인 인공지능 등 신기술의 상용화를 촉진시키는 변화 야기

○ **(디지털 활용 증대)** 일상생활부터 교육, 소통 등 삶 전반에서 디지털 활용도가 높아져 디지털 리터러시*, 디지털 윤리의 중요성 증대

* 디지털 환경에서 각각의 정보 형태를 이해하고 활용할 수 있는 통합적 문해능력

○ **(디지털 확산 부작용)** 디지털 매체 환경이 확산됨에 따라, 디지털 이용도가 높은 청소년들의 미디어 과의존 등 부작용 및 유해환경 노출 또한 증가

* 2021 스마트폰 과의존 실태조사(과기정통부) * 2020 청소년 매체이용 및 유해환경 실태조사(여가부)

* 2020 청소년 매체이용 및 유해환경 실태조사(여가부)

⇨ **디지털을 활용한 정책인프라 고도화 및 관련 역량 · 인식 제고 필요**

⇨ **디지털을 매개로 한 유해요인 확산 등 부작용 해소 기반 마련 필요**

□ **(코로나19 영향) 코로나19로 인해 개인 삶의 방식과 사회 전반 변화 발생**

○ **(비대면 활성화)** 코로나19로 확산된 비대면 수요 · 활용도 증가로 대면 서비스의 비대면 전환 증가

* 청소년 행사 및 수련시설 활동 프로그램 또한 비대면으로 개최 · 진행

○ **(일자리 위기 등 발생)** 코로나19로 인한 일자리 경제 충격이 청소년에게도 큰 타격*, 거리두기 영향으로 소외되는 청소년 등 문제 발생

* 근로청소년의 40% 이상이 서비스업에 종사(2020 청소년종합실태조사)

– 아울러 등교 중단, 비대면 원격교육 확대 등으로 청소년 간 학습 격차 디지털 격차 야기*

* 초 · 중 · 고 모두 가정경제상황이 좋지 않을수록 '온라인수업에서 이해하지 못한 내용을 그냥 넘어간 학생의 비율'이 높게 나타남(한국의 사회동향 2021, 통계청)

⇨ **청소년정책 추진 시 대면과 비대면 방식 병행 추진 필요**

⇨ **심화된 위기 · 격차 해소를 위한 지원 확대 필요**

3. 제6차 기본계획 평가[2)]

1) 그 간의 주요 성과(2018~2022)

□ **(활동) 다양하고 안전한 청소년 활동 기반 마련**

○ 진로맞춤형 · 역량개발 체험활동과 방과후아카데미 연계 강화

* '창의융합인재양성 프로그램'을 적용한 청소년 방과후 아카데미 신규모델 개발 · 운영('18년 10개소)

---

2) 자료 : 관계부처합동, 「제7차 청소년정책기본계획」, 2023.2

○ 한 · 아세안 청소년 서밋 개최 및 세계잼버리 개최 추진* 등 다양한 글로벌 중심 활동 활성화

* 「세계잼버리 지원 특별법」 제정 및 「세계잼버리 종합추진계획」 마련('18.12) 등

○ 수련시설 대상 전문 안전점검 실시 및 관련 시스템 개발로* 안전한 활동공간을 마련하고, 활동인프라 확대**로 청소년의 활동 접근성 제고 노력

* 청소년수련시설 안전 · 운영 종합시스템 개발 추진(~'22년)

** 생활권 활동시설 확대 : ('17년) 453개소→('19년) 491개소→('21년) 523개소 / 전문화 · 특성화된 국립청소년활동시설 건립 추진(미래환경센터(경북 봉화, '22.7 개원), 생태센터(부산 사하, '23 준공 예정))

○ 청소년시설과 학교 간 연계 강화를 위한 관계부처 합동 대책 발표*및 지자체, 교육청과의 MOU 체결 등 협업체계 구축

* '학교 안팎 청소년 지원 강화 대책' 수립 · 발표('22.10.6)

□ **(복지) 위기 청소년 및 학교 밖 청소년에 대한 맞춤형 지원체계 구축**

○ 관계부처 합동 지역사회 위기청소년 지원 강화방안 마련('19.5), 지자체 청소년안전망팀 신규 도입 · 확대*로 정책 협업체계 강화

* 위기청소년 발굴 · 관리 및 고위기 사례관리('19년 5개소 시범 → '20년 9개소 → '22년 20개소)

○ 위기청소년 조기 발굴 · 실태파악 제도 마련 · 확대*, 보호 · 지원 기관 등 인프라 확충 등 정책 접근성 제고

* 거리상담(아웃리치) 전문요원 배치 확대('18년 60명 → '20년 115명), 위기청소년 지원기관 이용자 실태조사 최초 실시('22.4 결과 발표) 등

○ 쉼터퇴소 청소년 주거지원 근거 마련 및 자립지원수당 지급('21~) 등 자립기반 확대

* 쉼터퇴소 청소년들이 청년임대주택에 우선 입소할 수 있는 근거 마련(19.7 개정, '19.10 시행)

○ 학교 밖 청소년 무료급식 지원, 청소년생활기록부 도입, 전용공간 조성 등 서비

스 확대로 학업복귀 및 사회진입 등 증가

○ 학교 밖 청소년에 대한 맞춤형 지원을 강화할 수 있도록 「학교 밖 청소년 지원 강화 대책」 수립 · 발표('22.12)

○ 코로나19 장기화로 정신건강 악화 등 심리적 어려움을 겪고 있는 청소년들의 종합 지원체계 마련을 위해 관계부처 합동 「고위기 청소년 지원 강화 방안」 마련 발표('22.11)

□ **(보호) 청소년 보호환경 조성 및 치유인프라 확충**

○ 청소년 보호법 이행 여부 및 청소년 유해성 사이트(랜덤채팅, 유해업소 광고 등) 점검, 시정 · 차단 요청 등 안전한 보호환경 조성 노력

○ 미디어 과의존 청소년 발굴 및 치유지원 강화*, 청소년회복지원시설** 운영을 통해 보호처분 청소년에 대한 비행예방 · 회복지원 내실화

* 청소년 인터넷 · 스마트폰 이용습관 진단조사 실시(129만여 명 대상) 및 위험군 대상 치유캠프 등 진행

** 부산, 경남, 경기, 광주, 대전, 울산, 제주 등 18개소('22.11 기준)

○ 청소년 보호 · 재활 시설 인프라 확충* 및 치유 영역 확대**를 통하여 청소년 보호서비스의 실효적 제공 기틀 마련

* 국립청소년디딤센터 확충 : ('21년) 1개소(중앙) → ('22년) 2개소(중앙, 대구)

** (드림마을) 사이버도박 중독 치유프로그램/ (디딤센터) 약물 중독 치유 프로그램 시범운영

□ **(참여·권리) 지역단위 청소년 참여 기반 확대 및 권익증진 제고**

○ 청소년기본법 개정으로('18.12) 청소년정책위원회 위원 구성 시 청소년을 일정 비율 이상 반드시 포함토록 하여 참여권 보장 확대

○ 청소년참여위원회 지원을 확대하고, 신규 참여모델 발굴 · 확산을 위한 지역사회 참여활성화 사업 운영 등 지역 단위 참여활동기반 내실화

  * 지역 청소년 참여위원회 운영 수 : ('18년) 188개 → ('22년) 233개

○ 온라인 참여기반 확대*로 시 · 공간 제약 없는 참여 지원

  * 청소년참여포털(youth.go.kr/ywith) 운영 등

○ 여성청소년 생리용품 바우처 지원대상 확대* 및 전자바우처 도입('19년~) 등 통해 청소년의 건강권 보장 강화

  * ('21년) 취약계층 여성청소년 만 11~18세 → ('22년) 취약계층 여성청소년 만 9~24세

□ **(추진기반) 유관기관 협업체계 강화 및 지역중심 전달체계 확대**

○ 정부부처 및 민간전문가 등이 참여하는 청소년정책위원회 운영으로 주요 청소년정책의 심의 조정 및 유관기관 간 협업체계 강화

  * 위원장(여가부 장관), 정부위원(관계부처 차관급 13명), 민간위원(청소년 포함 13명)

○ 지자체 청소년육성 전담공무원을 확대*하고, '청소년정책 분석 · 평가' 대상을 전체 지자체로 확대 · 개편하여 지역중심 청소년정책 추진 기반 조성

  * 청소년육성전담공무원(청소년지도사 또는 상담사 자격 소지자) : ('18년) 94명 → ('21년) 139명

○ 청소년데이터맵* 구축, 청소년사업 디지털전환 교육과정 개발 등 청소년정책 · 사업의 디지털화 추진

  * 공공데이터포털, 통계청, 지방자치단체 등 46곳에서 개방 중인 청소년 분야 데이터를 전수 조사하여, 408종 발굴('22년~)

2) 한계 및 향후 과제

□ **(활동) 청소년의 학업·진로 부담과 코로나19 등 영향으로 청소년의 활동 참여에 한계, 디지털 일상화를 반영한 정책 필요성 제기**

○ 청소년 인구 수 감소와 함께 활동 프로그램과 학교와의 연계 또한 미흡하여

학업 진로 부담을 갖고 있는 청소년의 활동 참여에 한계

- 또한 코로나19 영향과 비대면 수요 증가까지 더해져 청소년 활동 관련 시설 및 프로그램 수요 · 이용 감소

○ 원격교육 등 비대면 서비스, 디지털 환경의 일상화로 청소년 활동 전반의 디지털화 및 이에 적응할 수 있는 디지털 역량제고 필요성 확대

⇨ **청소년활동과 학교 간 연계를 강화하여 수요 확보 및 질적 제고**

⇨ **비대면 수요, 디지털 전환 등 환경변화에 따라 디지털 관련 지원 확대**

□ **(복지) 가정 밖 학교 밖 등 특성을 고려한 지원정책이 지속 강화되었으나 여전히 정책 사각지대와 대상 간 지원 격차가 잔존, 새로운 지원수요도 발생**

○ 자립지원수당 등 지원정책 수준에서 여전히 부처별 소관 유사 복지 정책대상 간 지원 편차 발생

○ 고등학교 단계 학교 밖 청소년 대상 연계제도 미흡 및 학업중단 시 정보 부족* 등 문제로 지원 사각지대에 놓이는 경우 발생

* 학교 밖 청소년이 학교를 그만 둘 당시 학교밖청소년지원센터에 대한 정보를 제공받은 비율은 41.8%로 절반에 미치지 못하는 상황(2021 학교 밖 청소년 실태조사)

○ 은둔형 등 새로운 유형의 위기 청소년이 증가하고 후기 청소년 등 기존 지원정책에서 소외되었던 대상도 재조명되는 등 지원 수요 확대

⇨ **실질적 보호 · 자립을 위해 정책대상 간 지원 수준 격차 해소**

⇨ **사각지대와 소외가 발생하지 않도록 더욱 두터운 지원망 구축**

□ **(보호) 디지털을 매개로 한 유해요인 증가, 근로시장 변화 등 청소년이 새로운 환경에 직면함에 따라 적극적 대응 필요성 대두**

○ 온라인을 통한 유해광고물 노출, 사이버 폭력 등 디지털을 매개로 한 청소년 유해요인이 증가하고 있으며, 관련 범죄 또한 증가

* 온라인 폭력 : ('18년) 10.7% → ('20년) 26.7% / 온라인 성폭력 : ('18년) 17.1% → ('20

년) 44.7%
(2020 청소년 매체이용 및 유해환경 실태조사)

○ 마약, 도박 등 기존 성인 중심 대상이었던 유해행위 요소들이 청소년들 사이에서도 확산되고 있는 추세

○ 플랫폼 노동 등 근로형태 다양화로 청소년의 노동시장 접근이 용이해짐에 따라 새로운 보호체계 마련 필요성 제기

⇨ **디지털을 매개로 한 유해요인 · 행위 차단과 피해지원 확대**

⇨ **근로형태 다양화에 따른 근로청소년 보호 정책체계 강화**

□ **(참여 권리) 청소년 참여의 양적·질적 제고를 위한 참여기구 운영 개선 및 역량 제고 등 요구가 확대되고, 청소년의 다양한 권리보장 이슈 제기**

○ 청소년 참여활동이 '청소년참여기구' 중심으로 이뤄지고 있어 지역 사회 연계 등 통해 청소년 참여를 확산해 나갈 필요

○ 청소년 참여의 실효성 제고를 위한 참여 역량 제고 필요성 제기 및 청소년의 건강권 등 권리 이슈 관심 확대

⇨ **일상에서의 참여 등 참여 기회를 다양화하고 참여역량 제고 지원**

⇨ **청소년 권리보장을 통해 건강하고 균형있는 성장 지원**

□ **(추진기반) 정책 인프라 개선 및 현장 기반 정책 추진에도 불구, 가시적 성과가 미흡하고 지역사회 연계 부족으로 정책 체감도 또한 낮은 상황**

○ 청소년정책 관련 인프라, 재원 확보 등 기반 부족 문제 지속 제기

○ 청소년정책이 실제로 작동되는 지역 차원에서 정책에 대한 낮은 관심도, 협업 부족 등으로 현장 체감도 제고에 한계

⇨ **정책 제도 · 재원 · 인력 등 정책 추진기반 개선**

⇨ **지역 내 청소년정책 확산과 내실있는 작동 위한 협업 강화**

4. 제7차 청소년정책기본계획의 비전과 핵심 과제[3)]

1) 수립방향

□ **청소년의 역량 강화를 위한 플랫폼 기반 청소년활동 활성화**

○ 청소년의 수요 다양화와 디지털 역량 중요성 확대에 따라 관련 청소년 역량 제고와 활동을 적극 확대하고, 청소년활동이 활성화 될 수 있도록 학교 안팎 연계 강화

□ **지원이 필요한 청소년을 촘촘히 지원할 수 있도록 데이터를 활용한 청소년 지원망 구축**

○ 청소년의 새로운 위기 심화와 복지 수요 증가를 반영하여, 데이터를 기반으로 한 기존 정책대상 지원은 더욱 촘촘하게 하고 사각지대 해소를 위해 새로운 위기 유형 발굴 및 지원 추진

□ **증가하는 유해환경으로부터 청소년을 안전하게 보호할 수 있도록 유해환경 차단 및 보호 강화**

○ 디지털 환경 확산에 따라 유해환경 접근 가능성이 높아지고 있어 다양한 유해환경과 행위로부터 청소년 보호를 강화하고, 근로형태 다양화에 따른 보호 내실화

□ **청소년이 건강하고 균형있게 성장할 수 있도록 참여 권리 보장 강화**

---

3) 자료 : 관계부처합동, 「제7차 청소년정책기본계획」, 2023.2

○ 청소년의 주도적 참여를 위해 다양한 참여기회를 확대하고 청소년의 건강 증진 및 권리 보장 강화

□ **청소년정책의 효과성과 실효성을 높일 수 있도록 총괄 조정 기능 내실화**

○ 청소년정책이 효과적으로 작동하기 위해 정책 인프라를 개선하고 현장감 제고를 위한 지역 맞춤형 청소년정책 활성화

2) 비전 및 목표

비전	디지털 시대를 선도하는 글로벌 K-청소년	
목표	청소년 성장기회 제공	안전한 보호 환경 조성
정책과제	대과제(5개)	중과제(14개)
	1 플랫폼 기반 청소년활동 활성화	1-1. 청소년 디지털역량 활동 강화 1-2. 청소년 미래역량 제고 1-3. 다양한 체험활동 확대 1-4. 학교안팎 청소년활동 지원 강화
	2 데이터 활용 청소년 지원망 구축	2-1. 위기청소년 복지지원체계 강화 2-2. 청소년 자립 지원 강화 2-3. 청소년 유형별 맞춤형 지원
	3 청소년 유해환경 차단 및 보호 확대	3-1. 청소년이 안전한 온 · 오프라인 환경 조성 3-2. 청소년 범죄 예방 및 회복 지원 3-3. 청소년 근로보호 강화
	4 청소년의 참여권리 보장 강화	4-1. 청소년 참여 활동 강화 4-2. 청소년 권익 증진
	5 청소년정책 총괄 조정 강화	5-1. 청소년정책 인프라 개선 5-2. 지역 맞춤형 청소년정책 추진체계 구축

3) 주요 영역별 과제

(1) 플랫폼 기반 청소년활동 활성화

□ **청소년 디지털역량 활동 강화**

○ 디지털 기반 활동 기회 확대 및 교육 활성화

- 디지털 역량 향상을 위해 디지털 청소년활동 모형 개발과 관련 활동 콘텐츠 개발 제공
- 청소년수련시설 등에서 코딩, 드론체험, VR · AR 등 디지털 관련 프로그램 운영
- 학생 발달단계에 따른 탐구 체험 중심의 코딩교육 제공 및 고교 선택과목 다양화
- 디지털 미디어 문해력(Literacy) 함양을 위한 디지털 미디어 교육과 디지털 윤리 규범 확산을 위해 메타버스 윤리원칙 실천 교육

○ 청소년활동 지원체계 디지털 기반 개선

- 청소년활동 데이터 관리 활용 지원을 위해 청소년활동 데이터 디지털 전환 및 표준화 추진
- 청소년의 역량 · 특성에 따른 다양한 활동 프로그램 검색 · 제시 및 피드백 등이 가능한 청소년활동 디지털 플랫폼 구축
- 국립 청소년 수련시설에 메타버스를 활용한 디지털 청소년활동 공간 구축

□ **청소년 미래역량 제고**

○ 교육과정을 반영한 청소년활동 역량지표 개편과 성장단계별 청소년활동 커리큘럼 개발

* 한국청소년활동진흥원 6대 청소년활동 역량지표('18) : 비판적 사고, 의사소통, 협업, 창의력, 사회정서, 진로개발역량

※ 2022 개정 교육과정 핵심역량 : 자기관리, 지식정보처리, 창의적 사고, 심미적 감성, 협력적 소통, 공동체

○ 신기술 · 신산업 · 환경 분야 청소년활동 지원 및 금융 경제 분야 교육 실시

○ 전문 분야별 진로탐색 활동 지원과 청소년 진로 정보제공 및 교육 강화

○ 청소년수련시설의 진로탐색 프로그램을 학교 및 진로체험지원센터와 연계 운영

□ 다양한 체험활동 확대

○ 청소년 국제교류 활성화, 문화예술 활동 · 교육 지원, 생활체육 · 스포츠 체험 기회 확대

○ 자기주도적 활동 프로그램 확대를 위해 프로젝트 기반 학습(PBL : Project Based Learning), 청소년자기도전포상제, 청소년 자원봉사활동 내실화

○ 안전한 청소년활동 기반 마련을 위해 청소년수련시설 안전관리종합시스템(Youth-center Safety Management System, YSMS) 운영과 청소년활동 안전인식 확산

□ 학교안팎 청소년활동 지원 강화

○ 학교 연계 청소년활동 지원을 위해 청소년활동 프로그램과 학교 교육프로그램 협력 강화

○ 학교시설 유휴부지 등을 이용한 청소년 활동공간 마련 및 청소년활동프로그램 운영 추진

○ 지역 유휴시설 등 활용한 소규모 청소년활동 공간(시설) 설치 · 운영

○ 지역 내 청소년 방과 후 활동 및 돌봄 활성화와 지역사회 청소년활동 협력 지원체계

(2) 데이터 활용 청소년 지원망 구축

□ **위기청소년 복지지원체계 강화**

○ 위기청소년 발굴 및 치유지원 강화

○ 위기청소년 조기 발굴과 상담 지원 확대 및 고위기 청소년 조기 발굴 특화서비스

○ 고위기 특화 전문 지원을 위해 전국 청소년상담복지센터 내 고위기 집중 심리클리닉 운영

○ 정서행동문제 청소년 치유를 위한 기숙형 치유시설(디딤센터)의 권역별 확대*

* 국립중앙청소년디딤센터(2012), 경상권 디딤센터(대구 달성군) 건립(2021), 호남권 디딤센터('26년 전북 익산, '27년 광주) 건립 예정

○ 지역 청소년안전망으로 위기청소년 사례관리 지원 및 지자체 청소년안전망팀 확대 운영

○ 청소년 위기상황 발생시 지역 내 전문기관(상담복지센터, 정신건강복지센터 등)－학교－교육청 간 협업체계 구축을 통해 공동대응

○ 위기청소년 발굴부터 자립까지 전 지원과정에 대한 데이터를 통합적으로 관리하기 위한 위기청소년통합지원정보시스템 구축 운영

□ **청소년 자립 지원 강화**

○ 학교를 그만 둔 학생 정보가 사전 정보제공 동의 없이 학교에서 학교밖청소년지원센터로 즉시 연계 가능토록 추진(초·중학생에서 고등학생까지 확대 추진)

○ 학교 밖 청소년 학습지원을 위한 온라인 교육플랫폼 구축

○ 학교 밖 청소년이 대학진학 과정에서 차별받지 않도록 청소년생활기록부를 인정 반영하는 대학 단계적 확대

○ 학교 밖 청소년이 학습, 역량강화, 진로체험 등을 위해 이용할 수 있는 전용공간 확충

○ 가정 밖 청소년 보호 · 자립지원을 위해 학업 · 취업 등 진로지원 강화, 경제 · 주거지원, 쉼터 확충

○ 후기 청소년(19~24세)의 안정적 삶 지원을 위해 진로 · 직업교육 실시, 취업 · 창업지원, 건강 · 주거지원

□ 청소년 유형별 맞춤형 지원

○ 다문화가족 청소년 학습과 사회적응 지원 및 이주배경 청소년 종합 통계 구축 · 지원

○ 청소년(한)부모 사례관리 및 학업 지원, 아동양육비 지원

○ 신 소외 청소년 발굴 및 지원

- 가족돌봄청(소)년 실태조사 실시 및 발굴 · 지원체계 마련
- 수용자 자녀 현황조사를 정례화하고 수용자 자녀 지원 모니터링
- 자살사고사 유족 청소년 사례관리를 위해 정보연계, 심리안정 위한 상담, 사례관리 지원
- 고립 · 은둔 정의 개발, 지원모형 개발 등 고립 · 은둔형 청(소)년 발굴 · 지원체계 마련
- 미성년자 빚 대물림 방지를 위한 채무상속 위기청소년 법률지원 제공

○ 장애 및 경계선지능 청소년 지원

- 발달장애 청소년 가정 부모상담 서비스를 확대하고, 중증장애아동 돌봄서비스 강화를 통해 가족 지원 강화
- 범부처 연계 경계선지능(느린학습자) 지원을 위한 정책연구('24~) 및 지원방안 마련
- 경계선지능* 학생 조기확인을 위해 학교에서 활용할 수 있는 체크리스트를 개발 보급하고, 대상별 특성을 고려한 맞춤형 지원 추진

  * 일반적으로 지능지수 70~85 사이에 속하여 지적장애의 연속 상에 있으나, 지적장애로 미분류(장애인구의 약 2.7배), 주의 집중이 어렵고 의사소통 등에 서툴러 학습부진 등 발생

(3) 청소년 유해환경 차단 및 보호 확대

□ **청소년이 안전한 온·오프라인 환경 조성**

○ 디지털 역기능 예방

– 청소년의 디지털 유해환경 접촉 관련 주기적 실태조사 및 제도개선, 유해성 모니터링

– 디지털 플랫폼(인터넷개인방송, SNS, 커뮤니티, 검색포털 등)의 청소년 보호조치* 이행점검 및 청소년 보호 협력 강화

* 인터넷개인방송 출연 아동 · 청소년 보호지침 준수(아동 · 청소년 유해 콘텐츠 제작 금지, 아동 · 청소년 출연자의 심야(22~6시) 및 장시간 출연금지 등) 및 크리에이터 청소년 보호 교육지원

– 디지털매체 과의존 방지 및 위기 조기발굴 등 예방 강화를 위해 인터넷 · 스마트폰 이용습관 진단조사 개선*

* 대상 : ('22) 초4 · 중1 · 고1→ ('23) 초1 추가(보호자 관찰진단) / 분야 : 사이버 도박 문항 신규 추가(중1, 고1)

– 아동 · 청소년의 개인정보 보호 권리를 강화하는 「(가칭)아동 청소년 개인정보 보호법」 제정 및 개인정보 교육 확대

○ 사이버 및 학교폭력 예방 강화 및 사이버 및 학교폭력 피해자 회복 지원

○ 청소년 유해환경 차단

– 불법 도박 사이트, 도박 홍보 콘텐츠 등 단속, 삭제 차단 등 조치 강화

– '도박문제예방치유원' 등을 통해 도박문제 청소년 맞춤형 온 오프라인 상담서비스 및 치유프로그램 지원

– 유해약물 유통 차단 및 오 남용 예방 강화

• 온 오프라인을 통한 청소년 대상 유해약물 판매 단속(소셜미디어 등 온라인 상 판매 · 유통 모니터링 확대)

• 청소년의 마약류 노출 차단 및 예방 교육 홍보

• 청소년 음주 흡연 예방 교육 및 금연지원 서비스 운영

- 신·변종 유해업소로부터 청소년 보호를 위한 청소년 유해업소 단속 강화

○ 청소년 친화형 생활 환경 구축

- 청소년 밀집지역 범죄예방 환경설계 적용(지자체)
  - 청소년 대상 범죄 및 안전사고 급증 지역 대상 범죄예방환경 디자인(CPTED) 설계 적용을 확대하고, 지자체 '안심골목길 조성사업'과 연계 검토

  ※ 범죄예방환경디자인(CPTED, Crime Prevention Through Environmental Design) : 범죄예방 등 위해 건물높이를 고려한 시야 확보, CCTV 등 설치, 범죄활용 가능 물체 차단 등

  - 지역 내 재개발 지역과 폐가 등에 대한 진입차단시설 설치 및 개보수 등을 통해 비행 장소 등 이용 차단
- 지역 내 청소년 친화 디자인 조성(지자체)
  - 지역 공공디자인 진흥계획 수립 시 청소년 친화 디자인 조성에 관한 사항을 포함하고 지역 내 청소년 친화 거리 조성 검토

  ※ 유니버설 디자인(Universal Design, 장애의 유무나 성별, 연령, 국적, 문화적 배경 등에 상관없이 누구나 손쉽게 사용할 수 있는 제품, 건축, 환경, 서비스 등을 만드는 디자인) 등 활용

  - 지자체 공공디자인진흥위원회 관련 조례 개정 등 통해 청소년 또는 청소년 관련 전문가 참여 규정
- 청소년이 안전한 보행환경 마련(지자체, 경찰청)
  - 청소년 등하교 거리 및 학교 주변 안전보행을 위해 보도 불법 주정차 연중 수시 집중 단속 실시
  - 청소년이 쉽게 이용 접할 수 있는 개인형 이동장치(전동 킥보드 등) 인도 주행 단속 강화

□ **청소년 범죄 예방 및 회복 지원**

○ 청소년 대상 성범죄 대응 강화

- 아동·청소년성착취물 유포 현황 및 양상, 피해자 지원 수요 등의 실태조사 실시

- 인터넷플랫폼(인터넷개인방송, SNS, 커뮤니티, 검색포털 등)의 디지털 성범죄물 모니터링
- 성범죄 피해 청소년 회복 지원 및 대상별 맞춤형 성범죄 예방교육 확대

○ 청소년 법 위반 유발 방지와 선도보호, 소년범죄 통계관리 및 인프라 확충

○ 청소년회복지원시설을 확충하여 보호자의 실질적 보호를 받지 못하는 소년법 1호 처분 청소년을 안전하게 보호하고, 상담 학업 자립 등 지원

□ **청소년 근로보호 강화**

○ 근로유형별 청소년 보호 강화
- 플랫폼 노동자를 비롯하여 근로형태 실태 파악 및 모니터링 추진
- 직업계고 현장실습생 권리 보호
- 청소년 연예인의 신체적 · 정신적 건강, 학습권, 수면권, 휴식권 등 보장

○ 근로청소년 부당처우 구제 지원 및 근로환경 모니터링

○ 청소년 대상 근로보호 · 직업윤리교육 및 청소년 고용사업자 근로보호 교육 실시

(4) 청소년의 참여 · 권리 보장 강화

□ **청소년 참여활동 강화**

○ 청소년의 다양한 참여기회 활성화
- 청소년활동 프로그램 등 개발 시 청소년 자치조직의 참여 및 의견수렴 지원
- 지역 내 청소년 참여기구와 학생회 등 청소년 참여활동 간 교류 및 소통 지원
- 청소년의회, 청소년참여예산제 등 청소년정책 참여활동 지원

○ 청소년 참여 기구 청소년 역량강화와 청소년 참여포털*을 통해 청소년 간 소통 강화

* 청소년 참여포털 : youth.go.kr/ywith

□ **청소년 권익 증진**

○ 청소년 권리 보장 및 대표성 제고

- 유엔아동권리협약 이행을 위한 제도 개선 및 관련 인식 확산을 위한 홍보 강화
- 국가 및 지자체 청소년정책 수립 등 관련 추진체계에 청소년 및 청소년전문가 등 참여 보장 위한 법 · 제도 개선

○ 청소년 건강 및 생활 지원

- 청소년 건강권 보장을 위해 건강검진 데이터 통합 관리 체계 구축
- 청소년 식습관 개선 위해 교육자료 및 교육 가이드라인 등 개발 보급
- 여성청소년 생리용품 지원 강화

(5) 청소년정책 총괄 조정 강화

□ **청소년정책 인프라 개선**

○ 청소년을 육성 등 수동적 존재에서 능동적 · 적극적 존재로 전환하고, 통합적 정책 추진 기반을 구축할 수 있도록 「청소년기본법」 개정

* 법률 전반 '청소년 육성' 명칭 변경, 청소년정책 기본계획 명칭 변경(청소년육성에 관한 기본계획 → 청소년정책기본계획) 등

○ 청소년정책 관련 재원(일반회계 및 청소년육성기금) 운영 관련 현황 파악 및 개선사항 분석과 운용방안 마련

○ 청소년지도사, 청소년상담사의 청소년지도자 역량 강화와 직무현황 분석 및 처우 개선

○ 청소년수련시설에 대한 대국민 인지도 향상을 위하여 시설종류 간소화 및 친숙한 용어로 변경

* 청소년수련관, 청소년문화의집, 청소년특화시설 → 청소년센터

□ **지역 맞춤형 청소년정책 추진체계 구축**

○ 「청소년기본법」 제25조(청소년육성 전담공무원) 개정을 통해 청소년육성 전담공무원 배치 의무화 및 지방 청소년육성위원회 운영 활성화

○ 지역사회 청소년 성장지원 네트워크 전국 확대

* 지자체 특성 여건을 반영한 지역 맞춤 청소년 프로그램 운영, 청소년정책 수요조사, 자원맵(Map) 제작 보급, 청소년활동 공간 조성 등 특화 사업 추진

○ 청소년정책－지자체－교육청 간 협력 강화 및 지역사회 청소년 사회공헌사업 연계

○ 인구감소 지역 청소년 인구 유출을 최소화하기 위한 특화 사업 등 개발 추진

PART 2

청소년행정

chapter 6

청소년행정의 개념과 발달

1. 청소년행정의 개념
2. 청소년행정의 성격
3. 청소년행정의 기본원리
4. 청소년행정의 발달

1. 청소년행정의 개념

청소년행정의 개념 정의는 행정을 정의하는 입장에 따라 많은 차이가 있다. 여기에서는 일반적으로 행정을 정의하는 입장에 따라 국가공권설, 조건정비설, 정책집행설 및 행정행위설로 나누어 살펴보고, 종합하는 입장에서 청소년행정을 포괄적으로 정의하고자 한다.

첫째, '청소년행정'은 '청소년에 관한' 행정, 즉 청소년에 관한 법령을 해석하여 법규를 집행하는 국가공권력의 행정작용으로 보는 '국가공권설'이다. 행정을 국가 통치권 중 하나의 작용으로 파악한다. 행정이란 삼권분립의 헌법체제를 전제로 입법과 사법을 제외한 일체의 국가작용을 의미한다. 청소년행정이란 청소년을 대상으로 하며 이미 규정된 법령을 해석하여 실제로 적용하는 과정으로 볼 수 있으며, 이런 점에서 국가공권설의 입장을 법규 해석적 정의라고도 한다. 따라서 국가의 여러 행정작용 중 특히 청소년에 관한 법규를 집행하는 행정, 즉 '청소년에 관한 행정'으로 쉽게 이해한다.

국가공권설에 따른 청소년행정은 중앙집권적이며 관료적 성격을 띠게 되므로, 행정의 실제에 있어서는 국가에서 정한 청소년에 관한 법규의 충실한 해석과 적용만 중요한 관심사가 되고, 자율적이며 창의적인 행정은 법규 위반이나 이단시된다. 전국적으로 획일적인 통제 위주의 행정 모습이 불가피하게 보편화된다. '위에서 아래'의 행정이라는 권위주의적 · 비민주적 행정풍토가 일반화된다.

둘째, '청소년행정'이란 '청소년을 위한' 행정으로 청소년의 욕구와 필요를 충족시켜 주고, 그들을 정신적 · 육체적 · 정서적 · 사회적으로 건전하게 육성하는 데 요구되는 제반 여건을 조성해 주는 것이라는 '조건정비설'이다.

청소년행정이란 어디까지나 '청소년을 위한 행정'으로 청소년의 욕구와 필요를 충족시켜 주고 청소년이 건전하게 성장, 발달하고 그들을 정신적 · 육체적 · 정서적 · 사회적으로 건전하게 육성할 수 있도록 하는 데 요구되는 제반 여건을 조성해 주는 것이라는 입장이다. 제반 여건에는 인적 · 물적 · 재정적인 측면이 다 포함된다. 따라서 행정이 청소년 위에 군림하는 것이 아니라, 청소년을 위에 놓고 그 밑에서 그들을 위해 봉사하고 지원하는 보조적, 수단적 성격을 띠는 것이 청소년행정의 모습이다.

행정의 조직이나 작용은 어디까지나 청소년을 건전하게 육성하고 그들의 활동을 최대한으로 지원하기 위한 봉사활동이라고 본다. 조건정비설의 입장에서 청소년행정은 민주적이며 지방분권적이며 '아래서 위로'의 행정 모습이다.

셋째, '청소년행정'이란 청소년에 관한 정책을 수립하고, 이를 국가권력을 통해서 실현하는 과정으로 보는 '정책집행설'이다. 행정에서 권력적 요소를 크게 후퇴시킨 것을 의미한다. 자유민주주의 국가라 하더라도 권력적 요소를 수반하지 않는 행정이란 생각할 수 없기에 행정을 실제로 움직이고 있는 여러 사회적 힘을 기초로 파악하는 움직임과 단순한 법규의 해석 · 적용이 아닌 정책의 결정까지도 행정으로 보는 입장, 즉 정치와 행정을 이원론적으로 보지 않고 일원론으로 파악하려는 움직임에서 나온 것이 정책집행설이다.

청소년행정은 청소년에 관한 정책을 수립하고 국가권력을 통해 실현하는 과정을 의미한다. 중요한 정책은 일관성과 계속성 및 안정성을 유지해야 하므로 정책을 입법화하게 된다. 따라서 국가공권설의 해석적 정의와 정책집행설은 같은 입장이 되어 구분하기가 힘든 것이 현실이다.

넷째, '청소년행정'이란 청소년을 위해 설립된 조직의 목표를 합리적으로 달성하기 위해 조직 구성원의 협동행위를 이룩하려는 작용이며, 정부기관이든 민간단체든 청소년을 위한 그 조직의 목표를 가장 능률적으로 달성할 수 있도록 협동행위를 이룩하려는 작용이라면 모두 '청소년행정'에 포함시킬 수 있다는 '행정행위설'이다.

행정의 연구 동향은 특수 분야의 행정들이 공통적으로 가지는 속성, 즉 공통성을 강조하는 경향이 있다. 이러한 공통성을 추구하기 위해 행동과학이나 사회과학 등 종합 과학적 또는 관련 분야 상호간의 협동적 노력에 의해 개념을 규정하려는 접근에서 나온 것이 행정행위설이다. 행정이란 조직의 공동 목표를 달성하기 위한 합리적 협동행위를 이룩하려는 작용이라고 정의된다.

따라서 행정은 반드시 조직을 전제로 한다. 조직이 없는 행정이란 생각할 수 없으며,

조직이란 폭도나 군중 또는 관객과 같은 우연적이거나 일시적인 사람의 집합이 아니라 정부, 군대, 병원, 회사, 노동조합, 교회, 학교와 같이 계속성을 지닌 조직을 말한다. 조직은 반드시 추구하는 공동 목표가 있다. 이 목표는 조직의 구성원들에 의해서 달성되며, 인간은 조직에 참여하여 조직의 목표를 달성함과 동시에 개인적인 욕구를 충족하기 위해 조직에 남아 있는 것이다.

이런 행정의 해석을 청소년행정에 적용하면, 청소년행정이란 청소년을 위해 설립된 조직의 목표를 합리적으로 달성하기 위해 조직 구성원의 협동행위를 이룩하려는 작용이다. 정부기관이든 사설단체이든 청소년을 위한 그 조직의 목표를 가장 능률적으로 달성할 수 있도록 협동행위를 이룩하는 작용이라면, 모두 청소년행정의 개념에 포함시킬 수 있다.

청소년행정은 다음과 같이 포괄적으로 정의할 수 있다. 청소년행정이란, ① 청소년 각자의 인격을 완성하고 국가와 사회에 기여할 수 있는 건전한 자질을 육성하기 위해, ② 청소년에 관한 법규와 정책을 집행하고, ③ 청소년활동과 지도 · 육성에 필요한 제반 조건을 정비 · 확립하며, ④ 청소년단체나 조직 구성원들의 합리적 협동 행위를 조성하는 ⑤ 수단적 · 지원적 봉사활동의 과정이다.

2. 청소년행정의 성격

첫째, 청소년행정은 청소년을 위한 행정이다. 청소년행정의 이념이나 목표는 청소년을 위해서 그들의 욕구나 필요를 충족하며, 개인적으로나 사회적으로 유능한 인격을 함양하고 사회공동체의 일원으로서 건전한 자질을 갖추도록 지원하고 봉사하며, 그들의 복지를 증진할 수 있도록 조장하는 데서 찾아야 한다.

둘째, 청소년행정은 청소년을 대상으로 하는 행정이다. 청소년은 발달 특성상 다른 인구층과는 다른 독자성이 있기에 청소년행정의 제반 특성은 바로 행정의 대상이며 목표가 된다. 청소년기란 아동기에서 성인기로 넘어가는 과도기적 단계에 있고 이에 따른 여러 사회심리학적인 특성을 가진 집단이다. 청소년의 제반 속성을 이해하지 않고서는 청소년행정의 실질적 효과는 바라기 힘들다.

셋째, 청소년행정은 그 대상의 다양성으로 인해 고도의 탄력성, 비정형성을 특징으로 한다. 청소년기에 처한 그들의 사회심리적 속성의 다양성과 더불어 청소년집단이 다양하기 때문이다.

넷째, 청소년행정은 고도의 협력성을 특징으로 한다. 청소년집단이 다양하고 그들이 소속되어 있는 집단과 단체, 시설이 다양하고 이들을 관장하고 있는 중앙의 정부부처와 지방자치단체의 행정부서가 다양하기 때문에 이들 관련 집단과 단체, 시설 상호 간에 그리고 관련 행정부처와 부서 상호 간에, 또한 행정기관과 관련 단체나 집단, 시설 간에 긴밀한 협력체제하에 영위되는 것이 청소년행정이다.

다섯째, 청소년행정은 고도의 공개성과 여론에의 민감성을 특색으로 한다. 청소년은 가정, 학교, 사회의 모든 영역에서 관심의 대상일 뿐 아니라, 이들이 현재나 미래의 주인공임에도 불구하고 아직은 미성년자로 자신의 권리를 독자적으로 주장하지 못하는 특수한 인생단계에 처해 있다. 그리하여 이들의 행태는 언제나 전체 국민의 관심사가 되며, 기성세대는 이들에 대해 문제를 제기하고 그 해결책을 제안하는가 하면, 청소년을 대신해서 그들의 주장과 요구를 옹호하고 대변하는 것을 민주시민의 정당한 권리와 책임으로 알고 있다. 따라서 청소년행정은 청소년 자신보다 그들 보호자의 요구나 사회여론에 민감해야 하고 신속히 대처해야 한다.

여섯째, 청소년행정은 전문성을 띠지 않으면 안 된다. 청소년의 발달 특성이나 특수한 사회적 위치, 그들이 처한 다양한 상황과 조건을 전문적으로 이해하고 파악하여 이에 적극적으로 대처하면서 행정의 능률과 효과를 극대화하려면, 고도의 전문적인 문학적 배경과 청소년 지도와 행정의 실무 경험을 겸비한 자가 청소년행정을 맡아야 한다.

3. 청소년행정의 기본원리

청소년행정의 원리란 청소년정책의 수립과 집행 및 평가에 이르는 전 과정에서 지켜야 할 기본방향이나 지침 또는 준거를 말하며, 이를 보다 구체적으로 살펴보면 다음과 같다.

1) 타당성

타당성이란 청소년행정의 정당성은 새 시대와 미래사회의 주역이 되는 청소년의 건전 육성을 지원한다는 목표를 도외시하여서는 안 된다는 것으로, 합목적성의 원리라고도 할 수 있다.

2) 참여성

참여성은 민주사회에서 일반 공공정책 결정과정의 공리처럼 되어 있는 것으로 결정된 정책에 의해 영향을 받는 집단이나 인사를 가능한 한 많이 참여시켜야 한다는 것이다. 즉, 청소년정책의 목표집단인 청소년의 인구 규모와 단체 · 시설이 다양하고 정부 관련부처만 하더라도 거의 모든 부처가 망라되어 있으며, 가정, 학교, 대중매체, 사회의 일반인에 이르기까지 관심집단이 많기 때문에 청소년정책의 수립에서 평가에 이르는 과정까지 이들의 참여를 도외시할 수 없는 것이 청소년행정의 특수성이라 할 수 있다.

3) 포괄성

청소년행정의 포괄성이란 정책의 내용범위가 다양하므로 이를 다 포함시켜야 한다는 것으로 청소년 교육, 수련활동, 보건, 노동, 환경, 가정, 문화, 오락, 여가활동, 비행, 범죄, 교정, 선도, 보호 등 정책내용이 매우 광범위하므로 어느 한 분야에 편중됨이 없이 포괄적으로 정책이 수립되어야 하고 상호 관련적으로 시행되어야 한다.

4) 안정성

청소년행정은 안정성, 계속성, 일관성이 있어야 한다. 즉, 청소년들은 각자 나름대로의 존엄한 가치를 인정받아야 할 인격체이므로 이들을 대상으로 하는 정책이나 활동이 시행착오를 거듭하여서는 안 되며, 청소년행정이 상사나 상부 지향, 행정편의주의적, 실적 위주나 졸속적으로 결정되고 시행 및 평가된다면 청소년의 건전 육성을 지원하기는커녕, 오히려 이를 저해하는 장애요인이 되어 문제만 낳게 되는 결과를 초래할 수 있기 때문이다.

5) 실현성

청소년행정은 구체적으로 실현 가능해야 한다. 즉, 청소년행정이 행정과 청소년단체나 시설의 구체적 활동 프로그램으로 구체화되어 청소년의 삶의 질과 복지가 향상되고 자주적 민주시민으로서, 국가사회의 유능한 구성원으로서 구실을 할 수 있을 때 비로소 정책의 효과가 나타날 수 있다.

4. 청소년행정의 발달

1) 근대 청소년행정

한국의 청소년행정은 의무적인 교육과 요보호아동에 대한 복지정책으로 비행청소년에 대한 선도와 교정은 「소년법」에 의해서, 요보호아동에 대한 복지는 「조선구호령」과 「후생시설운영요령」에 의해서, 청소년육성은 4-H 활동에서 실시되었음을 알 수 있다.

아울러 청소년행정에 중요한 역할을 담당하였던 4-H 활동을 살펴볼 필요가 있다. 한국에서 4-H 활동이 시작된 것은 1947년 한국에 4-H 활동을 소개하고 초창기의 발전에 공헌한 당시 군정관이었던 찰스. A. 앤더슨에 의하여 경기도에 '농촌청년구락부'가 조직되면서부터이다.

1948년 헌법 제정과 함께 정부가 농지개혁을 실시할 수 있는 근거를 마련하고 있을 때, 경기도는 '경기도농촌청년구락부연합회'를 발족하여 농촌사회 부흥에 역점을 두는 행정으로 시작하여 6 · 25 한국전쟁 이전까지 전국에는 1,900여 개의 구락부가 조직되었다. 이 시기의 한국 4-H 활동은 지(Head), 덕(Heart), 노(Hands), 체(Health)의 정신을 기조로 농촌청년을 지도 · 육성하여 생산 증강 및 농촌의 경제부흥과 문화 향상을 기도함을 목적으로 활동하였다.

1957년 2월 「농사교도법」이 제정, 공포되고 농사원(農事院)이 설립되고, 농사원으로 하여금 4-H 구락부 육성사업을 전담하도록 하여 확고한 지도체계를 확립하였다. 1960년에 농사원의 청소년사업계획에 의하여 회원들에게 목공과 철공기술을 습득하여 농가주택 및 축사개량을 지도하였고, 농기구수리에 필요한 기구를 보급하였다. 1962년 3월 「농사교도법」이 폐지되고 「농촌진흥법」이 제정되면서, 농림부의 청소년과(課)는 농촌진흥청 지도국 청소년과로 이관되면서 4-H 업무를 관장하게 된다.

또한 청소년문제에 대해 정부 차원에서 관심을 갖기 시작한 것은 1961년 하반기에 미성년자의 흡연, 음주 및 선량한 풍속을 해칠 우려가 있는 유기장, 유흥접객업소 등의 출입을 금지하여 미성년자를 보호하고자 하는 의미를 담은 「미성년자보호법」이 제정되고, 이어 「아동복리법」이 제정(1961. 12.)됨으로써 청소년보호의 법적 장치가 마련되었고, 본격적으로 정책적 관심을 가지기 시작했다.

그러나 청소년보호에 관한 법적 장치가 마련되어 청소년 건전육성의 새로운 전기를 마련하였음에도, 국가 차원에서 청소년정책 방향을 설정하고 관련 부처 간의 사업 내용을 협의·조정하는 등의 실질적인 종합조정기구(조직)의 탄생은 1964년 10월 대통령령에 의하여 '청소년보호대책위원회'가 설치되면서부터라고 할 수 있다. 이 당시 청소년정책은 주로 '청소년의 달' 행사, 백서발간, 청소년 풍기순화, 피해실태 조사 등 문제청소년에 대한 규제 위주의 보호정책으로 집약될 수 있다.

1977년 이후 대통령령으로 청소년보호 및 선도에 관한 종합적인 중앙대책기구로서 '청소년대책위원회'가 설치됨으로써 청소년정책의 비중과 범위는 크게 격상되고 확장되었다. 즉, 위원회의 위원장은 국무총리로 격상되고, 그 기능은 청소년정책 방향의 제시 등 청소년지도·보호·육성 등 청소년 전반에 걸친 사업을 포괄하는 기본계획과 종합적인 정책을 수립하는 것이었으며, 위원회의 조직 또한 읍·면·동에까지 확대·개편되었다.

그러나 청소년정책의 실무담당 기관이 국무총리실(1977. 8.~1983. 4.)에서 문교부(1983. 4.~1984. 12.)로, 문교부에서 다시 국무총리실(1985. 1.)로 이관되어 총리실에 청소년정책 전담부서를 설치·운영하였으나, 부처 차원의 총괄·집행기능의 미비라는 문제가 상존하고 있었다. 또한 청소년육성에 대한 행정 영역이 독립되어 있지 못하고, 각 부처에서 고유 업무를 수행하는 과정에서 청소년과 관련된 부문을 청소년대책 관련사업으로 추진하는 데 그쳤다.

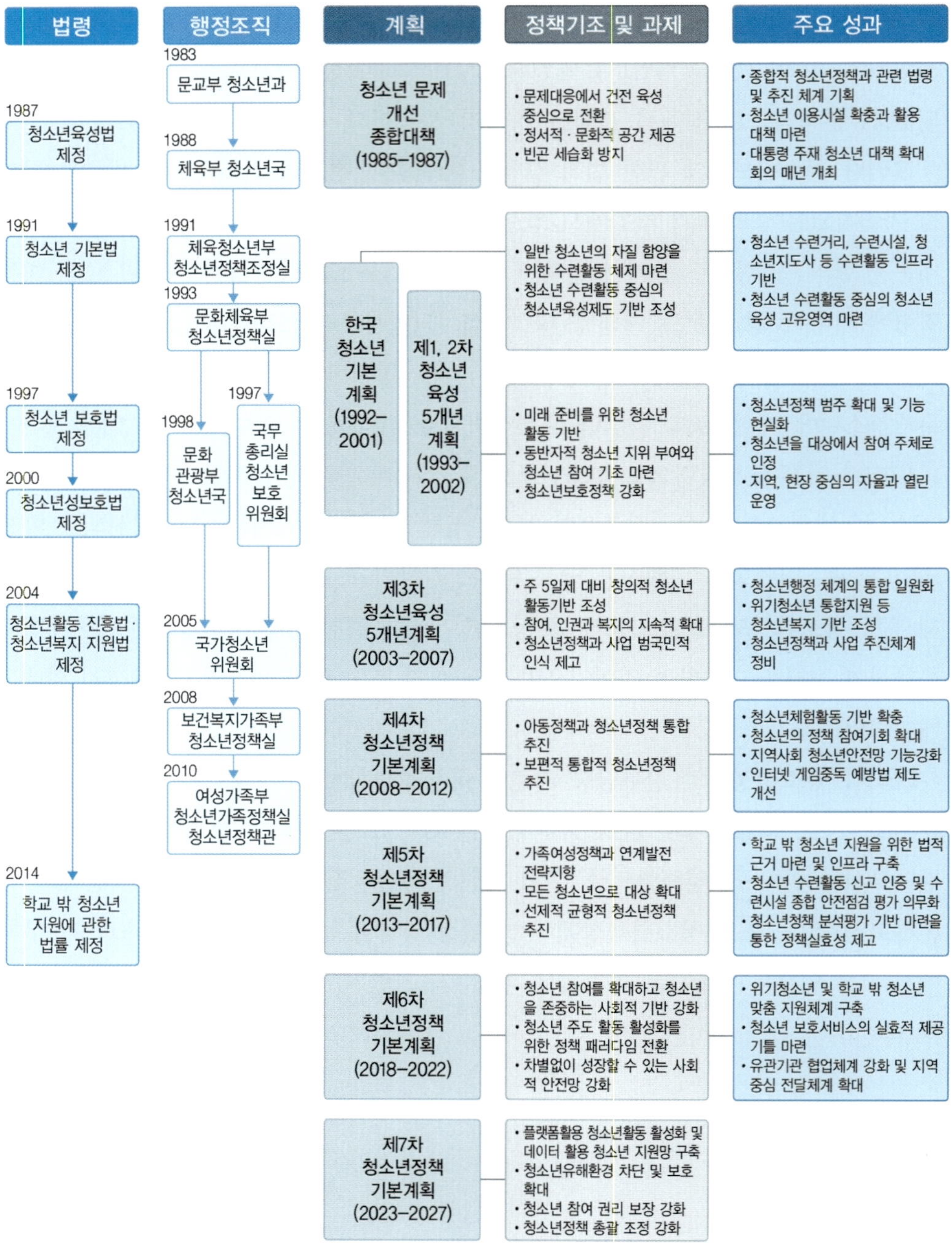

자료: 여성가족부, 「2023 청소년통계」, 2023.5

● 그림 6-1 청소년정책의 변천과정

2) 현대 청소년행정

한국의 청소년행정은 1948년 정부수립 이후 1980년대 중반까지는 4-H 활동을 담당하는 1950년대의 농사원과 1962년부터 현재까지 농촌진흥청에서의 농촌청소년활동에 대한 육성과 지도업무를 제외하고는 청소년행정을 담당하는 전담부서가 없는 가운데 주로 교육정책의 일부분으로 수립 · 집행되어 왔으며, 문제청소년에 대한 대책들이 관련부처별 필요에 따라 부분적 · 산발적으로 추진되어 왔다고 할 수 있다.

그러다가 청소년행정이 독자적 영역을 갖는 수준으로 발전한 것은 1987년 11월에 제정된 「청소년육성법」에 근거한다. 「청소년육성법」의 제정은 국가 차원에서 청소년육성을 추진하는 계기가 되었으며, 체육부에 전담부서인 청소년국을 설치(1988. 6. 18.)하기에 이른다. 이후 체육부 직제와 정부조직법의 개정으로 청소년국은 청소년정책조정실(1990. 9. 10.)로, 체육부는 체육청소년부로(1990. 12. 27.) 확대 · 개편되었고, 시 · 군 · 구에도 체육청소년계가 신설됨으로써 청소년육성 체계가 구비되었다.

1989년 7월에 한국청소년개발원의 전신인 한국청소년연구원을 설치 · 개원하였으며, 청소년육성기금도 조성하였다. 1990년 1월 31일에는 청소년에 관한 장기 10개년 계획을 수립 표명하였고, 1991년 12월 31일 「청소년기본법」이 제정되었으며, 1993년 3월 6일 「정부조직법」의 개정에 따라 문화부와 체육청소년부가 통합되어 문화체육부 청소년정책실로 개편되었다.

1997년 3월 7일에는 날로 늘어나고 있는 유해환경으로부터 청소년을 보호하기 위하여 청소년 유해매체물, 유해약물에 대한 유통 규제와 단속, 유해업소의 청소년 출입금지 · 고용금지를 주 내용으로 하는 「청소년보호법」이 제정되었으며, 1997년 7월 7일 문화체육부 소속의 '청소년보호위원회'가 발족되었다. 1998년 2월 28일 「정부조직법」의 개정에 따라 문화체육부 청소년정책실이 문화관광부 청소년국으로, 청소년보호위원회는 국무총리 소속으로 이관되어 정책적으로 이원화 현상을 보였다.

이후 더 이상 방치할 수 없는 지경에 이른 청소년을 대상으로 하는 성매매, 성폭력 및 음란물의 제작 · 유통 등의 근절을 위해 청소년 성매매를 조장하는 온갖 형태의 중간 매개행위 및 청소년에 대한 성폭력 범죄자를 강력하게 처벌하고, 청소년을 보호 · 구제하는 장치를 마련하여 이들의 인권을 보장하고 상업적 청소년 성 착취 근절 대책을 강화해 나가는 국제적 추세에 부응하기 위하여 「청소년의 성보호에 관한 법률」이 2000년 2월 3일(법률 제6261호) 제정되었다.

2004년 2월 9일 「청소년기본법」의 전면 개정과 함께 「청소년활동진흥법」(법률 제7163호)이 제정되었다. 「청소년기본법」 제47조 제2항의 규정에 근거하여 총칙, 청소년활동의 보장, 청소년활동시설, 청소년수련활동의 지원, 청소년교류활동의 지원, 청소년문화활동의 지원, 보칙, 벌칙 그리고 부칙으로 구성되어 있다. "다양한 청소년활동을 적극적으로 진흥하기 위하여 필요한 사항을 정함을 목적으로" 주 5일 수업 시대의 도래 등 새로운 사회 · 제도적 환경 변화에 대응하여 미래사회의 주역이 될 청소년이 수련활동뿐만 아니라, 문화활동, 교류활동 등 다양한 청소년활동을 통해 자신의 기량과 품성을 함양하고 꿈과 희망을 마음껏 펼칠 수 있도록 하기 위한 제도적 기반을 마련하였다.

그동안 「청소년기본법」에 청소년수련활동 위주로 규정되어 있던 청소년활동을 수련활동 · 교류활동 · 문화활동 등 대부분의 활동이 포함되도록 확대하여 정책적 지원 범위를 확장하였으며, 청소년수련시설의 종류에 청소년특화시설을 추가하여 현실에 맞게 시설을 구분하였다. 청소년수련시설에 청소년운영위원회를 설치하여 청소년활동에 청소년의 참여를 보장하고, 청소년수련활동에 대한 체계적인 관리와 지원, 그리고 청소년수련활동인증제를 도입하고, 이의 효과적인 집행을 위하여 중앙에는 청소년활동지원본부를, 지방에는 지방청소년활동지원센터를 설치하도록 하는 등 청소년활동에 관한 제반사항을 단일법으로 체계화하고 있다.

「청소년복지지원법」은 2004년 2월 9일 제정되었다. 「청소년기본법」 제49조 제4항의 규정에 근거하여 총칙, 청소년의 인권보장 및 복지향상, 청소년의 건강보장, 특별지원 청소년의 지원, 교육적 선도, 벌칙 그리고 부칙으로 구성되어 있다. "청소년복지 증진에 관한 사항을 정함을 목적"으로 청소년의 성장과 생활에 필요한 기초적인 여건이 미비하여 이를 보완하기 위한 사회 · 경제적인 특별한 지원이 필요한 청소년과 교육적인 선도가 필요한 비행청소년에 대하여 기초생활보장, 학업 · 의료 지원, 직업능력 강화와 상담 · 수련 · 체육활동 등의 다양한 활동을 통하여 건강한 민주시민으로 성장할 수 있도록 복지서비스 지원체계를 제도화하고 있다.

모든 청소년에 대한 인권보장 및 자치권 향상, 이용요금 할인 우대 및 건강증진 등에 관한 사항을 명확히 규정하여 청소년의 권리를 신장하며, 청소년의 수련과 보호 위주로 되어 있던 청소년육성 법률체계에 복지부분을 신설함으로써 청소년의 건전한 성장과 여건을 조성하기 위한 균형 있는 청소년육성의 토대를 구축하는 내용을 담고 있다.

2005년 3월 24일 개정된 「청소년기본법」은 정부의 청소년관련 사무의 기능 조정계획에 의하여 청소년육성의 문화관광부 청소년국과 청소년보호의 국무총리실 청소년보호위원회로 나뉘어져 이원화된 청소년정책이라는 비판에 두 기관을 통합해, 일원화된 청소년정책을 전담할 중앙행정기구로 청소년위원회를 국무총리 소속하에 2005년 4월 27일 설치하게 된다. 동 위원회의 설치 근거와 운영 규정을 마련하고, 관련된 공무원의 소속을 변경하는 등 관련 규정을 정비하였다.

2005년 12월 29일 개정된 「청소년기본법」은 급격한 사회환경의 변화에 따라 청소년육성에 미치는 가정의 역할 및 책임을 강화하고, 청소년을 위한 정책의 수립 및 집행 등에 청소년 자신들의 의사가 적극적으로 반영될 수 있도록 청소년위원회 위원에 청소년도 참여할 수 있도록 하여 청소년의 참여를 제도적으로 보장하였다. 청소년에 관한 사무를 담당하기 위해 청소년위원회를 설치하였으나, 국가 중앙행정기관임에도 불구하고 국민들이 청소년단체 또는 일반시민단체 명칭으로 잘못 인식하는 경우가 많아 이를 명확히 하기 위해 2006년 3월 30일 국가청소년위원회로 명칭을 변경하였다.

2008년 2월 29일 유연하고 창의적으로 일하는 정부를 구축하기 위하여 정부기능을 효율적으로 재배치하고자 이명박 정부는 조직개편을 단행하였다. 종전 보건복지부 아동정책, 여성부 보육정책, 국가청소년위원회의 청소년정책을 통합하여 보건복지가족부 아동청소년정책실로 개편했다. 아동정책과 청소년정책을 하나의 부처로 통합하면서 아동 · 청소년정책으로 태어났는데, 이는 정책대상이 동일함에도 불구하고 각기 다른 추진체계를 바탕으로 독립적으로 발전해 온 아동정책과 청소년정책이 이명박 정부 출범과 더불어 단일 부처 관할의 동일 추진체계로 재정비된 것이다.

이명박 정부는 아동과 청소년정책을 통합하여 출생에서 자립까지 생애주기별 특성에 맞춰 적절한 복지서비스 영유아(6세 미만), 아동(6~12세), 청소년(13~18세), 청년(19~24세)을 대상으로 정책을 추진하였다. 법령과 추진체계 정비에서는 아동 · 청소년의 개념 및 연령에 대해 재정의를 시도해 「아동 · 청소년기본법」으로 개정을 진행하였으며, 정책 전달체계와 인적 인프라와 민간협의체의 법정화에 대해 논의를 진행하였다.

2010년 1월 18일 정부의 조직개편으로 청소년정책의 부처가 다시 이동되었다. 가족 해체 및 다문화가족 등 현안 사항에 적극 대응하기 위하여 보건복지가족부의 청소년 및 다문화가족을 포함한 가족기능을 여성가족부로 이관하는 내용의 정부조직법 개정이 진행되었다. '여성부'가 '여성가족부'로 개편되어 여성정책의 조정 · 종합, 여성의 권익증진 등 지위 향상뿐만 아니라, 가족정책 및 청소년의 육성 · 보호 기능을 수행하게 되었다. 2010년 3월 청소년정책이 여성가족부로 이관됨에 따라 청소년정책이 가족중심 정책의 새로운 전기를 맞이하게 되었다.

청소년정책이 여성부로 이관되면서 정책 전반에 대한 검토와 계획수립이 검토되어 '제4차 청소년정책기본계획'이 수정 · 보완되었으며, 「청소년기본법」과 「청소년활동진흥법」, 「청소년복지지원법」 등의 법률 개정이 이루어졌다.

2010년 7월 이후에는 우리나라에서는 국립중앙청소년수련원, 국립평창청소년수련원에 이어 국립청소년우주센터, 국립청소년농생명센터, 국립청소년해양센터가 개원했다. 2010년 8월 18일에는 청소년업무의 효율성을 높이고자 한국청소년수련원과 한국청소년진흥센터의 2개 기관을 통합하여 '한국청소년활동진흥원'을 설치하였다.

2012년 12월에는 「제5차(2013~2017) 청소년정책기본계획」과 「제1차(2013~2015) 청소년보호종합대책」이 수립되어 시행됐다. 2015년에는 「학교 밖 청소년 지원에 관한 법률」 시행으로 전국에 학교밖청소년지원센터가 문을 열었고, 2016년에 제2차(2016~2018), 2019년에 제3차(2019~2021), 2022년에 제4차(2022~2024) 청소년보호종합대책이 수립되어 시행되고 있다. 2018년에 제6차(2018~2022), 2023년에 「제7차 청소년정책기본계획(2023~2027)」이 수립되어 시행되고 있다.

chapter

7

청소년행정의 조직과 전달체계

앞에서 살펴본 바와 같이, 이명박 정부는 2008년 2월 종전 보건복지부의 아동정책, 여성부의 보육정책, 국가청소년위원회의 청소년정책을 통합하여 보건복지가족부 아동청소년정책실로 개편하였다. 아동정책과 청소년정책을 하나의 부처로 통합하면서, 아동 · 청소년정책으로 태어나 아동정책과 청소년정책이 단일 부처 관할의 동일 추진 체계로 재정비되었다. 이후 가족 해체 및 다문화가족 등 현안 사항에 적극 대응하기 위하여 2010년 3월 '여성부'가 '여성가족부'로 개편되어 청소년의 육성 · 보호 기능을 수행하게 되었다.

1. 여성가족부

1) 설립목적 및 주요 업무

여성정책의 기획 · 종합 및 여성의 권익증진	• 여성정책의 총괄 · 조정 및 여성의 사회참여 확대 • 양성평등 문화 확산 • 정책의 성별영향 분석 · 평가 • 여성인력 개발 · 활용 • 경력단절 여성 등의 경제활동 촉진 지원
청소년 활동 · 복지 지원 및 보호	• 청소년정책의 총괄 · 조정 • 청소년 활동 진흥 및 역량 개발 • 유해환경으로부터의 청소년 보호 • 학교 밖 · 위기청소년 등의 보호 · 지원
가족 및 다문화가족정책의 수립 · 조정 · 지원	• 가족 및 다문화가족정책의 총괄 · 조정 • 양육 · 부양 등 가족기능의 지원 • 한부모가족의 자립 지원 • 다문화가족의 사회통합 지원
여성 · 아동 · 청소년에 대한 폭력피해 예방 및 보호	• 성희롱 · 성폭력 방지 및 피해자 지원 • 가정폭력 방지 및 피해자 지원(이주여성 포함) • 스토킹 · 교제폭력 방지 및 피해자 지원 • 성매매 방지 및 피해자 지원 • 아동 · 청소년 성범죄 예방 및 보호 • 디지털 성범죄 방지 및 피해자 지원

자료: http://www.mogef.go.kr/mi/amo/mi_amo_f002.do

2) 조직도

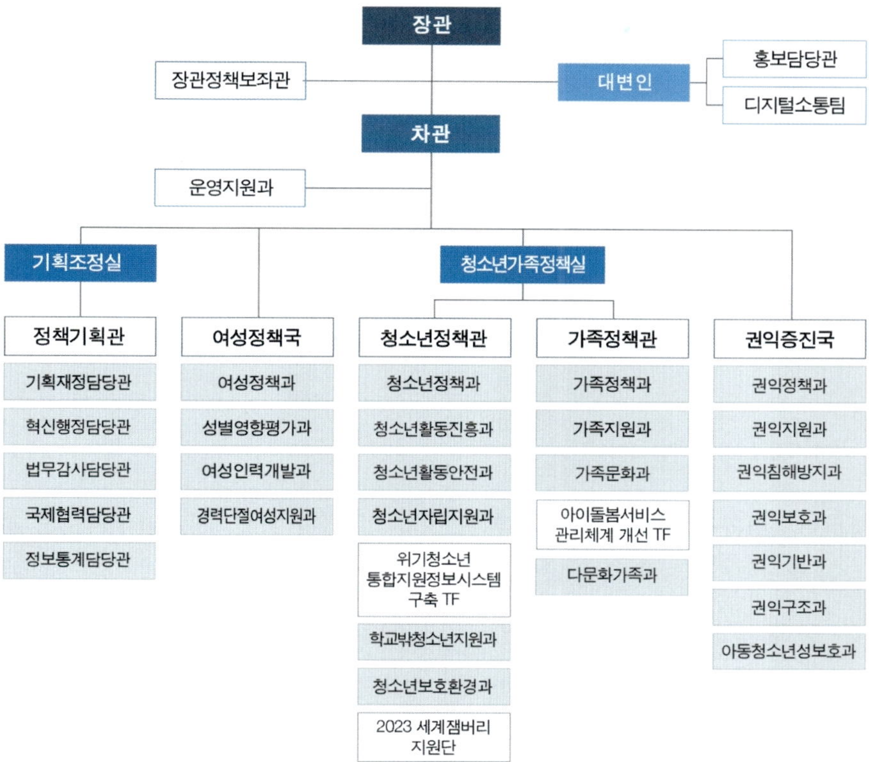

자료: http://www.mogef.go.kr/mi/osg/mi_osg_s001.do

그림 7-1 여성가족부 조직도

3) 청소년정책부서 및 기능

(1) 청소년정책과

- 청소년기본법, 청소년정책 총괄 · 조정, 청소년정책위원회
- 청소년 참여사업, 지역 청소년참여위원회 운영, 청소년증 발급 및 운영
- 청소년정책 기본계획, 청소년정책 개발 및 제도 개선, 지역사회 청소년 성장지원 사업

- 여성청소년 생리용품 지원사업, 청소년 육성 및 보호 유공자 포상, 청소년푸른성장 대상

(2) 청소년활동진흥과

- 청소년활동진흥법, 청소년활동 정책, 청소년활동진흥센터 운영 지원
- 청소년 자원봉사, 청소년어울림마당 및 청소년동아리활동, 청소년활동 프로그램 공모사업
- 청소년 국제교류 지원, 청소년방과후아카데미, 청소년지도사 자격검정 등

(3) 청소년활동안전과

- 청소년수련활동 안전정책, 안전관련 법령 및 제도 운영, 청소년수련시설 종사자 등 안전교육
- 국 · 공립 청소년수련시설 확충, 국립청소년수련원 운영 · 관리
- 청소년수련시설 종합안전 · 위생점검, 청소년수련시설 종합평가 실시
- 청소년지도사 배치사업, 숙박형등 청소년수련활동신고제

(4) 청소년자립지원과

- 청소년복지지원법, 청소년복지정책 총괄
- 청소년상담복지센터 운영, 청소년동반자 프로그램 운영
- 청소년상담사, 위기청소년안전망, 지자체 청소년안전망팀 운영, 청소년전화 1388
- 청소년쉼터 운영, 쉼터 퇴소청소년 자립지원 수당, 가정 밖 청소년 보호지원 및 자립지원 우대
- 청소년자립지원관 운영, 청소년회복지원시설 운영

(5) 학교밖청소년지원과

- 학교 밖 청소년 지원에 관한 법률, 학교 밖 청소년 지원을 위한 정책
- 학교 밖 청소년지원센터 운영
- 학교 밖 청소년 연계 · 발굴, 학교 밖 청소년 전용공간, 학교 밖 청소년 건강검진
- 이주배경 청소년 지원, 위기청소년 특별지원 등

(6) 청소년보호환경과

- 청소년보호법, 청소년보호정책 총괄, 청소년보호위원회
- 유해매체 등 유해환경 개선, 청소년 인터넷 · 스마트폰 중독 등 역기능 해소
- 청소년치료재활센터 운영, 청소년 근로권익 보호사업

2. 청소년정책의 전달체계

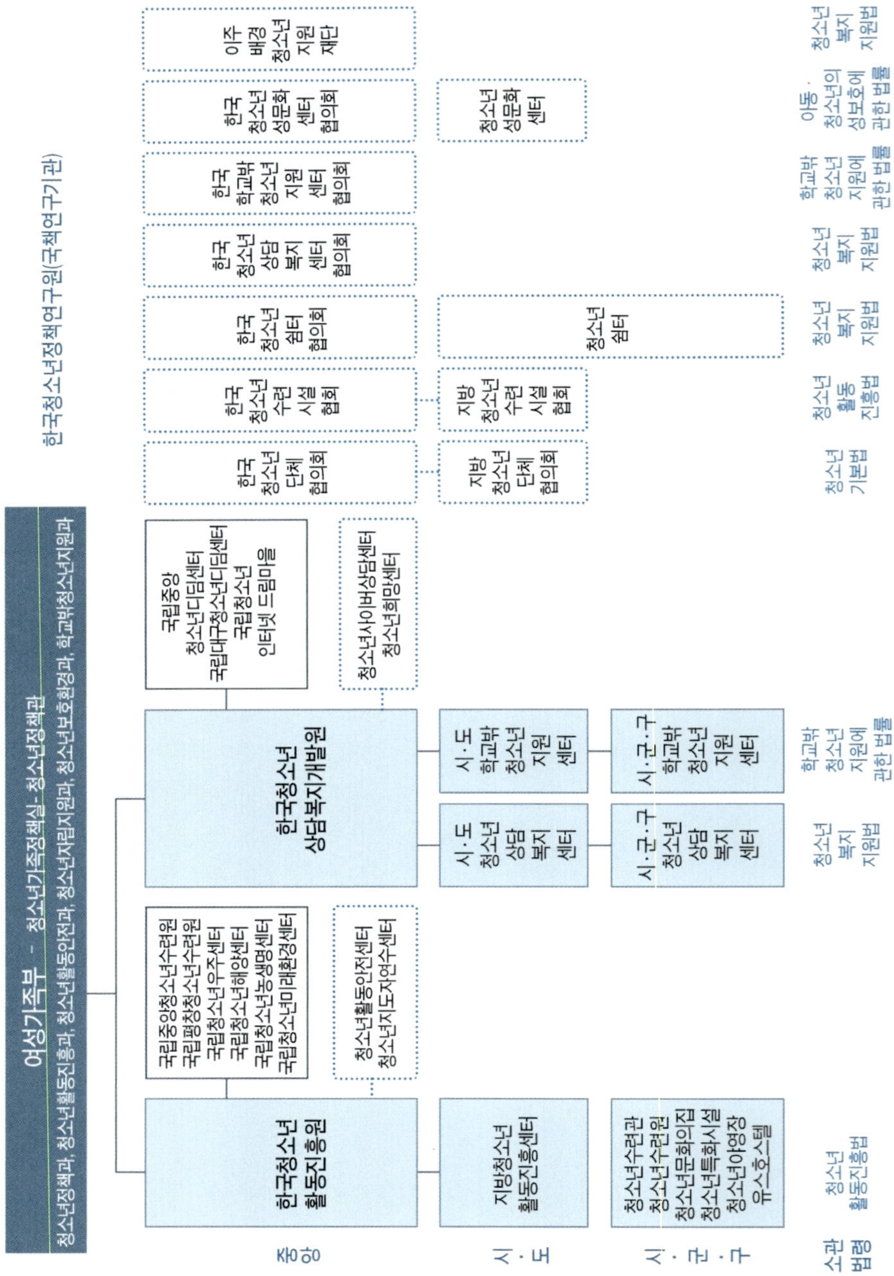

그림 7-2 청소년정책의 전달체계도

3. 청소년정책 관련 정부 부처

중앙행정부처의 청소년업무는 부처의 특성과 고유기능에 따라 청소년 관련 업무를 추진하고 있다.

● 표 7-1 청소년정책 영역별 소관부처 현황

<table>
<tr><th>영 역</th><th colspan="2">세부과제</th><th>소관부처</th></tr>
<tr><td rowspan="11">1.
청소년
참여 및
권리증진</td><td rowspan="3">1-1.
청소년
참여 확대</td><td>1-1-1. 지역사회에서의 청소년 참여 확대</td><td>여성가족부, 행정안전부</td></tr>
<tr><td>1-1-2. 학교에서의 참여 및 권익 증진</td><td>여성가족부, 교육부, 법무부</td></tr>
<tr><td>1-1-3. 청소년 참여 방식의 다변화</td><td>전 부처</td></tr>
<tr><td rowspan="5">1-2.
청소년
권리증진
기반 조성</td><td>1-2-1. 청소년 인권 및 권리 의식 제고</td><td>전 부처, 여성가족부, 보건복지부, 국가인권위원회, 교육부, 문화체육관광부, 방송통신심의위원회</td></tr>
<tr><td>1-2-2. 청소년 근로권익 침해 예방 및 보호</td><td>여성가족부, 고용노동부, 교육부</td></tr>
<tr><td>1-2-3. 아동·청소년 여가권 신장</td><td>여성가족부, 교육부, 문화체육관광부, 보건복지부</td></tr>
<tr><td>1-2-4. 청소년 정신 건강권 보호</td><td>여성가족부, 보건복지부, 교육부</td></tr>
<tr><td>1-2-5. 청소년 신체 건강권 보장</td><td>법무부, 교육부, 보건복지부, 여성가족부, 식품의약품안전처, 병무청</td></tr>
<tr><td rowspan="3">1-3.
청소년
민주시민
성장 지원</td><td>1-3-1. 청소년 시민의식 함양</td><td>선거관리위원회, 여성가족부, 교육부, 법제처, 방송통신위원회, 통일부</td></tr>
<tr><td>1-3-2. 양성평등 의식제고</td><td>여성가족부, 교육부</td></tr>
<tr><td>1-3-3. 청소년 인성 함양을 위한 지원 강화</td><td>여성가족부, 교육부, 문화체육관광부, 방송통신위원회</td></tr>
<tr><td rowspan="2">2.
청소년
주도의
활동
활성화</td><td rowspan="2">2-1.
청소년활동
및 성장지원
체계 혁신</td><td>2-1-1. 역량 기반 청소년활동 지원체계 구축</td><td>여성가족부, 교육부, 중소벤처기업부</td></tr>
<tr><td>2-1-2. 청소년 주도 프로젝트 활동 활성화</td><td>여성가족부, 교육부</td></tr>
</table>

영 역	세부과제		소관부처
2. 청소년 주도의 활동 활성화	2-1. 청소년활동 및 성장지원 체계 혁신	2-1-3. 과학기술 · 산업분야 핵심인재 양성	교육부, 산업통상자원부, 과학기술정보통신부, 여성가족부, 고용노동부, 중소벤처기업부, 특허청
		2-1-4. 수요자 중심으로 청소년활동 인프라 재구조화	여성가족부
	2-2. 청소년 체험활동 활성화	2-2-1. 청소년 문화예술활동 지원	여성가족부, 문화체육관광부
		2-2-2. 청소년 스포츠 활동 활성화	교육부, 문화체육관광부, 여성가족부
		2-2-3. 국제교류 활성화 및 내실화	여성가족부, 교육부, 외교부
		2-2-4. 남 · 북한 청소년 교류 기반 조성	여성가족부, 통일부
		2-2-5. 청소년 체험활동 안전관리 강화	여성가족부, 행정안전부, 문화체육관광부, 보건복지부, 교육부, 해양경찰청
	2-3. 청소년 진로교육 체계 강화	2-3-1. 대상별 맞춤형 진로활동 내실화	여성가족부, 교육부, 과학기술정보통신부, 고용노동부, 방송통신위원회
		2-3-2. 학교 밖 청소년 대상 진로교육 강화	여성가족부, 문화체육관광부, 중소벤처기업부, 전 부처
		2-3-3. 진로교육 활성화를 위한 협력 체계 구축	여성가족부, 교육부
		2-3-4. 청소년(청년) 취업 지원 기반 강화	고용노동부, 여성가족부
		2-3-5. 청소년(청년) 창업 활성화	과학기술정보통신부, 금융위원회, 중소벤처기업부, 고용노동부, 교육부
3. 청소년 자립 및 보호지원 강화	3-1. 청소년 사회안전망 확충	3-1-1. 촘촘한 청소년 복지지원체계 운영	여성가족부
		3-1-2. 위기청소년 조기 발견 및 보호 · 지원 확대	교육부, 여성가족부, 국토교통부, 경찰청
		3-1-3. 청소년 폭력예방 및 아동안전 강화	교육부, 보건복지부, 행정안전부, 여성가족부, 경찰청
		3-1-4. 가족관계증진을 위한 서비스 기반 조성	전 부처, 여성가족부, 보건복지부, 문화체육관광부, 법무부, 교육부
		3-1-5. 성범죄로부터 안전한 환경 조성	법무부, 여성가족부, 방송통신위원회

<table>
<tr><th>영 역</th><th colspan="2">세부과제</th><th>소관부처</th></tr>
<tr><td rowspan="10">3. 청소년 자립 및 보호지원 강화</td><td rowspan="7">3-2. 대상별 맞춤형 지원</td><td>3-2-1. 학교 밖 청소년 지원 강화</td><td>교육부, 법무부, 보건복지부, 여성가족부</td></tr>
<tr><td>3-2-2. 가출 청소년 지원 강화</td><td>고용노동부, 여성가족부</td></tr>
<tr><td>3-2-3. 비행 청소년 재범 예방 및 회복 지원</td><td>법무부, 경찰청, 보건복지부, 여성가족부</td></tr>
<tr><td>3-2-4. 다문화 청소년 지원 강화</td><td>교육부, 통일부, 법무부, 여성가족부</td></tr>
<tr><td>3-2-5. 청소년 한부모 지원 강화</td><td>교육부, 여성가족부</td></tr>
<tr><td>3-2-6. 저소득층 청소년 자립기반 마련</td><td>교육부, 고용노동부, 여성가족부</td></tr>
<tr><td>3-2-7. 나홀로 청소년 활동·돌봄 지원 강화</td><td>교육부, 보건복지부, 여성가족부</td></tr>
<tr><td rowspan="3">3-3. 청소년 유해환경 개선 및 보호지원 강화</td><td>3-3-1. 청소년이 안전한 생활환경 조성</td><td>교육부, 보건복지부, 여성가족부, 경찰청</td></tr>
<tr><td>3-3-2. 유해매체로부터 청소년 보호</td><td>교육부, 경찰청, 과학기술정보통신부, 문화체육관광부, 여성가족부, 방송통신위원회, 방송통신심의위원회</td></tr>
<tr><td>3-3-3. 청소년의 미디어 과의존 예방 및 치유 지원 강화</td><td>과학기술정보통신부, 문화체육관광부, 여성가족부, 방송통신위원회</td></tr>
<tr><td rowspan="8">4. 청소년정책 추진체계 혁신</td><td rowspan="3">4-1. 청소년정책 총괄·조정 강화</td><td>4-1-1. 청소년정책의 실효성 제고</td><td>보건복지부, 여성가족부</td></tr>
<tr><td>4-1-2. 통합형 청소년정책 전달체계 구축</td><td>여성가족부</td></tr>
<tr><td>4-1-3. 청소년정책 위상 강화</td><td>여성가족부</td></tr>
<tr><td rowspan="3">4-2. 지역·현장 중심의 청소년정책 활성화</td><td>4-2-1. 지역사회 청소년활동 지원 확대 및 운영 내실화</td><td>여성가족부</td></tr>
<tr><td>4-2-2. 지자체 청소년정책 추진기반 강화</td><td>여성가족부</td></tr>
<tr><td>4-2-3. 청소년 사업과 기업의 사회공헌활동(CSR)을 이어주는 플랫폼 마련</td><td>여성가족부</td></tr>
<tr><td rowspan="2">4-3. 청소년지도자 역량 강화</td><td>4-3-1. 청소년지도자 전문성 강화</td><td>여성가족부</td></tr>
<tr><td>4-3-2. 청소년지도자 처우 개선</td><td>여성가족부</td></tr>
</table>

자료 : 2022 청소년백서, 여성가족부, 2023.4

4. 정부 산하기관

1) 한국청소년활동진흥원

한국청소년활동진흥원은 다양하고, 창의적인 청소년 체험활동을 진흥시켜 청소년의 잠재역량 계발과 인격형성을 도모하고, 수련 · 참여 · 교류 · 권리증진 활동을 종합적으로 지원함으로써 궁극적으로 청소년의 삶의 질 향상에 기여함을 목적으로 설립된 공공기관이다.

주요 사업으로는 청소년활동 운영에 청소년수련활동신고제, 청소년수련활동인증제, 청소년자원봉사, 국제청소년성취포상제, 청소년자기도전포상제, 청소년국제교류, 청소년수련활동 안전점검, 청소년특별회의, 자유학기제 연계프로그램 등의 사업이 있고, 청소년지도자양성 및 교육, 청소년방과후아카데미 등의 사업을 지원하고 있다.

한국청소년활동진흥원은 청소년의 다양하고 창의적인 체험활동 활성화와 청소년활동에 필요한 정보 등의 종합적 관리 및 제공 기능(www.youth.go.kr, 청소년활동정보서비스)을 수행하고 있다. 국가가 설치한 국립중앙청소년수련원(충남 천안), 국립평창청소년수련원(강원 평창), 국립청소년우주센터(전남 고흥), 국립청소년농생명센터(전북 김제), 국립청소년해양센터(경북 영덕), 국립청소년미래환경센터(경북 봉화)의 국립 시설을 운영하고 있다.

국가 자격증인 청소년지도사(1급, 2급, 3급) 자격 부여를 위한 자격연수와 청소년지도사 보수교육 업무를 전담하고 있으며, 2013년부터 의무화된 보수교육 운영을 통해 청소년지도사 자격관리 업무 등을 전담하기 위해 청소년지도자연수센터를 운영하고 있다. 또한 청소년자원봉사 활동의 활성화를 위한 청소년자원봉사 포털사이트(dovol.youth.go.kr)를 운영하고, 청소년활동에 대해 활동 프로그램, 지도력, 활동환경 활동기록관리가 일정한 기준을 갖추었음을 심사 · 인증하고 인증수련활동에 참여한 청소년의 활동기록을 유지 · 관리 · 제공하는 '청소년수련활동인증제도'를 운영하고 있다.

그리고 청소년의 창의성 · 주도성 향상 및 균형 잡힌 성장을 통한 인성교육에 초점을 맞추고 있는 국제적인 자기성장 프로그램인 '국제청소년성취포상제도' 운영을 위해 한국청소년활동진흥원이 한국 사무국 역할을 수행하고 있다.

2) 한국청소년상담복지개발원

한국청소년상담복지개발원은 「청소년복지지원법」이 전면 개정되면서 변경된 「청소년복지지원법」의 내용에 따라 2012년 8월 기존 한국청소년상담원에서 한국청소년상담복지개발원으로 명칭이 변경되었다.

설립목적은 청소년의 올바른 인격형성과 조화로운 성장을 위한 상담 · 복지 연구 및 프로그램 개발, 상담 · 복지 전문인력양성, 위기청소년 통합지원, 취약청소년 자립지원 사업 등을 수행함으로써 국가발전에 이바지할 수 있는 건실하고 바람직한 청소년의 육성에 기여함을 목적으로 하고 있다.

주요 기능과 사업으로는 청소년 상담 · 복지 관련 정책의 연구개발, 청소년 상담기법의 연구 및 상담자료의 제작 · 보급, 국가자격제도 청소년상담사 자격검정 및 연수, 청소년상담복지센터 직무교육 및 전문연수, 부모교육, 또래상담, 품성계발 등 청소년의 건전한 가치관 정립 프로그램 운영, 위기청소년 지역사회 통합지원체계 운영지원 및 지역 청소년상담복지센터 지도지원, 사이버상담 등 청소년 상담 사업의 운영, 인터넷 중독 기숙형 치료학교 운영, 인터넷 중독 예방사업 등을 수행하고 있다.

한국청소년상담복지개발원이 운영 중인 국립시설로는 정서 · 행동 영역에서 어려움을 겪고 있는 청소년의 '보호 · 치료 · 교육 · 자립'의 거주형 치료 · 재활시설인 국립중앙청소년디딤센터와 국립대구청소년디딤센터가 있다. 인터넷 · 스마트폰 과다사용 청소년에 대한 상시적 치료와 재활 지원을 위해 국립청소년인터넷 드림마을을 운영하고 있다. 청소년 권리보장을 위해 청소년 권리전담기구인 청소년희망센터도 운영하고 있다.

한국청소년상담복지개발원은 청소년안전망-지역사회청소년통합지원체계(CYS-Net)가 활성화되도록 지원하고, 전국 시 · 도 및 시 · 군 · 구 청소년상담복지센터를 대상으로 컨설팅을 실시하는 동시에 시 · 도 센터 또한 각 시 · 군 · 구 청소년상담복지센터를 지원하는 체계적인 서비스가 확립될 수 있도록 지원하고 있다.

청소년들이 쉽게 접근하고 이용할 수 있는 온라인 사이버상담센터 운영과 개인상담, 집단상담, 심리검사 등의 전문상담을 운영함으로써 청소년들의 건강한 성장을 돕는 등 사이버상담 등 청소년상담 사업을 운영하고 있다. 또한 인터넷을 과다하게 사용하여 건강한 생활이 어려운 청소년들을 위해 11박 12일 기숙형 치료학교(RESCUE)를 운영 · 지원하고 있으며, 전국 청소년상담복지센터와 연계하여 인터넷 중독 예방사업 실시와 인터넷중독 기숙형 치료학교 운영 등 인터넷중독 예방사업을 수행하고 있다.

기타 사업으로는 헬프콜 청소년전화 1388 운영 지원, 1388청소년지원단 활성화 지원, 청소년동반자 프로그램 운영 지원, 학업중단 청소년 학업복귀 지원, 청소년 문제영역별 전문상담 운영 등을 추진하고 있다. 청소년 상담연구 연수사업으로는 청소년상담사 국가자격제도 운영, 청소년 문제영역별 전문상담 운영, 청소년상담사 보수교육 운영, 청소년상담 관련 직원 직무교육 및 연수, 이음부모교육 사업 운영, 솔리언또래상담 사업 운영, 올틴품성계발 사업 운영 등이 있다. 또한 청소년사이버상담센터 운영, 청소년폭력 예방을 위한 또래상담 지도교사 양성, 청소년지도자 대상 맞춤형 권리교육, 청소년 인권증진 지원사업 등이 있다.

3) 한국청소년정책연구원

한국청소년정책연구원(www.nypi.re.kr)은 「청소년육성법」을 근거로 1989년 7월 1일에 '한국청소년연구원'으로 처음 설립되어 청소년정책관련 국가전문연구기관으로 운영되어 왔다.

1991년 12월 31일에 제정 · 공포된 「청소년기본법」 제50조에 의거하여 1993년 1월 1일에 '한국청소년개발원'으로 확대 · 개편되었고 1999년 1월 29일부로 「정부출연기관 등의 설립 · 운영 및 육성에 관한 법률」이 시행됨에 따라 국무총리산하 인문사회연구회에 소속되었다. 한편, 2005년 국무총리산하 인문사회연구회와 경제사회연구회가 통합됨에 따라 자연적으로 국무총리산하 경제 · 인문사회연구회로 소속이 이관되었고, 2007년 5월 「정부출연 연구기관 등의 설립 · 운영 및 육성에 관한 법률」 개정에 따라 '한국청소년정책연구원'으로 명칭이 변경되었다.

한국청소년정책연구원은 청소년의 올바른 인성 함양과 잠재력 계발, 청소년의 디지털 · 글로벌 역량 강화, 청소년 인권과 참여를 위한 사회환경 개선, 소외계층 청소년 복지 · 지원 등의 정책 개발에 필요한 기초연구와 자료축적을 통하여, 미래사회의 새로운 국가발전 동력 창조에 기여함을 목적으로 설립된 정부출연 연구기관이다. 한국청소년정책연구원은 기초이론연구, 현안정책개발, 프로그램개발, 정책평가지원 등 국책연구기관으로서의 역할과 청소년 단체 · 시설, 청소년지도자 등 민간부문에서 이루어지는 청소년정책사업의 방향설정과 원활한 추진을 위하여 지원 및 자문하는 청소년 정책사업의 중추기관으로서의 역할을 수행하고 있다.

5. 지방자치단체

1) 시 · 도 청소년관련 행정조직

● 표 7-2 시 · 도 청소년관련 행정조직 현황

구분	담당 실 · 국	부서명
서울	평생교육국	청소년정책과
부산	여성가족국	아동청소년과
대구	청년여성교육국	청소년과
인천	여성가족국	청소년정책과
광주	여성가족국	아동청소년과
대전	복지국	여성가족청소년과
울산	복지여성국	여성가족청소년과
세종	보건복지국	아동청소년과
경기	평생교육국	청소년과
강원	복지국	여성청소년가족과

구분	담당 실·국	부서명
충북	양성평등가족정책관	청소년팀
충남	여성가족정책관	청소년정책팀
전북	교육소통협력국	청소년팀
전남	자치행정국	희망인재육성과
경북	여성아동정책관	청소년팀
경남	여성가족국	아동청소년과
제주	복지가족국	아동보육청소년과

자료: 각 시·도 홈페이지(2023. 7. 기준).

종전 보건복지부, 여성가족부, 국가청소년위원회로 나뉘어서 추진되던 아동, 보육, 청소년정책이 보건복지가족부로 통합되어 추진되어 오다 2010년 3월 청소년정책은 여성가족부로 이관되었다. 17개 시·도의 청소년관련 행정은 여러 부서에서 추진되고 있으며, 지방청소년육성위원회 설치운영 및 시·도 청소년 업무 총괄 기능을 수행함으로써 중앙정부와의 청소년업무 연계, 추진체계를 구축하고 있다.

2) 지방청소년육성위원회

「청소년기본법」 제11조에 따르면, 청소년육성에 관한 지방자치단체의 주요 시책을 심의하기 위하여 특별시장, 광역시장, 도지사 및 시장·군수·구청장(자치구의 구청장에 한함)의 소속하에 지방청소년육성위원회를 두도록 되어 있다. 지방청소년육성위원회의 구성, 조직 그 밖의 운영에 관하여 필요한 사항은 조례로 정하도록 되어 있다.

● 표 7-3 지방청소년육성위원회의 성격

구분	지방청소년육성위원회 성격	구분	지방청소년육성위원회 성격
서울	자문	강원	심의
부산	심의	충북	심의
대구	심의	충남	자문

구분	지방청소년육성위원회 성격	구분	지방청소년육성위원회 성격
인천	심의	전북	심의
광주	심의	전남	심의
대전	심의	경북	심의
울산	심의	경남	심의
세종	심의	제주	심의
경기	심의	–	–

자료 : 여성가족부, 「2022 청소년백서」, 2023

PART 3

청소년 주요법

chapter

8

청소년관계법의 개념

1. 청소년관계법의 법원과 범주
2. 청소년관계법의 체계 모색

청소년관계법이라 함은 청소년과 직접 혹은 간접적으로 관계된 법률로써 청소년을 직접 대상으로 하거나 청소년의 관리 · 의무에 관계된 조항을 포함하는 모든 법령 및 규칙을 말한다. 다시 말하면, 청소년과 관계된 일체의 법이라 할 수 있는데, 그것은 너무 광의적일 뿐만 아니라 범위 또한 넓어 일일이 기술한다는 건 혼돈을 초래할 여지마저 있다.

청소년관련 주요법으로는 「청소년기본법」과 「청소년활동진흥법」, 「청소년복지지원법」 그리고 「청소년보호법」과 「아동 · 청소년의 성보호에 관한 법률」, 「학교 밖 청소년 지원에 관한 법률」로 법적 체계를 이루고 있다. 또 청소년관계 법제는 청소년사업이나 활동을 지원하는 지원법제, 가족 영역 밖에서의 청소년보호와 관련된 보호법제로 구분된다. 모든 학문이 그러하듯 이론이란 일정한 체계에 의하여 기술되어야 하는 것이다.

현대국가는 법치주의를 기본원리로 하고 있다. 즉, 현대를 살아가는 모든 인간에게 있어 법은 자의든 타의든 간에 일체의 행위를 규제하고 있으며, 사회 구성원의 의사를 안정적이고 일관성 있게 보장하는 제도적 준거장치로서의 의미를 갖는다. 청소년도 국가의 구성원으로서 헌법을 포함한 각종 법령의 적용을 받고 있다고 볼 때, 청소년관계법은 청소년의 지위를 규정하고 모든 행위를 규제하는 생활조건이며, 청소년의 권리와 책임과 복지를 일관성 있게 보장하는 기준의 성격을 갖는다. 청소년관계법은 적극적 의미에서 볼 때 청소년의 신체적 · 정신적 성장과 발달을 위해 건전한 생활공간과 복지의 영역을 확장해 주며, 소극적 의미로는 이를 보장해 주는 방패 역할을 한다고 볼 수 있다. 따라서 여기에서 청소년관계라 함은 학교교육을 중심개념으로 하는 의미가 아닌 청소년의 육성 · 보호 · 선도 · 지원 등의 전제에서 사용된 것이다.

1. 청소년관계법의 법원과 범주

우리나라 청소년관계법의 법원으로는 「대한민국 헌법」 제10조에서의 인간존엄권을 비롯한 기본권의 주체로서의 청소년의 지위뿐만 아니라, 헌법 제34조 제4항의 "국가는 … 청소년의 복지향상을 위한 정책을 실시할 의무를 진다"는 규정과 헌법에 의하여 위임된 청소년을 위한 정책 실시를 위해 제정된 법률로서 청소년관계법의 주요한 법원인 「청소년기본법」이 있다. 「청소년기본법」은 청소년관계법 중 청소년만을 대상으로 하는 법률이라는 점에서 그 의의가 크다.

그렇다면 앞의 법원에 근거한 청소년관계법에는 어떠한 법률들이 있으며, 관계법의 기준은 어떻게 결정됐는지에 대하여 알아보자.

앞에서도 언급한 바와 같이, 여기에서는 청소년 주요법으로 「청소년기본법」을 포함한 6개의 법을 기본으로 했다. 청소년관계법은 청소년활동(육성)관계법과 청소년복지관계법, 그리고 청소년보호관계법으로 분류할 수 있다.

분류기준을 살펴보면 다음과 같다.

첫째, 청소년활동(육성)관계법에는 청소년활동 또는 청소년육성과 관계되는 법률들로, 2015년에 제정된 「진로교육법」과 「인성교육진흥법」을 비롯하여 「교육기본법」, 「평생교육법」, 「스카우트활동육성에 관한 법률」, 「한국청소년연맹육성에 관한 법률」, 「한국해양소년단연맹육성에 관한 법률」, 「도서관법」, 「대한적십자사 조직법」 등이 있다.

둘째, 청소년복지관계법에는 청소년복지와 관계되는 법률들로 「아동복지법」, 「근로기준법」, 「사회복지사업법」, 「사회보장기본법」, 「국민기초생활보장법」, 「국민건강증진법」, 「국민건강보험법」, 「장애인복지법」, 「한부모가족지원법」, 「건강가정기본법」 등이 있다.

셋째, 청소년보호관계법에는 청소년보호와 관계되는 법률들로 「영화 및 비디오물의 진흥에 관한 법률」, 「공연법」, 「식품위생법」, 「공중위생관리법」, 「학교보건법」, 「옥외광고물 등 관리법」, 「풍속영업의 규제에 관한 법률」, 「성폭력방지 및 피해자보호 등에 관한 법률」, 「성매매알선 등 행위의 처벌에 관한 법률」, 「성매매방지 및 피해자 보호 등에 관한 법률」, 「마약류관리에 관한 법률」, 「화학물질관리법」, 「소년법」 등이 있다.

여기에서 위의 청소년관련 법규의 '청소년관련 여부'를 결정하는 기준은 각 개별법규의 목적과 관계법 조항의 성격에 따라 결정된다. 거의 모든 법규는 그 법의 '목적'에 당해 법규의 입법취지를 기술하고 있으며, 그 밖의 본문은 목적에 부합되도록 체계적으로 이루어져 있기 때문이다. 또한 관련 조항은 그 적용대상, 적용범위, 청소년육성과 관련된 조항의 포함 여부, 유관기관 및 경비조항의 포함 여부, 호칭 연령 및 결격, 능력조항의 포함 여부를 통해 상호관계를 분석할 수 있다.

이와 관련하여 청소년관계법에 포함된 각종 법률들은 청소년관련 여부 결정기준에 부합하거나 혹은 「청소년기본법」에서 비중 있게 다루는 부문에 해당하는 법률들이다.

2. 청소년관계법의 체계 모색

청소년관계법의 체계 모색에 대하여는 앞의 연혁에서 살펴본 그 흐름을 중심으로 하여 관계법 상호 간의 체계를 모색해 보기로 한다.

먼저 우리나라 「대한민국 헌법」에서 청소년관계 조항을 살펴보면, 제34조 제4항의 "국가는 … 청소년의 복지향상을 위한 정책을 실시할 의무를 진다"와 제32조 제5항의 "… 연소자의 근로는 특별한 보호를 받는다"가 해당되는데, 이는 우리나라 헌정사상 처음 '청소년'과 '연소자'라는 용어를 포함하여 직접적으로 규정하고 있는 법조문이다. 그 뒤 제6공화국의 헌법에서 최초로 청소년에 대한 국가의 복지향상 의무를 규정하였다.

여기에 따른 간접적인 청소년의 관계조항으로는 제10조(인권존중), 제11조(평등권), 제15조(직업선택의 자유), 제17조(사생활의 비밀과 자유), 제18조(통신의 비밀), 제19조(양심의 자유), 제20조(종교의 자유), 제21조(언론, 출판, 집회, 결사의 자유), 제22조(학문과 예술의 자유), 제23조(재산권), 제24조(선거권), 제25조(공무담임권), 제26조(청원권), 제27조(재판을 받을 권리), 제29조(배상청구권),

제31조(교육을 받을 권리), 제33조(근로자의 단결권, 단체교섭권, 단체행동권 등), 제35조(환경권), 제36조(혼인, 모성의 보호, 보건 등), 제37조(자유와 권리의 보호) 등이 있다.

둘째, 「청소년기본법」과 청소년관계 법규 간에 충돌이 있을 경우에 대하여 규정하고 있는 「청소년기본법」 제4조를 보면, "이 법은 청소년육성에 관한 다른 법률에 우선하여 적용한다"라고 하여 「청소년기본법」 우선적용을 선언하고 있다. 이 경우 법체계상 「청소년기본법」을 특별법 우선원칙에 의하여 특별법으로 보는 견해가 있긴 하지만, 특별법으로서보다는 청소년관계법과 동등한 지위를 가지나 주요 청소년 관련법률 관계를 총괄 · 조정하는 기능을 가진다고 볼 수 있다는 것이다.

다만, 「청소년기본법」과 기타 관계법들이 헌법의 하위법률이기 때문에 법의 형식상으로는 동등한 지위에 있으나, 그 내용의 성격상 「청소년기본법」이 상위법률의 지위에 있다고 볼 수 있는 것이다.

셋째, 청소년관계법 상호 간에는 법 적용 일반 원칙인 '신법 우선의 원칙'과 '특별법 우선의 원칙'이 그대로 적용된다고 할 수 있다. 즉, 「청소년기본법」을 제외한 법규 상호 간에 청소년육성과 관련한 충돌이 있을 때는 신법 우선의 원칙이 적용되며, 또한 특별법이 우선 적용된다.

이상으로 우리는 간략하게나마 청소년관계법의 의의, 청소년관계법의 법원과 범주, 그리고 청소년관계법의 체계에 대하여 살펴보았다. 그러나 청소년과 관련된 수많은 법규 중 그 중심에 위치한 「청소년기본법」은 청소년육성에만 편중된 감이 없지 않다. 따라서 청소년과 관련된 다른 법규를 제어하기란 사실상 어려운 실정이며, 법원 간의 상충하는 경우에도 상위법 우선의 원칙, 특별법 우선의 원칙, 신법 우선의 원칙에 따른다면 「청소년기본법」으로서는 그 어떤 보호도 받을 수가 없으므로 제도적인 정비가 시급한 부분이다.

청소년 관계 법규를 통해 변화되어 온 우리나라 청소년정책 및 행정 또한 청소년관계법에 적용되는 청소년의 연령(〈표 8-1〉)을 참고하기 바란다.

● 표 8-1 법령상 청소년의 명칭 및 연령 구분

명칭 \ 구분	연령	용어구분	해당법령
아동	16세 미만	아동혹사	형법 제274조
	18세 미만	아동	아동복지법 제3조 아동학대범죄의 처벌 등에 관한 특례법 제2조
범법 소년	10~14세 미만	촉법소년	소년법 제4조
	10~19세 미만	우범소년	소년법 제4조
미성 년자	19세 미만	소년	소년법 제2조
	13세 미만	미성년자에 대한 간음추행	형법 제305조
	14세 미만	형사미성년자	형법 제9조
	18세 미만	연소자(고등학생 포함)	공연법 제2조
	19세 미만	미성년자	민법
근로 청소년	17세	유언적령	민법 1061조
	18세	응시연령(8급 이하)	공무원임용시험령 제16조
	15세 미만	근로자 사용금지	근로기준법 제64조
	15~18세 미만	근로시간 제한	근로기준법 제69조
	18세 미만	금지직종 사용금지	근로기준법 제65조
	18세 미만	연소자 증명서	근로기준법 제66조
	20세 미만	근로계약 대리금지	근로기준법 제67조
	18세 미만	갱내 근로 금지	근로기준법 제72조
청소년	9~24세 이하	청소년	청소년기본법 제3조
	연 19세 미만	청소년	청소년보호법 제2조
	9~18세 이하	청소년증	청소년복지지원법 제4조
	9~24세 이하	청소년	학교밖청소년지원에 관한 법률 제2조
	18세	선거권	공직선거법 제15조
	18세 미만	청소년(고등학생 포함)	게임산업진흥에 관한 법률 제2조
	18세 미만	청소년(고등학생 포함)	음악산업진흥에 관한 법률 제2조
	18세 미만	청소년(고등학생 포함)	영화 및 비디오물의 진흥에 관한 법률 제2조
아동·청소년	연 19세 미만	아동·청소년	아동·청소년의 성보호에 관한 법률 제2조
기타	17세	주민등록증 발급	주민등록법 제24조
	18세	1종 보통·2종 보통 운전면허	도로교통법 제82조
	16세	원동기장치자전거면허	도로교통법 제82조
	18세	군 복무	병역법 제20조
	19세	부모님 동의없이 결혼 가능	민법 제807조 / 19세 성년(민법 제4조)

※ 나이는 만 나이 기준. 청소년보호법과 아동·청소년의 성보호에 관한 법률은 제외

※ 연 나이: 태어난 해에 0살, 매년 1월 1일에 1살

● 표 8-2 청소년관계법의 제정

구분	법의 종류	제정년도	실시년도	소관부처
육성 관련법	청소년육성법	1987. 11. 28.	1988. 6. 29. 청소년기본법 제정으로 폐지	체육청소년부
	청소년기본법	1991. 12. 31.	1993. 1. 1.	여성가족부
	청소년활동진흥법	2004. 2. 9.	2005. 2. 10.	여성가족부
	진로교육법	2015. 6. 22.	2015. 12. 23.	교육부
	인성교육진흥법	2015. 1. 20.	2015. 7. 21.	교육부
복지 관련법	청소년복지지원법	2004. 2. 9.	2005. 2. 10.	여성가족부
	아동복지법	1981. 4. 13.	1981. 4. 13.	보건복지부
	근로기준법	1997. 3. 13.	1953. 5. 10. 제정되고 90일 이후 시행. 1997. 3. 13. 폐지와 동시에 다시 제정·시행됨	고용노동부
	학교 밖 청소년 지원에 관한 법률	2014. 5. 28.	2015. 5. 29.	여성가족부
보호 관련법	미성년자보호법	1961. 12. 13.	1961. 12. 13.~1997. 2. 5. 청소년보호법 제정으로 폐지	
	청소년보호법	1997. 3. 7.	1997. 7. 1.	여성가족부
	청소년의 성보호에 관한 법률	2000. 2. 3.	2000. 7. 1. 시행. 2009. 6. 9. 아동·청소년의 성보호에 관한 법률로 전면 개정	여성가족부
	학교폭력예방 및 대책에 관한 법률	2004. 1. 29.	2004. 7. 30. 2008. 3. 14. 전부개정	교육부
	아동학대범죄의 처벌 등에 관한 특례법	2014. 1. 28.	2014. 9. 29.	법무부
기타	아동복리법	1961. 12. 30.	1962. 1. 1. 시행. 1981. 4. 13. 아동복지법으로 전면개정	
	교육기본법	1997. 12. 13.	1949. 12. 31. 공포·시행된교육법은 1997. 12. 13. 폐지와 동시 교육기본법으로 제정·시행	교육부
	형법	1953. 9. 18.		법무부

주: 청소년기본법, 청소년활동진흥법, 청소년복지지원법의 제정 당시에는 문화관광부 소관이었으며, 청소년보호법, 청소년의 성보호에 관한 법률의 제정 당시에는 청소년보호위원회 소관이었다.

chapter

9

청소년기본법

1. 총칙
2. 청소년정책의 총괄 · 조정
3. 청소년육성 기본계획 수립
4. 청소년시설
5. 청소년지도자
6. 청소년육성 전담공무원
7. 청소년단체
8. 청소년활동 지원
9. 청소년복지 지원

제　　　정: 1991. 12. 31.

「청소년기본법」은 1987년 11월 28일에 제정된 청소년육성법을 폐지한 대체 입법으로 1991년 12월 31일에 제정, 1993년 1월 1일부터 시행됐다. 제정 이념은 미래사회의 주역이 될 청소년들이 지식을 바탕으로 건강하고 정서와 용기가 충만하며, 예절과 협동을 바탕으로 공동체적 삶을 실천하고, 자유민주주의 원칙에 대한 신념과 조국에 대한 긍지를 가지고 인류공영에 이바지할 줄 아는 밝고 능동적인 모습으로 자랄 수 있도록 하기 위하여 가정 · 사회 및 국가의 책임과 의무를 정하고 이를 실천하기 위한 기본적인 사항을 담았다.

주요 내용은 청소년참여위원회, 청소년특별회의, 가정 · 사회 · 국가 및 지방자치단체의 책임, 청소년정책위원회, 지방청소년육성위원회, 청소년육성 기본계획, 청소년의 달, 청소년지도사 · 청소년상담사 양성, 청소년 육성 전담공무원, 청소년단체, 청소년 방과후 활동지원, 청소년육성기금 등이다.

1. 총칙

「청소년기본법」 제1장 총칙은 기본법의 목적, 기본이념, 용어의 정의, 다른 법과의 관계 그리고 청소년을 비롯한 가정 · 사회 · 국가 및 지방자치단체의 책임에 대하여 규정하고 있다.

1) 목적과 기본이념

이 법은 청소년의 권리 및 책임과 가정 · 사회 · 국가 및 지방자치단체의 청소년에 대한 책임을 정하고, 청소년정책에 관한 기본적인 사항을 규정함을 목적으로 한다.

여기에서 청소년에 대한 책임 소재를 청소년을 포함한 가정 · 사회 · 국가 및 지방자치단체에 부여하고 있음을 알 수 있다. 이는 청소년육성에 있어 그 책임이 특정인에게 한정되지 않으며 누구라도 책임이 있음을 의미하는 것이다. 또한 청소년육성정책에 관한 기본적인 사항을 규정함으로써 청소년기본법의 성격을 분명히 하고 있다.

이 법의 기본이념을 살펴보면 청소년이 사회 구성원으로서 정당한 대우와 권익을 보장받음과 아울러 스스로 생각하고 자유롭게 활동할 수 있도록 보다 나은 삶을 누리고, 유해한 환경으로부터 보호될 수 있도록 함으로써 국가와 사회가 필요로 하는 건전한 민주시민으로 자랄 수 있도록 함을 기본이념으로 하고 있으며, 그 이념을 구현하기 위한 장기적 · 종합적 청소년육성정책을 추진함에 있어서 다음과 같은 추진방향을 규정하여 두고 있다.

① 청소년의 참여보장
② 창의성과 자율성을 바탕으로 한 청소년의 능동적 삶의 실현
③ 청소년의 성장여건과 사회환경의 개선
④ 민주 · 복지 · 통일조국에 대비하는 청소년의 자질향상

2) 용어의 정의

용어의 정의는 다음과 같다.

① "청소년"이란 9세 이상 24세 이하인 사람을 말한다. 다만, 다른 법률에서 청소년에 대한 적용을 달리할 필요가 있는 경우에는 따로 정할 수 있다. 여기에서 청소년 연령을 9세 이상 24세 이하로 규정한 것은 현행 청소년 관련법령이 해당 분야의 특수성에 따라 대상 연령을 별도로 정하고 있으므로, 「청소년기본법」에서는 청소년관련 각종 법령에 의하여 보호되는 청소년이 제외되지 않도록 하기 위해서이다.

② "청소년육성"이란 청소년활동을 지원하고 청소년의 복지를 증진하며 근로 청소

년을 보호하는 한편, 사회여건과 환경을 청소년에게 유익하도록 개선하고 청소년을 보호하여 청소년에 대한 교육을 보완함으로써 청소년의 균형있는 성장을 돕는 것을 말한다. 여기에서 "… 청소년에 대한 교육과 상호 보완함으로써…"가 내포하는 의미는 '청소년육성'을 '청소년교육'과는 별개의 것으로 규정하고 있음을 알 수 있다. 다시 말해, 청소년육성이란 교(敎)와 더불어 육(育)을 실천함으로써 청소년의 균형 있는 성장을 돕는 역할인 것이다.

③ "청소년활동"이란 청소년의 균형 있는 성장을 위하여 필요한 활동과 이러한 활동을 소재로 하는 수련활동 · 교류활동 · 문화활동 등 다양한 형태의 활동을 말한다. 여기에서 청소년활동(youth activity)이란 청소년들이 주어진 환경 속에서 개인적 또는 사회적 가치나 목표를 실현하기 위해 행하는 모든 정신적 · 육체적 행위 일반을 지칭하는 것으로 볼 수 있다.

④ "청소년복지"란 청소년이 정상적인 삶을 영위할 수 있는 기본적인 여건을 조성하고 조화롭게 성장 · 발달할 수 있도록 제공되는 사회적 · 경제적 지원을 말한다.

⑤ "청소년보호"란 청소년의 건전한 성장에 유해한 물질 · 물건 · 장소 · 행위 등 각종 청소년 유해환경을 규제하거나 청소년의 접촉 또는 접근을 제한하는 것을 말한다.

⑥ "청소년시설"이란 청소년활동 · 청소년복지 및 청소년보호에 제공되는 시설을 말한다.

⑦ "청소년지도자"란 청소년지도사와 청소년상담사 및 청소년시설 · 청소년단체 · 청소년관련기관 등에서 청소년육성에 필요한 업무에 종사하는 사람을 말한다.

⑧ "청소년단체"란 청소년육성을 주된 목적으로 설립된 법인 또는 대통령령이 정하는 단체를 말한다.

3) 다른 법과의 관계

법 제4조는 "이 법은 청소년육성에 관하여 다른 법률에 우선하여 적용한다" 하였는데, 이 경우 우선하여 적용할 수 있는 법의 범위는 특정한 법, 이를테면 청소년육성과 관련한 법의 범위 내에서 중복 또는 상충되는 경우에 한하는 것이라 할 수 있으며, 청소년에 관하여 규율하고 있는 개별법보다 상위 법률이라는 의미는 아니다.

4) 청소년의 권리와 책임

법 제5조는 권리와 책임에 대한 소재를 분명히 하여 「청소년기본법」의 법 목적을 실현하기 위한 근거를 마련하고 있음을 알 수 있다.

① 청소년의 기본적 인권은 청소년활동 · 청소년복지 · 청소년보호 등 청소년육성의 모든 영역에서 존중되어야 한다.

② 청소년은 인종 · 종교 · 성별 · 나이 · 학력 · 신체조건 등에 따른 어떠한 종류의 차별도 받지 아니한다.

③ 청소년은 외부적 영향에 구애받지 아니하면서 자기 의사를 자유롭게 밝히고 스스로 결정할 권리를 가진다.

④ 청소년은 안전하고 쾌적한 환경에서 자기발전을 추구하고 정신적 · 신체적 건강을 해치거나 해칠 우려가 있는 모든 형태의 환경으로부터 보호받을 권리를 가진다.

⑤ 청소년은 자신의 능력을 개발하고 건전한 가치관을 확립하며 가정 · 사회 및 국가의 구성원으로서의 책임을 다하도록 노력하여야 한다.

청소년의 자치권 확대를 위해서는 ① 청소년은 사회의 정당한 구성원으로서 본인과 관련된 의사결정에 참여할 권리를 가진다. ② 국가 및 지방자치단체는 청소년이 원활하게 관련 정보에 접근하고 그 의사를 밝힐 수 있도록 청소년 관련 정책에 대한 자문 · 심의 등의 절차에 청소년을 참여시키거나 그 의견을 수렴하여야 한다. ③ 국가 및 지방자치단체는 청소년과 관련된 정책 수립 절차에 청소년의 참여 또는 의견 수렴을 보장하는 조치를 하여야 한다. ④ 국가 및 지방자치단체는 청소년 관련 정책의 수립과 시행과정에 청소년의 의견을 수렴하고 참여를 촉진하기 위하여 청소년으로 구성되는 청소년참여위원회를 운영하여야 한다. ⑤ 국가 및 지방자치단체는 제4항에 따른 청소년참여위원회에서 제안된 내용이 청소년 관련 정책의 수립 및 시행과정에 반영될 수 있도록 적극 노력하여야 한다. 또한 국가 및 지방자치단체는 참여위원회가 청소년 관련 정책의 전문적 · 기술적인 사항에 관하여 자문할 수 있도록 관계 전문가 등으로 구성된 자문단을 둘 수 있도록 했다.

청소년참여위원회를 법에 포함시킨 것은 청소년들의 참여권을 실질적으로 보장하고, 정책 당사자의 의견을 반영한 보다 실효성 있는 정책을 마련하기 위해서이다. 청소년참여위원회는 청소년으로 구성되고, 여성가족부 및 지방자치단체에 설치 운영 중인 청소년 참여기구이다. 여성가족부 및 지방자치단체가 추진하는 청소년정책과 관련하여 청소년의 시각에서 청소년이 바라는 정책 및 사업에 대한 의견 제시와 자문, 평가, 그리고 다양한 청소년 관련 프로그램, 캠페인, 토론회 등 행사를 직접 기획 · 진행하는 등의 활동을 하고 있다.

가정의 책임에 있어서는 ① 가정은 청소년육성에 관하여 1차적 책임이 있음을 인식하여야 하며, 따뜻한 사랑과 관심을 통하여 청소년이 개성과 자질을 바탕으로 자기발전을 실현하고, 국가와 사회의 구성원으로서의 책임을 다하는 다음 세대로 성장할 수 있도록 노력하여야 한다. ② 가정은 학교 및 청소년 관련 기관 등에서 실시하는 교육프로그램에 청소년과 함께 참여하는 등 청소년을 바르게 육성하기 위하여 적극적으로 노력하여야 한다. ③ 가정은 정보통신망을 이용한 유해매체물 접촉을 차단하는 등 청소년 유해환경으로부터 청소년을 보호하기 위하여 필요한 노력을 하여야 한다. ④ 가정의 무관심 · 방치 · 억압 또는 폭력 등이 원인이 되어 청소년이 가출하거나 비행(非行)을 저지르는 경우, 친권자 또는 친권자를 대신하여 청소년을 보호하는 자는 보호의무의 책임을 진다.

사회의 책임을 보면 ① 모든 국민은 청소년이 일상생활에서 즐겁게 활동하고 더불어 사는 기쁨을 누리도록 도와주어야 한다. ② 모든 국민은 청소년의 사고와 행동양식의 특성을 인식하고 사랑과 대화를 통하여 청소년을 이해하고 지도하여야 하며, 청소년의 비행을 바로잡는 등 그 선도에 최선을 다하여야 한다. ③ 모든 국민은 청소년을 대상으로 하거나 청소년이 쉽게 접할 수 있는 장소에서 청소년의 정신적 · 신체적 건강에 해를 끼치는 행위를 하여서는 아니 되며, 청소년에게 유해한 환경을 정화하고 유익한 환경이 조성되도록 노력하여야 한다. ④ 모든 국민은 경제적 · 사회적 · 문화적 · 정신적으로 어려운 상태에 있는 청소년들에게 특별한 관심을 가지고 이들이 보다 나은 삶을 누릴 수 있도록 노력하여야 한다.

이 법은 국가 및 지방자치단체에도 책임을 부여하고 있는데, ① 국가 및 지방자치단체는 청소년육성에 필요한 법적 · 제도적 장치를 마련하여 시행하여야 한다. ② 국가 및 지방자치단체는 근로 청소년을 특별히 보호하고 근로가 청소년의 균형 있는 성장과 발전에 도움이 되도록 필요한 시책을 마련하여야 한다. ③ 국가 및 지방자치단체는 청소년에 대한 가정과 사회의 책임 수행에 필요한 여건을 조성하여야 한다. ④ 국가 및 지방자치단체는 이 법에 따른 업무 수행에 필요한 재원을 안정적으로 확보하기 위한 시책을 수립 · 실시하여야 한다.

아울러 국가 및 지방자치단체는 이 법 및 「아동의 권리에 관한 협약」에서 규정한 청소년의 권리와 관련된 내용을 널리 홍보하고 교육하여야 한다. 국가 및 지방자치단체는 근로 청소년의 권익보호를 위하여 「근로기준법」 등에서 정하는 근로 청소년의 권리 등에 필요한 교육 및 상담을 청소년에게 실시하여야 하며, 청소년 근로권익 보호 정책을 적극적으로 홍보하여야 한다. 청소년 관련 기관과 청소년단체는 청소년을 대상으로 청소년의 권리에 관한 교육적 조치를 시행하여야 한다.

2. 청소년정책의 총괄 · 조정

청소년정책은 여성가족부장관이 관계 행정기관의 장과 협의하여 이를 총괄 · 조정하며, 국가 청소년정책에 관한 주요사항을 심의 · 조정하기 위하여 여성가족부에 청소년정책위원회를 둔다고 규정하고 있다. 청소년정책위원회는 청소년정책에 관한 주요사항을 심의 · 조정하기 위한 기구로, 여성가족부장관을 위원장으로 13개부처 차관급 및 민간위원이 참여하는 위원회이다. 이 위원회는 청소년육성에 관한 기본계획의 수립에 관한 사항, 청소년정책의 분야별 주요시책과 청소년정책의 제도개선, 청소년정책의 분석 · 평가에 관한 사항, 둘 이상의 행정기관에 관련되는 청소년정책의 조정에 관한 사항을 협의하도록 하고 있다.

2018년 12월에는 청소년정책과 관련된 활동실적 등이 풍부한 청소년 중에서 여성가족부장관이 위촉하는 청소년이 포함되도록 「청소년기본법」이 개정됐다. 청소년정책위원회 위원에 청소년을 일정비율 이상 반드시 포함하도록 하는 내용 등이 포함된 「청소년기본법」 일부개정 법률안 시행으로 청소년정책위원회의 위원 정수가 현행 20명 이내에서 30명 이내로 변경됐다. 위원 구성 시 청소년을 일정 비율(5분의 1) 이상 반드시 포함하여 청소년들이 직접 청소년정책 수립에 청소년 참여권이 보장되어, 청소년들의 권익을 보다 실질적으로 보장하여 현장성 있는 정책이 추진되도록 했다.

국가의 청소년정책은 물론 청소년육성에 관한 지방자치단체의 주요 시책을 심의하기 위하여 특별시장 · 광역시장 · 도지사 및 시장 · 군수 · 구청장의 소속하에 지방청소년육성위원회를 구성할 수 있도록 하고, 위원회의 구성 · 조직 그 밖의 운영에 관하여 필요한 사항은 조례로 정하여 운영할 수 있도록 하고 있다.

전 세계적으로 청소년의 권익증진과 사회참여가 촉진되고 있는 상황에서 청소년에게 사회발전에 참여할 수 있는 기회제공을 통해 청소년참여와 권익증진을 기하고, 범정부적 차원의 청소년육성 정책과제의 설정 · 추진 및 점검을 위하여 청소년 분야의 전문가와 청소년이 참여하는 청소년특별회의를 매년 개최 및 운영하고 있다.

청소년특별회의의 참석 대상은 지역회의에서 추천하는 청소년, 청소년 관련 기관 ·

단체에서 추천하는 청소년, 청소년 관련 단체 · 시설 · 학계의 관계자, 여성가족부장관이 공개모집을 통하여 선정한 청소년, 그 밖에 여성가족부장관이 필요하다고 인정하는 사람이다. 여성가족부장관은 참석 대상을 정할 때에는 성별 · 연령별 · 지역별로 각각 전체 청소년을 대표할 수 있도록 노력하여야 한다.

청소년특별회의는 17개 시 · 도 청소년 및 전문가들의 토론과 활동을 통하여, 청소년의 시각에서 국가차원의 청소년이 바라는 정책과제를 정부에 제안하고 있다. 2005년 처음 개최된 이후 해마다 '진로', '권리' 등 다양한 주제를 놓고 2021년 까지 583건의 정책과제를 제안해, 이 가운데 521건이 수용(89.4%)돼 정부 정책으로 추진됐다. 그동안 제안된 내용은 선거연령 만 18세 하향, 청소년참여기구 권한 및 역량 강화, 학교운영위원회 학생 참여 보장, 민주시민교육 다양화 등 청소년의 정치 · 사회참여 강화 방안이 제안되었다.

3. 청소년육성 기본계획 수립

여성가족부장관은 관계 중앙행정기관의 장과 협의한 후 청소년정책위원회의 심의를 거쳐 청소년육성에 관한 기본계획을 5년마다 수립하여야 하며, 기본계획에는 다음 각 호의 사항이 포함되어야 한다고 명시하고 있다. ① 이전의 기본계획에 관한 분석평가, ② 청소년육성에 관한 기본방향, ③ 청소년육성에 관한 추진목표, ④ 청소년육성에 관한 기능의 조정, ⑤ 청소년육성의 분야별 주요 시책, ⑥ 청소년육성에 필요한 재원의 조달방법 등이다. 또한 국가 및 지방자치단체는 기본계획에 의하여 연도별 시행계획을 각각 수립 · 시행하여야 한다고 규정하고 있다. 여성가족부장관은 기본계획을 수립한 때에는 지체없이 이를 국회 소관 상임위원회에 보고하여야 한다.

4. 청소년시설

1) 청소년시설의 개념

"청소년시설"이란 청소년활동 · 청소년복지 및 청소년보호에 제공되는 시설을 말한다. 여기에서 "청소년활동"이란 청소년의 균형 있는 성장을 위하여 필요한 활동과 이러한 활동을 소재로 하는 수련활동, 교류활동, 문화활동 등 다양한 형태의 활동을 말한다. "청소년복지"란 청소년이 정상적인 삶을 영위할 수 있는 기본적인 여건을 조성하고 조화롭게 성장 · 발달할 수 있도록 제공되는 사회적 · 경제적 지원을 의미한다. 그리고 "청소년보호"라 함은 청소년의 건전한 성장에 유해한 물질 · 물건 · 장소 · 행위 등 각종 청소년 유해환경을 규제하거나 청소년의 접촉 또는 접근을 제한하는 것을 말한다. 다음은 청소년시설의 법적 · 기능적 개념을 정리하고자 한다.

(1) 법적 개념

청소년시설은 청소년활동에 제공되는 시설로 청소년수련관, 청소년수련원, 청소년문화의집, 청소년특화시설, 청소년야영장, 유스호스텔로 분류된다. 이는 헌법 제31조의 "모든 국민은 능력에 따라 균등하게 교육을 받을 권리를 가진다"고 한 '교육을 받을 권리(修學權)' 중 '수련할 수 있는 권리(修練權)'를 구체적으로 실천하기 위하여 설치한 시설물로, 「청소년기본법」과 「청소년활동진흥법」에서 명시하고 있다.

이와 같은 청소년시설은 1987년 제정된 「청소년육성법」에서 처음 정의된 용어이며, 이 법의 시행과 함께 청소년시설이 설치되기 시작했다. 「청소년육성법」은 한국의 청소년시설의 법적 정의뿐만 아니라, 청소년시설의 설치와 운영사항도 규정하고 있다. 이후 1991년 수립된 한국청소년기본계획과 이를 토대로 1993년부터 시행에 들어간 「청소년기본법」은 청소년시설의 확충을 위한 구체적인 지표와 추진계획을 제도화하였다. 「청소년기본법」에 근거하여 2004년 제정되고 이듬해에 시행된 「청소년활동진흥법」은 청소년활동 및 청소년시설에 대해 보다 구체적으로 규정하고 있다.

청소년시설의 설치는 청소년들이 일상 생활환경과 대자연 속에서 수련활동을 통하여, 민주적이고 진취적인 사고를 지닌 바람직한 인간으로 성장하도록 함과 동시에 잠재력과 가능성을 계발하여 전인적 인격체로 성장할 수 있도록 하기 위함이다.

청소년시설은 이러한 수련활동에 필요한 여러 가지 시설, 설비, 프로그램 등을 갖추고, 청소년 지도자의 지도 아래 체계적이고 조직적인 수련활동을 실시하는 시설을 말한다. 그러므로 수련시설은 외형적 요소인 시설, 설비 또는 공간만을 지칭한 것이 아니며, 그 시설에서 운영되는 수련거리와 이를 기획 · 운영하며 청소년을 지도하는 청소년지도자의 3가지 요소를 포함한 개념으로 보아야 할 것이다(문화관광부, 2004).

(2) 기능적 개념

청소년시설의 기능적 개념을 정의한다는 것은 매우 어려운 일이라 할 수 있다. 한국의 청소년시설 발달과정에서 보는 바와 같이, 「청소년육성법」(1987)은 청소년시설을 청소년 전용시설과 청소년 이용시설로 구분하였다. 이전에는 생활권 수련시설(청소년수련관, 청소년문화의집), 자연권 수련시설(청소년수련원, 청소년야영장)과 유스호스텔로 구분되어 왔으나, 2005년부터는 청소년수련관, 청소년수련원, 청소년문화의집, 청소년특화시설, 청소년야영장, 유스호스텔로 구분하고 있다.

현재의 「청소년기본법」은 "청소년활동, 청소년복지 및 청소년보호에 제공되는 시설을 말한다"로 정의하고 있어 청소년활동시설, 청소년복지시설, 청소년보호시설로 구분하고 있다. 청소년수련활동 및 청소년활동의 개념에 대한 혼란과 청소년시설의 유형, 운영주체, 운영목표, 운영방법의 차이 등으로 그 기능적 개념에 차이가 있다고 본다.

2) 청소년시설의 유형

청소년의 건전한 육성을 위한 영역에서 청소년활동, 청소년복지, 청소년보호는 주로 청소년시설을 중심으로 이루어지고 있다. 여기에서 청소년시설은 「청소년기본법」에 의하여 「청소년활동진흥법」의 청소년 활동시설, 「청소년복지지원법」의 청소년 복지시설, 「청소년보호법」의 청소년 보호시설로 나누어지며, 각 시설에 관한 세부사항은 개별 법률에서 따로 정하고 있다.

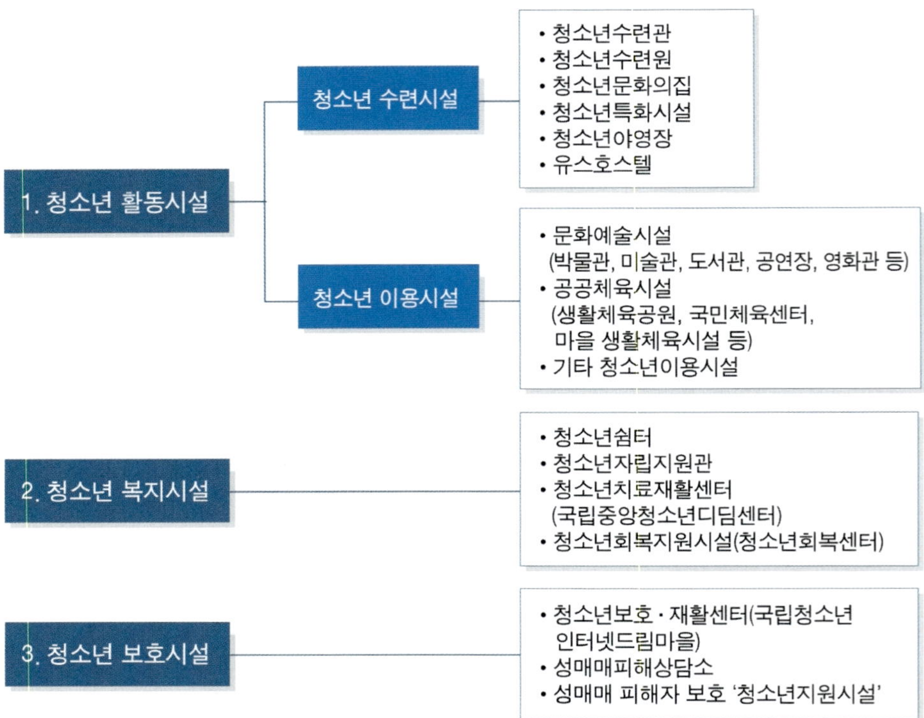

그림 9-1 청소년시설의 유형 및 종류

5. 청소년지도자

1) 청소년지도자의 정의 및 유형

"청소년지도자"란 「청소년기본법」에 의한 청소년지도사 및 청소년상담사와 청소년시설 · 청소년단체 · 청소년관련기관 등에서 청소년육성 및 지도업무에 종사하는 자를 총칭한다. 국가공인자격증인 청소년지도사는 2022년 기준 66,095명(1급 2,473명, 2급 47,866명, 3급 15,756명)이 배출되었으며, 청소년상담사 자격증 소지자는 33,817명(1급 1,194명, 2급 13,077명, 3급 19,546명)이다. 청소년지도자의 유형별 분류는 일반적으로 지도성격별로 청소년 전문지도자, 청소년 자원지도자, 청소년 상담지도자로 분류할 수 있다.

2) 청소년지도사

(1) 청소년지도사의 정의

「청소년기본법」은 청소년지도자란 청소년지도사 청소년상담사와 청소년시설 · 청소년단체 · 청소년관련기관에서 청소년육성에 필요한 업무에 종사하는 사람이라고 정의하고 있다.

청소년지도자의 체계적이고 전문적인 양성을 위해 「청소년기본법」에서는 1993년부터 국가공인 청소년지도사를 양성해 오고 있다. 급격한 사회변화에 따라 심각해지고 있는 청소년문제를 적극적으로 해결하고, 체계적인 청소년활동을 위해서는 청소년수련활동에 대한 전문지식과 지도기법 및 자질을 갖춘 청소년 지도사의 양성이 필요하다. 청소년지도사는 1, 2, 3급으로 구분되며, 「청소년기본법」에 의하여 청소년관련분야의 경력, 기타 자격을 갖춘 자로서 자격검정에 합격하고 소정의 연수(30시간)를 마친 자에게 국가자격을 부여한다.

그림 9-2 청소년지도자의 분류

(2) 청소년지도사 자격 취득현황

청소년지도사는 1993년부터 1급 청소년지도사 2,473명, 2급 청소년지도사 47,866명, 3급 청소년지도사 15,756명 등 총 66,096명의 국가공인 청소년지도사를 배출하였다. 2022년도의 경우 총 3,759명의 청소년지도사를 배출하였는데 이 중 여성이 2,662명으로 70.8%를 차지하고 있으며 1급은 322명, 2급은 2,778명, 3급은 659명이다.

● 표 9-1 청소년지도사 자격 취득현황 (단위: 명)

구 분	계	등 급 별		
		1급	2급	3급
'93~'14년	34,035	1,511	22,748	9,776
'15년	4,062	28	3,275	759
'16년	4,096	76	3,346	674
'17년	3,781	51	3,032	698
'18년	3,872	64	3,024	784
'19년	3,929	135	2,966	828
'20년	4,245	107	3,294	844
'21년	4,317	179	3,404	734
'22년	3,759	322	2,778	659
계	66,096	2,473	47,866	15,756

(3) 청소년지도사 응시자격

청소년지도사는 관련 전공을 이수하였거나, 청소년육성 분야에서 일하는 사람은 국가검정시험을 응시하여 취득할 수 있다. 청소년지도사는 청소년활동(프로그램, 사업)을 전담하여 청소년수련활동, 교류활동, 동아리활동, 봉사활동, 예술활동 등을 지도한다. 청소년지도사의 등급별 자격검정에 응시할 수 있는 자격기준과 자격검정의 과목 및 방법은 다음과 같다.

● 표 9-2 청소년지도사 자격검정의 등급별 응시자격기준

등급	응시자격기준
1급 청소년지도사	2급 청소년지도사 자격 취득후 청소년활동 등 청소년육성 업무 종사경력이 3년 이상인 사람
2급 청소년지도사	1. 대학 졸업(예정)자 또는 이와 같은 수준 이상의 학력이 있는 사람으로서 2급 청소년지도사 자격검정에 필요한 과목 모두를 전공과목으로 이수한 사람 2. 2006년 12월 31일 이전에 대학을 졸업하였거나 이와 같은 수준 이상의 학력을 취득한 사람으로서 별표 1의 2에 따른 과목을 이수한 사람 3. 대학원의 학위과정 수료(예정)자로서 2급 청소년지도사 자격검정에 필요한 과목 모두를 전공과목으로 이수한 사람 4. 2006년 12월 31일 이전에 대학원의 학위과정을 수료한 사람으로서 별표 1의 2의 규정에 따른 과목 중 필수영역 과목을 이수한 사람 5. 대학 졸업 또는 이와 같은 수준 이상의 학력이 있다고 다른 법령에서 인정받은 후 청소년활동 등 청소년 육성업무에 종사한 경력이 2년 이상인 사람 6. 전문대학 졸업 또는 이와 같은 수준 이상의 학력이 있다고 다른 법령에서 인정받은 후 청소년활동 등 청소년육성업무에 종사한 경력이 3년 이상인 사람 7. 3급 청소년지도사 자격취득 후 청소년활동 등 청소년육성업무에 종사한 경력이 2년 이상인 사람 8. 고등학교 졸업 또는 이와 같은 수준 이상의 학력을 인정받은 후 청소년활동 등 청소년육성업무에 종사한 경력이 8년 이상인 사람
3급 청소년지도사	1. 전문대학 졸업(예정)자 또는 이와 같은 수준 이상의 학력이 있는 사람으로서 3급청소년지도사 자격검정에 필요한 과목 모두를 전공과목으로 이수한 사람 2. 2006년 12월 31일 이전에 전문대학을 졸업하였거나 이와 같은 수준 이상의 학력을 취득한 사람으로서 별표 1의 2에 따른 과목을 이수한 사람 3. 전문대학 졸업 또는 이와 같은 수준 이상의 학력이 있다고 다른 법령에서 인정받은 후 청소년활동 등 청소년육성업무에 종사한 경력이 2년 이상인 사람 4. 고등학교 졸업 또는 이와 같은 수준 이상의 학력이 있다고 다른 법령에서 인정받은 후 청소년활동 등 청소년육성업무에 종사한 경력이 3년 이상인 사람

(4) 청소년지도사 자격검정과목

청소년지도사 자격검정의 합격기준은 필기시험 매 과목 40점 이상, 전 과목 평균 60점 이상의 점수를 얻어야 한다.

2008년 1월부터 2급 자격기준 중 대학졸업(예정)자 또는 이와 동등 이상의 학력이 있는 자로서, 2급 청소년지도사 자격검정에 필요한 과목 모두를 전공과목으로 이수한 자와 3급 지도사의 경우 전문대학 졸업(예정)자 또는 이와 동등 이상의 학력이 있는 자로서, 3급 청소년지도사 자격검정에 필요한 과목 모두를 전공과목으로 이수한 자는 해당 급수의 청소년지도사 자격검정 필기시험을 면제한다.

자격검정에 합격한 자를 대상으로 실시하는 연수는 30시간 이상으로 하며, 자질과 전문성을 함양할 수 있는 내용으로 구성된다.

• 표 9-3 청소년지도사 자격검정과목

구분	검정과목		검정방법	
1급 청소년 지도사	• 청소년연구방법론 • 청소년정책론 • 청소년지도자론	• 청소년인권과 참여 • 청소년기관운영	주 · 객관식 필기시험(면접 없음)	
2급 청소년 지도사	• 청소년육성제도론 • 청소년심리 및 상담 • 청소년활동 • 청소년프로그램 개발과 평가	• 청소년지도방법론 • 청소년문화 • 청소년복지 • 청소년문제와 보호	객관식 필기시험	면접(3급 청소년지도사 자격증 소지자는 면접시험 면제)
3급 청소년 지도사	• 청소년육성제도론 • 청소년심리 및 상담 • 청소년지도방법론 • 청소년프로그램 개발과 평가	• 청소년활동 • 청소년문화 • 청소년문제와 보호	객관식 필기시험	면접

(5) 청소년지도사의 배치기준

「청소년기본법 시행령」 제25조는 건전한 수련활동을 지도하게 하기 위하여 청소년지도사를 청소년시설 및 청소년단체에 배치하도록 하고 있다.

● 표 9-4 청소년지도사의 배치기준(청소년 수련시설)

배치대상	배치기준
청소년 수련관	1급 또는 2급 청소년지도사 각각 1명 이상을 포함하여 4명 이상의 청소년지도사를 두되, 수용인원이 500명을 초과하는 경우에는 500명을 초과하는 250명당 1급, 2급 또는 3급 청소년지도사 중 1명 이상을 추가로 둔다.
청소년 수련원	1) 1급 또는 2급 청소년지도사 1명 이상을 포함하여 2명 이상의 청소년지도사를 두되, 수용정원이 500명을 초과하는 경우에는 1급 청소년지도사 1명 이상과 500명을 초과하는 250명당 1급, 2급 또는 3급 청소년지도사 중 1명 이상을 추가로 둔다. 2) 지방자치단체에서 폐교시설을 이용하여 설치한 시설로서 특정 계절에만 운영하는 시설의 경우에는 청소년지도사를 두지 않을 수 있다.
유스호스텔	청소년지도사를 1명 이상 두되, 숙박정원이 500명을 초과하는 경우에는 1급 또는 2급 청소년 지도사 1명 이상을 추가로 둔다.
청소년 야영장	1) 청소년지도사를 1명 이상 둔다. 다만, 설치 · 운영자가 동일한 시 · 도 안에 다른 수련시설을 운영하면서 청소년야영장을 운영하는 경우로서 다른 수련시설에 청소년지도사를 둔 경우에는 그 청소년야영장에 청소년지도사를 별도로 두지 않을 수 있다. 2) 국가, 지방자치단체, 그 밖에 공공법인이 설치 · 운영하는 청소년야영장으로서 청소년수련거리의 실시없이 이용 편의만 제공하는 경우에는 청소년지도사를 두지 않을 수 있다.
청소년 문화의집	청소년지도사를 1명 이상 둔다.
청소년 특화시설	1급 또는 2급 청소년지도사 1명 이상을 포함하여 2명 이상의 청소년지도사를 둔다.

● 표 9-5 청소년지도사의 배치기준(청소년단체)

청소년단체	청소년회원 수가 2천 명 이하인 경우에는 1급 청소년지도사 또는 2급 청소년지도사 1명 이상을 두되, 청소년회원 수가 2천 명을 초과하는 경우에는 그 초과하는 2천 명마다 1급 청소년지도사 또는 2급 청소년지도사 1명 이상을 추가로 두며, 청소년회원 수가 1만 명 이상인 경우에는 청소년지도사의 5분의 1 이상은 1급 청소년지도사로 두어야 한다.

(6) 청소년지도사 보수교육

2013년부터 청소년시설, 단체 등에서 종사하는 청소년지도사는 자질향상을 위하여 정기적으로 보수교육을 시행하고 있다. 청소년지도사 보수교육을 의무적으로 받아야 하는 대상은 청소년 수련시설, 지방청소년활동진흥센터, 여성가족부장관이 고시한 단체(여성가족부 · 지자체 허가 법인, 한국청소년단체협의회에 가입한 회원단체) 등에서 근무하는 청소년지도사 1, 2, 3급 자격소지자가 보수교육대상자이다. 청소년지도사 보수교육대상자는 기존에 2년에 20시간 이상에서 15시간 이상으로 완화되었으며, 청소년정책 및 권리교육, 양성평등교육, 아동학대 신고 의무자 교육, 청소년활동과 안전, 직업윤리 등을 필수과목으로 운영하고 있다.

3) 청소년상담사

(1) 청소년상담사 정의

청소년상담사는 「청소년기본법」에 의하여 청소년 상담관련 분야를 전공하고, 상담 실무경력 · 기타 자격을 갖춘 자로서 자격검정에 합격하여 100시간 이상의 연수를 마친 자에게 청소년상담사 국가자격을 부여한다. 청소년상담사는 국가차원의 청소년상담 관련기관인 한국청소년상담복지개발원, 청소년상담복지센터, 학교밖청소년지원센터, 청소년쉼터, 청소년관련 복지시설, 경찰청이나 법무부 등 청소년업무 지원부서 등에서 청소년 상담업무에 종사한다.

(2) 청소년상담사 자격 취득현황

청소년상담사는 2022년까지 총 21회의 청소년상담사 자격검정이 있었으며, 청소년상담사 1급 1,194명, 2급 13,077명, 3급 19,546명으로 총 33,817명의 청소년상담사를 양성하였다

● 표 9-6 청소년상담사 자격 취득현황 (2022.12. 기준, 단위: 명)

구 분	총계	등급별			성별	
		1급	2급	3급	남	여
총 계	33,817	1,194	13,077	19,546	3,635	30,182
'03년	684	107	293	284	67	617
'04년	214	21	90	103	21	193
'05년	343	21	171	151	45	298
'06년	407	30	171	206	33	374
'07년	474	1	177	296	28	446
'08년	691	47	194	450	68	623
'09년	771	15	239	517	79	692
'10년	486	14	140	332	34	452
'11년	735	19	298	418	44	691
'12년	1,292	29	335	928	99	1,193
'13년	1,227	12	225	990	114	1,113
'14년	1,982	15	409	1,558	184	1,798
'15년	2,147	52	564	1,531	192	1,955
'16년	3,010	39	830	2,141	318	2,692
'17년	2,724	88	1,042	1,594	301	2,423
'18년	2,411	109	787	1,515	292	2,119
'19년	3,303	87	1,593	1,623	395	2,908
'20년	3,463	179	1,824	1,460	408	3,055
'21년	3,949	84	1,558	2,307	510	3,439
'22년	3,504	225	2,137	1,142	403	3,101

(3) 청소년상담사 응시자격

구분	자격요건	비고
1급	1. 대학원에서청소년(지도)학 · 교육학 · 심리학 · 사회사업(복지)학 · 정신의학 · 아동(복지)학 · 상담학 분야 또는 그 밖에 여성가족부령으로 정하는 상담 관련 분야(이하 "상담관련분야"라 한다)의 박사학위를 취득한 사람 2. 대학원에서 상담관련 분야의 석사학위를 취득한 후 상담 실무경력이 4년 이상인 사람 3. 2급 청소년상담사로서 상담 실무경력이 3년 이상인 사람 4. 제1호 및 제2호에 규정된 사람과 같은 수준 이상의 자격이 있다고 여성가족부령으로 정하는 사람	1. 상담분야 박사 2. 상담분야 석사+4년 3. 2급 자격증 +3년
2급	1. 대학원에서 상담 관련 분야의 석사학위를 취득한 사람 2. 대학 또는 다른 법령에 따라 이와 동등한 학력을 인정받는 기관에서 상담관련분야 학사학위를 취득한 후 상담 실무경력이 3년 이상인 사람 3. 3급 청소년상담사로서 상담 실무경력이 2년 이상인 사람 4. 제1호부터 제3호까지에 규정된 사람과 같은 수준 이상의 자격이 있다고 여성가족부령으로 정하는 사람	1. 상담분야 석사 2. 상담분야 학사+3년 3. 3급 자격증 +2년
3급	1. 대학 및 「평생교육법」에 따른 학력이 인정되는 평생교육시설의 상담 관련 분야의 학사학위를 취득한 사람 2. 전문대학 또는 다른 법령에 따라 이와 동등한 학력을 인정받는 기관에서 상담관련 분야 전문학사를 취득한 사람으로서 상담 실무경력이 2년 이상인 사람 3. 대학 또는 다른 법령에 따라 이와 동등한 학력을 인정받는 기관에서 학사학위를 취득한 후 상담 실무경력이 2년 이상인 사람 4. 전문대학 또는 다른 법령에 따라 이와 동등한 학력을 인정받는 기관에서 전문학사학위를 취득한 후 상담 실무경력이 4년 이상인 사람 5. 고등학교를 졸업하고 상담 실무경력이 5년 이상인 사람 6. 제1호부터 제4호까지에 규정된 사람과 같은 수준 이상의 자격이 있다고 여성가족부령으로 정하는 사람	1. 상담분야 4년제학사 2. 상담분야 2년제+2년 3. 타분야 4년제+2년 4. 타분야 2년제+4년 5. 고졸+5년

(4) 청소년상담사 시험과목

청소년상담사 합격기준은 매 과목 100점을 만점으로 하여 매 과목 40점 이상, 전과목 평균 60점 이상의 점수를 얻어야 한다.

• 표 9-7 청소년상담사 자격검정의 과목 및 방법

<table>
<tr><th rowspan="2">구분</th><th colspan="2">시험과목</th><th colspan="2">시험방법</th></tr>
<tr><th>구분</th><th>과목</th><th>필기</th><th>면접</th></tr>
<tr><td rowspan="2">1급
(5과목)</td><td>필수(3과목)</td><td>• 상담사 교육 및 사례지도 • 청소년 관련 법과 행정
• 상담연구방법론의 실제</td><td rowspan="2">필기시험
(과목당
25문항)</td><td rowspan="2">면접</td></tr>
<tr><td>선택(2과목)</td><td>• 비행상담, 성상담, 약물상담, 위기상담 중 2과목</td></tr>
<tr><td rowspan="2">2급
(6과목)</td><td>필수(4과목)</td><td>• 청소년 상담의 이론과 실제 • 상담연구방법론의 기초
• 심리측정 평가의 활용 • 이상심리</td><td rowspan="2">필기시험
(과목당
25문항)</td><td rowspan="2">면접</td></tr>
<tr><td>선택(2과목)</td><td>• 진로상담, 집단상담, 가족상담, 학업상담 중 2과목</td></tr>
<tr><td rowspan="2">3급
(6과목)</td><td>필수(5과목)</td><td>• 발달심리 • 집단상담의 기초
• 심리측정 및 평가 • 상담이론
• 학습이론</td><td rowspan="2">필기시험
(과목당
25문항)</td><td rowspan="2">면접</td></tr>
<tr><td>선택(1과목)</td><td>• 청소년이해론, 청소년수련활동론 중 1과목</td></tr>
</table>

(5) 청소년상담사 자격연수 과목 및 시간

청소년상담사의 경우, 여성가족부의 주관으로 한국청소년상담복지개발원에 위탁하여 자격검정을 실시하고, 자격검정에 합격한 자에 대하여는 실무능력 향상을 위해 100시간 의무 연수를 실시하며, 청소년상담복지센터와 청소년쉼터 등의 청소년시설에 배치 · 활용된다. 이후 청소년상담사의 전문성 향상을 위해 매년 8시간 이상의 보수교육을 받아야 한다.

• 표 9-8 청소년상담사 자격연수 과목

구분	연수과목
1급 청소년상담사	• 청소년상담수퍼비전 • 청소년상담 프로그램 개발 • 청소년 위기개입 II • 청소년문제 세미나 • 청소년 관련 법과 정책
2급 청소년상담사	• 청소년 상담과정과 기법 • 청소년 진로 · 학업상담 • 청소년 위기개입 I • 지역사회상담 • 부모상담
3급 청소년상담사	• 청소년 개인상담 • 청소년 집단상담 • 청소년 매체상담 • 청소년 상담현장론 • 청소년 발달문제

(6) 청소년상담사의 배치기준

● 표 9-9 청소년상담사의 배치기준

배치대상 청소년시설	배치기준
「청소년복지 지원법」 제29조에 따라 특별시 · 광역시 · 도 및 특별자치도에 설치된 청소년상담복지센터	청소년상담사 3명 이상을 둔다.
「청소년복지 지원법」 제29조에 따라 시 · 군 · 구에 설치된 청소년상담복지센터	청소년상담사 1명 이상을 둔다.
「청소년복지 지원법」 제31조 제1호부터 제3호까지의 규정에 따른 청소년복지시설	청소년상담사 1명 이상을 둔다.

6. 청소년육성 전담공무원

「청소년기본법」 제25조(청소년육성 전담공무원)을 살펴보면 다음과 같다.

① 특별시 · 광역시 · 특별자치시 · 도(이하 '시 · 도'라 한다), 시 · 군 · 구(자치구를 말한다) 및 읍 · 면 · 동 또는 제26조의 규정에 의한 청소년육성 전담기구에 청소년육성 전담공무원을 둘 수 있다.

② 제1항의 청소년육성 전담공무원은 청소년지도사 또는 청소년상담사의 자격을 가진 자로 한다.

③ 청소년육성 전담공무원은 그 관할구역 안의 청소년 및 다른 청소년지도자 등에 대하여 그 실태를 파악하고 필요한 지도를 하여야 한다.

④ 관계행정기관, 청소년단체 및 청소년시설의 설치 · 운영자는 청소년육성 전담공무원의 업무수행에 협조하여야 한다.

⑤ 제1항의 규정에 의한 청소년육성 전담공무원의 임용 등에 관하여 필요한 사항은 조례로 정한다.

예컨대, 청소년육성 전담공무원이라 함은 청소년관련 기관 등에서 청소년육성 및 지도업무에 종사하는 자를 말하는데, 여기에서 "청소년관련기관"이라 함은 주무관청인 여성가족부를 비롯하여 각 시 · 도 청소년과, 시 · 군 · 구 청소년팀 그리고 읍 · 면 · 동 등 각급 행정기관 및 유관기관을, "청소년육성 및 지도업무에 종사하는 자"라 함은 앞의 기관에서 업무를 담당하는 공무원 및 유관기관의 청소년담당 공무원을 일컫는다 할 수 있다. 2022년 기준 전국의 청소년육성 전담공무원은 167명이다.

그동안 청소년정책은 행정기관에서 청소년업무 담당자의 잦은 자리 이동과 짧은 기간 근무로 인해 사업의 전문성을 확보하기가 힘들었다. 이에 청소년의 건전한 육성과 청소년정책의 안전성과 효율성을 확보하기 위해서 사회복지전담 공무원처럼 청소년육성 전담공무원 제도를 확대 시행해야 한다.

7. 청소년단체

청소년단체는 청소년 육성을 주된 목적으로 설립된 법인 또는 단체로 그 역할은 다음과 같다. 학교교육과 서로 보완할 수 있는 청소년활동을 통한 청소년의 기량과 품성 함양, 청소년복지 증진을 통한 청소년의 삶의 질 향상, 유해환경으로부터 청소년을 보호하기 위한 청소년보호 업무 등을 수행한다.

국가발전에 이바지 할 수 있는 바람직한 청소년육성과 국내외 청소년단체 상호 간의 협력 및 교류와 지원을 위해 한국청소년단체협의회가 1965년에 설립되어 협의회 소속으로 약 65개 단체가 활동하고 있다. 지방청소년단체협의회로는 대구, 대전, 부산, 울산, 인천, 전북, 경기지역의 단체협의회가 구성되어 있다.

한국청소년단체협의회의 주요 사업은 ① 회원단체의 사업과 활동에 대한 협조 · 지원, ② 청소년지도자의 연수와 권익 증진, ③ 청소년 관련 분야의 국제기구활동, ④ 외국 청소년단체와의 교류 및 지원, ⑤ 남 · 북 청소년 및 해외교포청소년과의 교류 · 지원, ⑥ 청소년활동에 관한 조사 · 연구 · 지원, ⑦ 청소년 관련 도서 출판 및 정보 지원, ⑧ 청소년육성을 위한 홍보 및 실천 운동, ⑨ 지방청소년단체협의회에 대한 협조 및 지원 등이다.

8. 청소년활동 지원

국가 및 지방자치단체는 청소년활동을 지원하여야 한다. 청소년활동과 학교교육 · 평생교육을 연계하여 교육적 효과를 높일 수 있도록 하는 시책을 수립 · 시행하여야 한다. 학교의 정규교육으로 보호할 수 없는 시간 동안 청소년의 전인적(全人的) 성장 · 발달을 지원하기 위하여 다양한 교육 및 활동 프로그램 등을 제공하는 종합적인 지원 방안을 마련하여야 한다.

이에 2018년 법 개정을 통해 여성가족부장관과 지방자치단체장은 매년 청소년 방과 후 활동 종합지원계획을 수립 · 시행하도록 했다. 방과후종합지원계획에는 ① 방과 후 활동의 수요 및 현황 조사, ② 방과 후 교육 및 활동 프로그램의 개발 및 보급, ③ 방과 후 활동에 필요한 시설의 확보, 전문인력의 선발 및 배치, ④ 방과 후 활동 종합지원사업의 운영 및 평가, ⑤ 그 밖에 관할 구역의 학교와 청소년의 방과 후 활동을 지원하는 기관 및 단체 등과의 연계 등에 관한 사항을 지원하도록 하고 있다.

방과 후 활동 지원사업은 특별한 교육 및 활동이 필요한 청소년을 대상으로 할 수 있다. 방과 후 사업은 ① 청소년의 역량 개발 지원, ② 청소년의 기본학습 및 보충학습 지원, ③ 청소년의 안전하고 건강한 방과 후 활동을 위한 급식, 시설지원 및 상담, ④ 청소년의 안전하고 건강한 방과 후 활동을 위한 학부모 교육, 청소년의 방과 후 활동을 지원하는 기관 및 단체 등의 개발 및 연계, ⑤ 그 밖에 청소년의 방과 후 활동을 지원하기 위해 필요한 활동이다.

9. 청소년복지 지원

국가는 청소년들의 의식 · 태도 · 생활 등에 관한 사항을 정기적으로 조사하고, 이를 개선하기 위하여 청소년의 복지향상 정책을 수립 · 시행하여야 한다. 또 기초생활 보장, 직업재활훈련, 청소년활동 지원 등의 시책을 추진할 때에는 정신적 · 신체적 · 경제적 · 사회적으로 특별한 지원이 필요한 청소년을 우선적으로 배려하고, 청소년의 삶의 질을 향상하기 위하여 구체적인 시책을 마련하여야 한다.

청소년을 유해환경으로부터 보호를 위해 국가 및 지방자치단체는 청소년에게 유해한 매체물과 약물 등의 유통과 청소년이 유해한 업소에 출입하거나 고용되지 아니하도록 해야 한다. 아울러 폭력 · 학대 · 성매매 등 유해한 행위로부터 청소년을 보호 · 구제하여야 한다.

근로 청소년의 보호를 위해 청소년의 근로와 관련하여 「근로기준법」, 「최저임금법」 등 노동 관계 법령의 위반 사실을 알게 된 경우에는 그 사실을 신고하도록 했다. 한국청소년상담복지개발원, 청소년상담복지센터, 학교 밖 청소년 지원센터, 이주배경청소년지원센터, 청소년복지시설, 아동복지시설의 장과 그 종사자가 그 대상이다.

알고 갑시다!

▢ 청소년 참여기구 유형

– 청소년의 시각에서 청소년이 바라는 정책 및 사업에 대한 의견제시와 자문, 평가 그리고 다양한 청소년 관련 프로그램, 캠페인, 토론회 등 행사를 직접 기획 · 진행 및 평가하는 활동 기구

구분	청소년특별회의	청소년참여위원회	청소년운영위원회
기능	범정부적 차원의 청소년 정책과제에 청소년 참여	청소년들이 국가 및 지자체 정책과정에 참여	청소년 수련시설 사업 · 프로그램 운영에 참여
근거	청소년기본법 제12조	청소년기본법 제5조의2	청소년활동진흥법 제4조
운영현황	청소년위원 500여명	전국 233개소 (시 · 도 17개, 시군구 216개)	전국 331개소

자료 : 2023 청소년사업 안내, 2023.1. 여성가족부

▢ 청소년특별회의

– 청소년특별회의란 전국 17개 시 · 도 청소년과 청소년 분야의 전문가들이 토론과 활동을 통해 청소년이 바라는 정책과제를 발굴하고, 정부에 제안하여 정책화하는 전국 규모의 청소년참여기구임

– 청소년의 정책참여 활동 기회 확대를 통한 민주시민역량 함양을 목적으로 함

– 매년 정기적으로 개최되고 있으며, 매년 선정된 정책의제에 따라 청소년 의견수렴과 토론, 워크숍, 캠페인 등을 통해 정책과제를 발굴한 후 본회의에서 이를 최종적으로 정부에 보고 · 제안

▢ 청소년참여위원회

– 청소년으로 구성, 여성가족부 및 지방자치단체에 설치 운영 중인 청소년참여기구

– 청소년참여위원회는 여성가족부 및 지방자치단체가 추진하는 청소년정책과 관련하여 청소년의 시각에서 청소년이 바라는 정책 및 사업에 대한 의견 제시와

자문, 평가 그리고 청소년 권리 · 인권 모니터링, 개선 제안 및 다양한 청소년 관련 프로그램, 캠페인, 토론회 등 행사를 직접 기획 · 진행하는 등의 활동을 하는 청소년참여기구임

▢ 청소년운영위원회

- 전국의 청소년수련시설(청소년수련관, 청소년문화의집) 등에서는 시설의 사업, 프로그램 운영과 관련된 의사결정 과정에 청소년이 참여할 수 있도록 청소년운영위원회를 설치 · 운영 중
- 청소년운영위원회는 청소년수련시설을 이용하는 청소년의 의견과 욕구를 반영하여 청소년수련시설이 청소년 중심으로 운영될 수 있도록 함.
- 청소년운영위원회는 청소년수련시설의 심의 · 평가 등을 통해 시설 운영 전반에 참여함은 물론 프로그램을 직접 기획 · 운영하고, 청소년 대표로서 각종 지역사회 청소년 관련 행사에 참가하는 등 다양한 활동을 전개하고 있음
- 주요 활동은 월별 정기회의(청소년 제안 정책 토의 등) 참석, 지역별 캠페인, 토론회, 워크샵 등 개최 및 참여
- 청소년운영위원회의 구성 · 운영 : 10명 이상 20명 이내의 청소년으로 구성, 위원의 임기는 1년으로 하며 연임 가능

▢ 청소년참여예산제

- 주민참여예산제의 활동 주체를 청소년으로 확장
- 지방자치단체 예산 편성과정에서 청소년의 의견을 수렴하고, 예산의 일정 부분을 청소년들이 제안한 실현 가능한 의제를 채택하여 배정하는 제도
- 주요활동으로는 청소년이 직접 지역사회에 필요한 정책 및 사업을 발굴하고, 조사를 통한 타당성 검토 후 정책 및 예산을 제안, 또래 청소년의 의견을 수렴하여 지역사회 사업우선순위에 대한 의견을 제시

chapter

10

청소년활동진흥법

1. 제정의의
2. 용어의 정의
3. 주요 조문해설

제 정: 2004. 2. 9.

2004년 2월 9일 제정된 「청소년활동진흥법」은 「청소년기본법」 제47조 제2항의 규정에 근거하여 청소년운영위원회, 한국청소년활동진흥원, 지방청소년활동진흥센터, 청소년수련활동신고제, 청소년활동시설, 수련시설 안전점검, 청소년수련활동인증제, 청소년교류활동과 청소년문화활동의 지원 등으로 구성되어 있으며, 다양한 청소년활동을 적극적으로 진흥하기 위하여 다음과 같은 제정의의와 내용을 담고 있다.

1. 제정의의

「청소년활동진흥법」은 주 5일 수업시대의 도래 등 새로운 사회 · 제도적 환경 변화에 대응하여 미래사회의 주역이 될 청소년이 수련활동뿐만 아니라 문화활동, 교류활동 등 다양한 청소년활동을 통해 자신의 기량과 품성을 함양하고 꿈과 희망을 마음껏 펼칠 수 있도록 하기 위한 제도적 기반을 마련하였다. 그동안 「청소년기본법」에 청소년수련활동 위주로 규정되어 있던 청소년활동을 수련활동 · 교류활동 · 문화활동 등 대부분의 활동이 포함되도록 확대하여 정책적 지원범위를 확장하였다.

청소년수련시설의 종류에 청소년특화시설을 추가하여 현실에 맞게 시설을 구분하고, 청소년수련시설에 '청소년운영위원회'를 설치하여 청소년활동에 청소년의 참여를 보장하고, 청소년수련활동에 대한 체계적인 관리와 지원, 그리고 '청소년수련활동인증제'를 도입하고 이의 효과적인 집행을 위하여 중앙에는 '한국청소년활동진흥원'을, 지방에는 '지방청소년활동진흥센터'를 설치하도록 하는 등 청소년활동에 관한 제반사항을 단일법으로 체계화하고 있다.

2. 용어의 정의

이 법에서 사용하는 용어의 정의는 다음과 같다.

1. "청소년활동"이란 청소년의 균형 있는 성장을 위하여 필요한 활동과 이러한 활동을 소재로 하는 수련활동 · 교류활동 · 문화활동 등 다양한 형태의 활동을 말한다.
2. "청소년활동시설"이란 청소년수련활동, 청소년교류활동, 청소년문화활동 등 청소년활동에 제공되는 시설로서 청소년수련시설과 청소년이용시설로 구분된다. 청소년수련시설은 청소년수련관, 청소년수련원, 청소년문화의집, 청소년특화시설, 청소년야영장, 유스호스텔을 말한다.
3. "청소년수련활동"이란 청소년이 청소년활동에 자발적으로 참여하여 청소년 시기에 필요한 기량과 품성을 함양하는 교육적 활동으로서 청소년지도자와 함께 청소년수련거리에 참여하여 배움을 실천하는 체험활동을 말한다.
4. "청소년교류활동"이란 청소년이 지역 간, 남북 간, 국가 간의 다양한 교류를 통하여 공동체의식 등을 함양하는 체험활동을 말한다.
5. "청소년문화활동"이란 청소년이 예술활동, 스포츠활동, 동아리활동, 봉사활동 등을 통하여 문화적 감성과 더불어 살아가는 능력을 함양하는 체험활동을 말한다.
6. "청소년수련거리"란 청소년수련활동에 필요한 프로그램과 이와 관련되는 사업을 말한다.
7. "숙박형 청소년수련활동"이란 19세 미만의 청소년(19세가 되는 해의 1월 1일을 맞이한 사람은 제외한다.)을 대상으로 청소년이 자신의 주거지에서 떠나 청소년수련시설 또는 그 외의 다른 장소에서 숙박 · 야영하거나, 청소년수련시설 또는 그 외의 다른 장소로 이동하면서 숙박 · 야영하는 청소년수련활동을 말한다.
8. "비숙박형 청소년수련활동"이란 19세 미만의 청소년을 대상으로 청소년수련시설 또는 그 외의 다른 장소에서 실시하는 청소년수련활동으로서, 실시하는 날에 끝나거나 숙박 없이 2회 이상 정기적으로 실시하는 청소년수련활동을 말한다.

3. 주요 조문해설

1) 청소년활동진흥을 위해 교육기관과 협조

청소년활동진흥에 필요한 경우 여성가족부와 지방자치단체가 교육부 및 교육청과 상호 협의할 수 있도록 하였으며, 한국청소년활동진흥원 및 지방청소년활동진흥센터는 학교 등이 필요로 하는 청소년활동 관련사항을 지원할 수 있도록 하였다. 또한 활동진흥원 및 지방청소년활동진흥센터는 매년 1회 이상 상호 협의하여 수련거리를 개발하고, 이를 당해 지역의 수련시설에 보급하도록 하였다.

활동진흥원과 지방청소년활동진흥센터는 학생인 청소년을 위한 청소년수련거리를 개발할 때 필요하면 교육청 및 각급 학교에 관련 자료를 요청할 수 있고, 이 경우 관계기관은 특별한 사유가 없으면 그 요청에 적극 협조하여야 한다고 규정했다.

2) 청소년운영위원회

청소년 수련시설 운영단체(청소년수련시설을 설치 · 운영하는 개인 · 법인 · 단체 및 위탁운영단체)는 청소년의 요구를 수용하여 청소년활동을 활성화하고 청소년 참여를 보장하기 위해 청소년운영위원회를 운영하여야 하며, 청소년운영위원회는 청소년으로 구성되고 수련시설 운영단체의 대표자는 청소년운영위원회의 의견을 수련시설 운영에 반영하여야 한다. 이를 위하여 청소년운영위원회의 구성 · 운영 등에 관하여 필요한 사항은 대통령령 등 하위법령으로 구체화하고 있다. 청소년운영위원회는 주로 청소년수련관, 청소년문화의집의 청소년수련시설을 이용하는 청소년의 의견과 욕구를 반영하여 청소년시설이 청소년 중심으로 운영될 수 있도록 하기 위하여 운영하고 있다. 주요 활동은 월별 정기회의(청소년 제안 정책 토의 등) 참석, 지역별 캠페인, 토론회, 워크숍 등 개최 및 참여를 하고 있다.

3) 한국청소년활동진흥원의 설치

한국청소년활동진흥원은 1998년 국립청소년수련시설 운영을 위해 설립된 한국청소년수련원과 2005년 설립된 한국청소년진흥센터가 2010년 통합하여 설립됐다. 한국청소년활동진흥원은 다양하고 창의적인 청소년 체험활동을 진흥시켜 청소년의 잠재역량 계발과 인격형성을 도모하고, 수련 · 참여 · 교류 · 권리증진 활동을 종합적으로 지원함으로써 궁극적으로 청소년의 삶의 질 향상에 기여함을 설립목적으로 하고 있다. 주요 내용으로는 ① 청소년활동, 청소년복지, 청소년보호에 관한 종합적 안내 및 서비스 제공, ② 청소년육성에 필요한 정보 등의 종합적 관리 및 제공, ③ 청소년수련활동 인증위원회 등 청소년수련활동 인증제도의 운영, ④ 청소년 자원봉사활동의 활성화, ⑤ 청소년활동 프로그램의 개발과 보급, ⑥ 국가가 설치하는 수련시설의 유지 · 관리 및 운영업무의 수탁, ⑦ 국가 및 지방자치단체가 개발한 주요 청소년수련거리의 시범운영, ⑧ 청소년활동시설이 실시하는 국제교류 및 협력사업에 대한 지원, ⑨ 청소년지도자의 연수, ⑩ 숙박형 등 청소년수련활동 계획의 신고 지원에 대한 컨설팅 및 교육, ⑪ 수련시설 종합 안전 · 위생점검에 대한 지원, ⑫ 수련시설의 안전에 관한 컨설팅 및 홍보, ⑬ 안전교육의 지원 등이다.

4) 지방청소년활동진흥센터 설치

지역청소년활동진흥의 지원을 위해 지역에 지방청소년활동진흥센터를 설치하며, 지방청소년활동진흥센터의 주요 사업은 ① 지역의 청소년활동의 요구에 관한 조사, ② 청소년 자원봉사활동의 활성화, ③ 청소년수련활동인증제도의 지원, ④ 인증받은 청소년수련활동의 홍보와 지원, ⑤ 청소년활동 프로그램의 개발과 보급, ⑥ 청소년활동에 대한 교육과 홍보, ⑦ 숙박형 등 청소년수련활동 계획의 신고에 대한 지원 등이며, 지방청소년활동진흥센터의 설치주체는 지방자치단체(특별시 · 광역시 · 도 및 시 · 군 · 구)가 된다. 아울러 한국청소년활동진흥원과 지방청소년활동진흥센터는 상호협력체제 구축을 통해 청소년활동에 관한 종합적 지원을 추진해 나가도록 하고 있다.

5) 숙박형 등 청소년수련활동 계획의 신고 및 건강상태 확인

숙박형 청소년수련활동 및 비숙박형 청소년수련활동을 주최하려는 자는 여성가족부령으로 정하는 절차와 방법에 따라 특별자치시장 · 특별자치도지사 · 시장 · 군수 · 구청장에게 그 계획을 모집 14일 전까지 신고하여야 한다. 다만, 다음의 경우는 제외(다른 법률에서 지도 · 감독 등을 받는 비영리 법인 또는 비영리 단체가 운영하는 경우, 청소년이 부모 등 보호자와 함께 참여하는 경우, 종교단체가 운영하는 경우)한다. 특별자치시장 · 특별자치도지사 · 시장 · 군수 · 구청장은 신고를 받은 날부터 14일 이내에 신고수리 여부를 신고인에게 통지하여야 한다.

숙박형 등 청소년수련활동 계획을 신고하려는 자는 '숙박형 등 청소년수련활동 계획 신고서'에 다음의 서류를 첨부하여 제출하여야 한다. ① 숙박형 등 청소년수련활동 프로그램 운영기준을 준수한 청소년수련활동 운영계획서(청소년수련활동의 인증 절차를 받은 청소년수련활동의 경우는 제외), ② 주최자 · 운영자 · 보조자 명단, ③ 청소년수련활동 세부내역서, ④ 보험가입 사실을 증명할 수 있는 서류이다.

숙박형 등 청소년수련활동을 주최하려는 자는 신고가 수리되기 전에는 모집활동을 해서는 안 된다. 지방자치단체장은 「아동복지법」, 「성폭력범죄의 처벌 등에 관한 특례법」, 「아동 · 청소년의 성보호에 관한 법률」 등 아동 · 청소년대상 성범죄를 범한 자나 「청소년기본법」에 따라 청소년지도사가 될 수 없는 사람이 숙박형 등 청소년수련활동을 운영 또는 보조하려는 경우에는 신고를 수리하여서는 안 된다.

지방자치단체장은 숙박형 등 청소년수련활동 계획의 신고를 수리한 때에는 그 계획을 여성가족부장관에게 통보하여야 하며, 여성가족부장관은 통보받은 숙박형 등 청소년수련활동 계획에 보완이 필요하다고 인정될 때에는 그 계획을 통보한 특별자치시장 · 특별자치도지사 · 시장 · 군수 · 구청장에게 보완사항을 통보하여야 하고, 보완사항을 통보받은 특별자치시장 · 특별자치도지사 · 시장 · 군수 · 구청장은 그 내용을 숙박형 등 청소년수련활동 주최자에게 통보하여야 한다.

신고의무를 위반하거나 필요한 의료조치 또는 보험가입을 하지 않은 경우에는 200만 원의 과태료가 부과된다. 또 신고 수리된 이동·숙박형 청소년활동의 정보를 청소년활동정보서비스(www.youth.go.kr)에 공개한다.

6) 건강상태 확인 및 의료조치 의무 등

청소년수련활동 신고를 한 자는 해당 청소년활동에 참가하려는 청소년의 건강상태를 확인하여야 한다. 이 경우 해당 청소년활동에 참가하려는 청소년 및 보호자(친권자, 법정대리인 또는 사실상 청소년을 양육하는 사람을 말한다. 이하 같다)가 해당 청소년의 건강상태를 서면으로 보증한 때에는 신고자가 건강상태를 확인한 것으로 본다.

신고자는 해당 청소년활동에 참가하는 청소년에게 질병·사고 또는 재해 등으로 인하여 의료조치가 필요하거나, 참가자가 요청할 경우 응급의료기관, 의료기관, 약국 등에서 신속하고 적정한 치료를 받도록 하여야 한다.

7) 숙박형 등 청소년수련활동 관련 정보의 공개 및 표시·고지

지방자치단체장은 숙박형 등 청소년수련활동 계획의 신고를 수리한 경우에는 해당 내용을 인터넷 홈페이지 등을 이용하여 공개하여야 한다. 아울러 숙박형 등 청소년수련활동 계획의 신고가 수리된 자는 모집활동 및 계약을 할 경우, 청소년수련활동인지 여부, 안전관리 기준의 충족 여부, 보험 등 관련 보험의 가입 여부 및 보험의 종류와 약관 등의 정보를 표시 고지하여야 한다.

이 법 또는 다른 법률에 따라 신고·등록·인가·허가를 받지 아니한 단체 및 개인은 숙박형 청소년수련활동, 비숙박형 청소년수련활동 중 참가 인원이 150명 이상인 청소년 수련활동과 ① 수상활동(래프팅, 모터보트, 동력요트, 수상오토바이, 고무보트, 수중스쿠터, 호버

크래프트, 수상스키, 조정, 카약, 카누, 수상자전거, 서프보드, 스킨스쿠버), ② 항공활동(패러글라이딩, 행글라이딩), ③ 산악활동(클라이밍–자연암벽, 빙벽, 산악스키, 야간등산–4시간 이상의 경우만 해당), ④ 장거리 걷기활동(10Km 이상 도보이동) 등의 위험도가 높은 청소년수련활동을 하여서는 아니 된다. 다만, 청소년이 부모 등 보호자와 함께 참여하는 경우 또는 종교단체가 운영하는 경우에는 그러하지 아니한다.

8) 청소년활동시설

● 표 10–1 청소년수련시설 현황 (단위: 개소)

구분	계	수련관	문화의집	수련원	야영장	유스호스텔	특화시설
계	840	198 (23.6%)	335 (39.9%)	154 (18.3%)	33 (3.9%)	106 (12.6%)	14 (1.7%)

자료: 한국청소년수련시설협회(2023. 7.).

● 표 10–2 청소년수련시설 설립 주체별 현황

지역	청소년 수련관	청소년 문화의 집	청소년 수련원	청소년 야영장	유스호스텔	청소년 특화시설	총계
국립	0	0	9	0	0	0	9
시립	110	150	22	4	9	10	305
도립	3	24	9	3	2	0	41
구립	31	65	2	2	2	2	104
군립	52	91	20	10	12	1	186
사립	2	5	90	14	81	1	193
교육청	0	0	2	0	0	0	2
합계	198	335	154	33	106	14	840

자료: 한국청소년수련시설협회(2023. 7.).

● 표 10-3 청소년수련시설 지역별 현황

지역	청소년 수련관	청소년 문화의 집	청소년 수련원	청소년 야영장	유스호스텔	청소년 특화시설	총계
서울특별시	32	25	3	0	4	8	72
부산광역시	8	11	3	1	2	0	25
대구광역시	5	9	2	0	2	2	20
인천광역시	9	8	2	0	4	0	23
광주광역시	5	10	1	0	0	1	17
대전광역시	4	9	2	0	0	0	15
울산광역시	4	7	1	1	0	0	13
세종	2	3	0	0	0	0	5
경기도	38	80	31	8	14	1	172
강원도	16	34	13	3	9	1	76
충남	11	15	12	2	7	0	47
충북	7	16	18	1	5	0	47
전남	9	24	13	5	9	0	60
전북	11	22	13	3	7	1	57
경남	18	19	23	5	14	0	79
경북	16	18	13	2	13	0	62
제주	3	25	4	2	16	0	50
합계	198	335	154	33	106	14	840

자료: 한국청소년수련시설협회(2023.7).

청소년활동시설은 청소년수련시설(청소년수련관, 청소년수련원, 청소년문화의 집, 청소년특화시설, 청소년야영장, 유스호스텔)과 청소년이용시설로 크게 구분된다. 특히 기존의 「청소년기본법」에서는 없었던 '청소년특화시설'이라는 새로운 종류의 수련시설이 추가되었으며, 청소년특화시설은 청소년의 직업체험 · 문화예술 · 과학정보 · 환경 등 특정 목적의 청소년활동을 전문적으로 실시할 수 있는 시설과 설비를 갖춘 수련시설로서, 변화하는 환경에 부응하여 전문적이고 다양한 청소년활동이 가능하도록 하는 새로운 형태의 수련시설이다.

청소년활동시설은 청소년들이 대자연 속에서 심신을 단련하고 호연지기와 진취적 기상을 기르거나 일상생활 속에서 자질배양, 정서함양, 취미개발 등 잠재력 계발을 통하여 민주적이고 진취적인 사고를 지닌 바람직한 인간상으로 성장시키는 데 목적이 있다. 청소년 활동시설은 청소년 수련시설과 청소년 이용시설로 나누어지는데, 「청소년활동진흥법」 제10조의 규정에 따라 그 종류를 살펴보면 다음과 같다.

(1) 청소년수련시설

① 청소년수련관

다양한 수련활동을 실시할 수 있는 각종 시설 및 설비를 갖춘 종합 수련시설이다. 이 시설은 일상생활권 안에서 행하는 활동을 목적으로 도보나 대중교통으로 쉽게 접근할 수 있도록 주택가 · 도심지 또는 도심지 근교에 설치되며, 각종 취미활동 · 문화활동 · 체육활동 등 청소년의 다양한 활동에 제공되는 시설을 말한다. 청소년수련관을 이용하는 청소년들은 인근지역의 청소년이며, 시설에서 실시하는 프로그램이나 행사에 참여하고 있으며, 지역사회 청소년들의 모임이나 동아리 활동, 클럽활동 장소로 활용하고 있다.

시설 규모는 연건축면적이 1,500제곱미터 이상이어야 하며, 150인 이상을 수용할 수 있는 실내집회장, 연면적 150제곱미터 이상의 실내체육시설, 2개소 이상의 자치활동실, 2개 이상의 특성화 수련활동장, 1개소 이상의 상담실, 1개소 이상 휴게실, 1개소 이상 지도자실이 필수이다. 시 · 도지사 및 시장 · 군수 · 구청장은 시 · 군 · 구에 1개소 이상의 청소년수련관을 설치 · 운영하도록 했다(「청소년활동진흥법」 제11조).

② 청소년수련원

숙박기능을 갖춘 생활관과 다양한 수련활동을 실시할 수 있는 각종 시설과 설비를 갖춘 종합 수련시설이다. 주로 자연과 더불어 행하는 체험활동이 목적으로 청소년들의 협동심을 배양하고 공동체의식을 개발하며, 학교교육과 연계하여 야외에서 실시되는 인성계발의 장이라고 할 수 있다. 1박 2일 이상의 기간 동안 학교단위의 단체적인 대단위 수련활동이 이뤄지고 있으나, 학급단위의 소규모 활동 또는 선택형 프로그램이 실시되는 시설로 체류할 수 있는 생활관 또는 야영지가 필요하며, 일상생활과는 격리된 지역에서 주로 숙박형 프로그램을 실시한다.

입지는 자연경관이 수려한 지역, 국립 · 도립 · 군립공원, 구 밖의 지역 중 자연과 더불어 행하는 수련활동 실시에 적합한 곳으로서, 청소년이 이용하기에 편리한 지역에 주로 위치한다. 시설 규모로는 생활관(100명 이상 수용), 식당, 실내집회장, 야외집회장, 체육활동장, 수련의 숲, 강의실, 특성화 수련활동장, 지도자실, 휴게실, 비상설비, 기타시설 등을 설치하도록 했다.

③ 청소년문화의집

간단한 활동을 실시할 수 있는 시설 및 설비를 갖춘 청소년의 정보 · 문화 · 예술 중심의 시설이다. 이 시설은 읍 · 면 단위 이상의 생활권 중심에 위치하고 있는 소규모의 활동공간에서 시간 단위의 프로그램 또는 여가활동을 실시한다. 다양한 유형의 청소년수련시설 중 가장 작은 규모의 시설로 지역사회에 가장 근접한 지역에 위치하며 청소년들이 일상적으로 이용할 수 있는 시설이다. 시 · 도지사 및 시장 · 군수 · 구청장은 읍 · 면 · 동에 청소년문화의집을 1개소 이상 설치 · 운영해야 한다(「청소년활동진흥법」 제11조).

④ 청소년특화시설

청소년의 직업체험 · 문화예술 · 과학정보 · 환경 등 특정 목적의 청소년 활동을 전문적으로 실시할 수 있는 시설과 설비를 갖춘 시설이다. 입지조건은 일상생활권, 도심지 근교 및 그 밖의 지역 중 수련활동 실시에 적합한 곳으로서, 청소년이 이용하기에 편리한 지역에 설치되고 있다. 사례로는 청소년문화교류센터, 청소년미디어센터, 청소년직업체험센터 등이 있다.

⑤ 청소년야영장

야영에 적합한 시설 및 설비를 갖추고 수련활동 또는 야영편의를 제공하는 청소년 수련시설이다. 이 시설은 야영 및 집회에 필요한 기본시설을 갖추고 있으며 공원 인근이나 산악지대에 설치되어 있다.

⑥ 유스호스텔

청소년의 숙박 및 체재에 적합한 시설 · 설비와 부대 · 편익시설을 갖추고 숙식편의 제공, 여행청소년의 활동지원 등을 주된 기능으로 하는 시설이다. 세계적으로 유스호스텔 연맹에 가입된 청소년 및 일반인의 사용이 가능하며, 독일에서 시작된 유스호스텔 운동이 한국에서는 1967년에 시작되어 오늘에 이르고 있으나, 외국의 시설과는 다르게 개인적인 여행 청소년의 이용보다는 학교에서 단체로 이용되고 있는 실정이다. 일종의 청소년 전용 숙박시설로 도시권에 근접해 있거나 공원지역에 설치되어 있다.

• 표 10-4 수련시설 종류 및 수용정원별 청소년지도사 배치기준

<table>
<tr><th rowspan="2">시설종류</th><th colspan="4">수용정원 500명 이하</th><th colspan="4">수용정원 250명 당 배치기준(추가)</th></tr>
<tr><th>소계</th><th>1급</th><th>2급</th><th>3급</th><th>소계</th><th>1급</th><th>2급</th><th>3급</th></tr>
<tr><td rowspan="5">수련관</td><td>4명</td><td>1명</td><td>1명</td><td>2명</td><td rowspan="5">1명</td><td colspan="3" rowspan="5">1명</td></tr>
<tr><td>4명</td><td>1명</td><td>2명</td><td>1명</td></tr>
<tr><td>4명</td><td>1명</td><td>3명</td><td>–</td></tr>
<tr><td>4명</td><td>2명</td><td>2명</td><td>–</td></tr>
<tr><td>4명</td><td>3명</td><td>1명</td><td>–</td></tr>
<tr><td rowspan="5">수련원</td><td>2명</td><td>–</td><td>1명</td><td>1명</td><td rowspan="5">1명</td><td colspan="3" rowspan="5">1명
※ 최초 500명 초과시
1급 배치</td></tr>
<tr><td>2명</td><td>–</td><td>2명</td><td>–</td></tr>
<tr><td>2명</td><td>1명</td><td>1명</td><td>–</td></tr>
<tr><td>2명</td><td>1명</td><td>–</td><td>1명</td></tr>
<tr><td>2명</td><td>2명</td><td>–</td><td>–</td></tr>
<tr><td>유스호스텔</td><td>1명</td><td colspan="3">1명</td><td>1명</td><td colspan="3">1명*(1급 또는 2급)</td></tr>
</table>

시설종류	수용정원 500명 이하				수용정원 250명 당 배치기준(추가)			
	소계	1급	2급	3급	소계	1급	2급	3급
야영장	1명	1명			–	–		
문화의집	1명	1명			–	–		
특화시설	2명	–	1명	1명	–	–		
	2명	–	2명	–				
	2명	1명	1명	–				
	2명	1명	–	1명				
	2명	2명	–	–				

자료: 여성가족부, 「2023년도 청소년수련시설 관리 · 운영지침」, 2022.12

※ 1. 청소년수련원 : 수용정원 최초 500명 초과시 1급 추가 배치 및 초과하는 250명 마다 1~3급 중 1명 추가 배치
2. 유스호스텔 : 숙박정원 500명 초과시 1급 또는 2급 추가배치
3. 청소년 기본법 시행령 별표5 참조('20.1.29 공포 · 시행)

(2) 청소년이용시설

청소년들이 학교나 가정을 벗어나 여가시간을 활용하여 정서함양을 할 수 있는 공간으로 그 설치목적의 범위에서 청소년활동의 실시와 청소년의 건전한 활동을 위한 프로그램을 제공할 수 있는 곳이다. 청소년 이용시설은 문화 예술시설, 공공 체육시설, 기타 청소년 이용시설로 구분할 수 있다.

① **문화 예술시설**: 청소년들이 학교나 근로현장을 벗어나 여가시간을 활용하여 이용할 수 있는 문화공간으로 공연시설, 전시시설, 지역문화 복지시설, 문화보급 전수시설, 도서관 등으로 분류하고 있다.

② **공공 체육시설**: 국민의 건전한 여가선용과 생활체육활동을 증진하기 위하여 집 주변에서 쉽게 접근할 수 있는 생활체육시설과 전문선수 육성을 위한 전문체육시설 등으로 구분하고 있다.

③ **기타 청소년이용시설**: 국립중앙과학관, 국립서울과학관, 관광지, 독립기념관, 자연공원 등으로 분류하고 있다.

특별시장 · 광역시장 · 특별자치시장 · 도지사 · 특별자치도지사(이하 “시 · 도지사”라 한다)

및 시장 · 군수 · 구청장은 청소년수련관을 1개소 이상 설치 · 운영하여야 하며, 시 · 도지사 및 시장 · 군수 · 구청장은 읍 · 면 · 동에 청소년문화의 집을 1개소 이상 설치 · 운영하도록 하고 있다.

「청소년활동진흥법」에서는 기존의 수련시설 관련업무 중 시 · 도에서 시 · 군 · 구로의 업무 이양이 확대된 것이 특징인데, 예를 들면 수련시설의 설치 · 운영허가, 등록, 시정명령, 허가 또는 등록 취소, 청문, 휴 · 폐지 등의 업무가 시 · 도에서 시 · 군 · 구로 이양되었음을 알 수 있다.

또한 「청소년활동진흥법」에서는 생활공간 주변에서 손쉽게 청소년활동을 할 수 있도록 주택단지 안에 청소년수련시설 설치를 의무화하였는데, 즉 주택건설사업계획 또는 대지조성 사업계획의 승인을 얻어 사업을 시행하는 자가 「주택건설촉진법」 규정에 의거 사업계획을 작성하는 때에는 대통령령이 정하는 바에 따라 수련시설을 포함하도록 하였다.

9) 수련시설의 안전점검과 안전교육

수련시설의 운영대표자는 시설에 대하여 정기 안전점검 및 수시 안전점검을 실시하여야 한다. 수련시설의 운영대표자는 정기 안전점검 및 수시 안전점검을 실시한 후 그 결과를 특별자치시장 · 특별자치도지사 · 시장 · 군수 · 구청장에게 제출하여야 한다.

지방자치단체장은 필요한 경우, 수련시설의 운영대표자에게 시설의 보완 또는 개수(改修) · 보수(補修)를 요구할 수 있다. 이 경우 수련시설의 운영대표자는 그 요구에 따라야 한다. 청소년의 안전한 활동을 위해 수련시설 설치 · 운영자 또는 위탁운영단체는 수련시설의 이용자에게 여성가족부령으로 정하는 바에 따라 해당 수련시설의 이용 및 청소년수련활동에 관한 안전교육을 실시하여야 한다. 그 내용은 ① 수련시설 이용 시 유의사항 및 비상시 행동요령에 관한 사항, ② 청소년수련활동 유형별 안전사고 예방에 관한 사항, ③ 성폭력 · 성희롱 예방 및 대처요령에 관한 사항, ④ 그 밖의 해당

수련시설의 이용 및 청소년수련활동에 필요한 안전에 관한 사항이다.

수련시설 종사자에 대한 안전교육 내용은 다음과 같다. ① 청소년수련활동 및 수련시설의 안전관련 법령, ② 청소년수련활동 안전사고 예방 및 관리, ③ 수련시설의 안전점검 및 위생관리, ④ 그 밖에 수련시설 종사자 등의 안전관리 역량 강화 및 안전사고 예방을 위하여 필요한 사항 등이다.

또 여성가족부장관 또는 특별자치시장 · 특별자치도지사 · 시장 · 군수 · 구청장은 수련시설의 안전과 위생관리를 위하여 정기적으로 수련시설에 대한 종합 안전 · 위생점검을 실시하고 그 결과를 공개하여야 한다. 국가 및 지방자치단체는 종합 안전 · 위생점검 결과에 따라 수련시설의 운영대표자에게 시설의 보완 또는 개수 · 보수, 위생상태의 개선을 요구할 수 있다. 이 경우 운영대표자는 특별한 사정이 없으면 그 요구에 따라야 한다.

10) 수련시설의 종합평가

여성가족부장관은 수련시설의 전문성 강화와 운영의 개선 등을 위하여 시설 운영 및 관리체계, 활동 프로그램 운영 등 수련시설 전반에 대한 종합평가를 정기적으로 실시하고 그 결과를 지방자치단체, 교육부 등 유관기관에 통보하고, 여성가족부 홈페이지를 통해 공개하고 있다.

종합평가는 2014년 개정된 법령에 의해 기존에 시설종류별 3년 주기 임의평가에서 2년 주기 의무평가로 변경됐다. 종합평가의 평가영역은 수련시설의 관리 · 운영, 청소년 이용 및 참여, 청소년 활동프로그램, 인사 및 조직, 시설기준 및 안전, 대외협력 및 홍보, 종합평가 등을 평가기준으로 했다.

평가항목으로는 기관 운영계획과 운영체계, 청소년 이용률과 참여도, 프로그램 기획 및 평가, 청소년 활동프로그램의 운영, 직원 확보율 · 전문성 · 안전성, 시설기준 및 안전 등이다.

11) 청소년수련활동인증제

「청소년활동진흥법」의 중요한 특징 중의 하나는 수련활동이 청소년의 균형 있는 성장에 기여할 수 있도록 수련활동의 내용과 수준을 향상시키기 위하여 청소년수련활동인증제를 도입한 것을 들 수 있는데, 청소년수련활동인증제를 운영하기 위해 활동진흥원에 청소년수련활동인증위원회를 설치하며, 동 인증위원회의 인증을 받은 수련활동에 참여한 청소년의 활동기록을 유지 · 관리하고 청소년의 참가 확인요청이 있는 경우 이를 확인하여 주도록 하고 있다. 인증위원회의 구성 · 운영 · 기록유지 및 관리 등에 관하여 필요한 사항은 대통령령으로 구체화하고 있다.

국가는 인증수련활동에 참여한 청소년의 활동기록을 확인하는 등의 절차를 거쳐 해당 활동이 끝난 후 20일이 경과한 날부터 그 기록을 제공할 수 있도록 하고, 활동참여 청소년의 기록 자료가 효율적으로 유지 · 관리 · 제공될 수 있도록 종합관리체계를 구축하여야 하며, 수련활동 참여기록이 청소년 본인의 동의 없이 공개 또는 유출되지 아니하도록 하는 등의 필요한 조치를 하도록 하고 있다. 인증수련활동을 실시한 활동시설 및 개인, 법인 · 단체는 청소년이 참여한 수련활동에 관하여 개별 청소년의 인적사항, 활동참여 일자 · 시간, 장소, 주관기관, 수련활동 내용 등을 기록하여야 한다. 인증수련활동을 실시한 활동시설 및 개인, 법인 · 단체는 개별 청소년의 활동기록 및 인증수련활동 결과를 해당 인증수련활동이 끝난 후 15일 이내에 기록하여야 한다.

수련활동의 인증을 받으려는 자는 참가자 모집 또는 활동실시 시작 45일 이전에 인증위원회에 인증을 요청하여야 한다. 인증을 받아야 하는 청소년수련활동은 청소년 참가인원이 150명 이상인 청소년수련활동과 위험도가 높은 청소년수련활동이다.

국가 및 지방자치단체와 수련시설을 설치 · 운영하는 자 및 위탁운영 단체가 수련활동에 필요한 수련거리를 개발하여 실시하고자 하는 경우는 인증위원회의 인증을 받아야 하며, 청소년이용시설, 개인 · 법인 · 단체가 실시하는 청소년활동을 수련활동으로 인증받고자 하는 경우는 청소년활동 프로그램을 진행하는 활동의 장소 · 시기 · 목적 · 대상 · 내용 · 진행방법 · 평가 자원조달 · 청소년지도자 등에 관한 사항을 작성하여 청소년수련활동인증위원회에 제출하여야 하며, 수련활동의 인증절차와 방법 등 필요한 사항은 대통령령으로 구체화하고 있다.

인증을 받은 수련활동을 실시한 활동시설 및 개인 · 법인 · 단체는 수련활동이 종료된 후 인증위원회에 그 결과를 통보해야 하며, 인증위원회는 그 사항을 활동진흥원 및 지방청소년활동진흥센터에서 기록, 유지 · 관리될 수 있도록 조치하여야 한다.

12) 청소년교류활동 진흥

청소년이 국내외 다른 청소년과의 교류를 통해 공동체의식 등의 품성을 함양할 수 있도록 국제교류활동, 교포청소년교류, 남 · 북 청소년교류, 국내청소년교류 및 청소년교류활동 사후지원 등 청소년교류활동을 진흥하도록 하였다.

13) 청소년문화활동 참여기반 구축

문화예술 관련기관, 청소년 동아리단체, 봉사활동단체 등이 청소년문화활동 진흥에 적극적이고 자발적으로 참여할 수 있도록 하고, 문화활동 프로그램 개발, 문화시설 확충 등 청소년의 문화활동 참여기반을 구축하였다.

14) 청소년 자율참여활동 장려

청소년 동아리활동, 청소년 자원봉사활동 등 청소년의 자율참여활동 등을 장려 및 지원하고 활성화하는 법적 근거 및 장치를 강화하였다.

알고 갑시다!

□ 한국청소년활동진흥원

- 청소년활동 진흥을 위해 청소년활동진흥법에 의거 설립(2010.8)된 여성가족부 산하 준정부기관
- 청소년활동 운영 : 청소년활동정보서비스(www.youth.go.kr), 청소년수련활동 인증제, 청소년자원봉사 DOVAL, 국제청소년성취포상제, 청소년자기도전포상제, 청소년국제교류, 청소년수련활동신고제, 청소년수련시설 안전점검, 청소년특별회의, 자유학기제 연계프로그램
- 청소년지도자 양성 : 자격검정, 자격연수, 보수교육, 전문연수, 직무연수
- 청소년지원사업 : 청소년방과후아카데미, 청소년수련활동 신고제, 프로그램 공모사업, 수련활동지원, 청소년활동 안전지원, 어울림마당·동아리활동

□ 한국청소년활동진흥원 운영 국립 청소년시설

- 국립중앙청소년수련원(천안) : 청소년 수련프로그램 개발 보급 및 시범 운영, 청소년지도자 양성 및 연수, 국내외 청소년교류 등
- 국립평창청소년수련원 : 자연권 청소년수련활동의 시범적 운영 및 총괄 지원을 위한 자연권 수련시설
- 국립청소년우주센터(고흥) : 청소년 우주체험, 우주분야 전문화 특성화 수련시설
- 국립청소년해양센터(영덕) : 해양환경체험(해양자원탐사, 조선·항해, 해양환경연구, 해양안전훈련)
- 국립청소년농생명센터(김제) : 농업생명체험(농업생명공학, 농업과학기술, 농업생태환경)
- 국립청소년미래환경센터(봉화) : 육상생태계 보전, 기후변화와 대응, 책임감 있는 생산과 소비, 인류 보편적 문제 해결

□ **한국청소년수련시설협회**(청소년활동진흥법에 근거한 특수법인)

- 시설협회의 회원인 수련시설 설치·운영자 및 위탁운영단체가 실시하는 사업과 활동에 대한 협력 및 지원
- 청소년지도자의 연수·권익증진 및 교류사업, 수련활동의 활성화 및 수련시설의 안전에 관한 홍보 및 실천운동
- 수련활동에 대한 조사·연구·지원사업, 지방청소년수련시설협회에 대한 지원

□ 청소년시설 유형과 특성

<table>
<tr><td rowspan="6">청소년
수련시설</td><td>청소년
수련관</td><td>- 다양한 수련거리를 실시할 수 있는 각종 시설 및 설비를 갖춘 종합수련시설
- 입지조건은 일상생활권, 도심지 근교 및 그 밖의 지역 중 수련활동 실시에 적합한 곳으로서 청소년이 이용하기에 편리한 지역에 위치</td></tr>
<tr><td>청소년
수련원</td><td>- 숙박기능을 갖춘 생활관과 다양한 수련거리를 실시할 수 있는 각종 시설과 설비를 갖춘 종합수련시설
- 자연경관이 수려한 지역, 국립·도립·군립공원, 그 밖의 지역 중 자연과 더불어 행하는 수련활동 실시에 적합한 곳</td></tr>
<tr><td>청소년
문화의집</td><td>- 간단한 수련활동을 실시할 수 있는 시설 및 설비를 갖춘 정보·문화·예술중심의 수련시설
- 다양한 유형의 청소년수련시설 중 가장 작은 규모의 시설로 지역사회에 가장 근접한 지역에 위치하며 청소년들이 일상적으로 이용할 수 있는 시설</td></tr>
<tr><td>청소년
특화시설</td><td>- 청소년의 직업체험·문화예술·과학정보·환경 등 특정 목적의 청소년활동을 전문적으로 실시할 수 있는 시설과 설비를 갖춘 수련시설
- '하자' 직업체험센터, 서울시청소년미디어센터 '스스로넷', '미지센터' 청소년문화교류센터, '아하' 성문화센터 등</td></tr>
<tr><td>청소년
야영장</td><td>- 야영에 적합한 시설 및 설비를 갖추고 수련거리 또는 야영편의를 제공하는 수련시설</td></tr>
<tr><td>유스호스텔</td><td>- 청소년의 숙박 및 체재에 적합한 시설·설비와 부대·편익시설을 갖추고 숙식편의 제공, 여행청소년의 활동지원 등을 주된 기능으로 하는 시설</td></tr>
<tr><td>청소년
이용시설</td><td colspan="2">- 수련시설이 아닌 시설로서 그 설치목적의 범위에서 청소년활동의 실시와 청소년의 건전한 이용 등에 제공할 수 있는 시설(문화예술시설, 공공체육시설 등)
- 과학관, 체육시설, 평생교육시설, 자연휴양림, 수목원, 사회복지관, 공원, 박물관, 미술관, 도서관, 문예회관, 공연장, 영화관, 문화체육센터 등</td></tr>
</table>

□ 청소년수련시설 시설기준

청소년수련관	연건축면적 1,500㎡/ 실내집회장 150명 이상, 체육활동장, 자치활동실 · 특성화수련활동장 2개소 이상, 상담실 · 휴게실 · 지도자실 1개소 이상, 위생시설(화장실, 세면장) 등
청소년수련원	생활관 : 100명 이상 숙박 가능, 식당, 실내집회장, 야외집회장, 체육활동장, 수련의 숲, 강의실, 특성화 수련활동장, 지도자실, 휴게실
청소년문화의집	실내집회장 · 자치활동실 · 특성화수련활동장 · 강의실 중에서 두 종류 이상 / 휴게시설, 위생시설 등
청소년 야영장	야영지 : 100명 이상 야영 규모, 야외집회장, 대피시설, 체육활동장 등
청소년특화시설	활동시설, 휴게실, 지도자실 등
유스호스텔	숙박실, 대화 · 정보실, 자가취사장, 휴게실, 지도자실 등

▢ 수련시설의 안전점검 및 운영기준

- 안전관련 전문기관이 청소년수련시설에 대한 안전점검을 실시하고, 수련시설 종사자를 대상으로 시설물 안전관리, 안전사고 예방교육 및 컨설팅 등을 실시하여 안전한 수련활동 기반을 조성할 수 있도록 하는 제도
- 수련시설의 운영대표자는 시설에 대하여 정기 및 수시 안전점검을 실시하여야 함
- 안전한 활동 환경조성을 위한 전문가의 안전점검 및 컨설팅 시행 및 청소년수련시설 종사자 대상 안전교육 병행 운영
- 안전점검 결과는 교육부, 지자체 통보 및 인터넷 홈페이지(여성가족부 www.mogef.go.kr 및 청소년활동정보서비스 www.youth.go.kr에 공개)
- 점검대상 : 청소년수련관, 청소년수련원, 청소년문화의집, 청소년특화시설, 유스호스텔, 청소년야영장
- 점검기관 : 청소년활동안전센터, 시설안전공단, 전기안전공사, 가스안전공사, 소방안전협회
- 점검 주요내용 : 건축, 시설, 전기, 가스, 소방, 안전, 안전교육 등

□ 수련시설의 안전교육

- 수련시설 이용 시 유의사항 및 비상시 행동요령에 관한 사항, 청소년수련활동 유형별 안전사고 예방에 관한 사항
- 성폭력 · 성희롱 예방 및 대처요령에 관한 사항, 수련시설의 이용 및 청소년수련활동에 필요한 안전에 관한 사항
- 수련시설의 운영대표자 및 종사자의 안전관리 역량을 강화하고 수련시설에서의 안전사고를 예방하기 위하여 수련시설의 운영대표자와 그 종사자를 대상으로 안전교육 실시

□ 수련시설의 보험가입

- 숙박형등 청소년수련활동 계획을 신고하려는 자, 수련시설 설치 · 운영자 또는 위탁운영단체는 청소년활동의 운영 또는 수련시설의 설치 · 운영과 관련하여 청소년활동 참가자 및 수련시설의 이용자에게 발생한 생명 · 신체 등의 손해를 배상하기 위하여 보험에 가입하여야 함
- 보험에 가입하여야 하는 시설은 청소년수련관, 청소년수련원, 청소년특화시설, 청소년야영장, 유스호스텔이며, 청소년문화의집은 제외
- 보험금액은 사망의 경우에는 8천만원 이상

□ 청소년어울림마당

- 문화예술, 스포츠 등을 소재로 한 공연, 경연, 전시, 놀이체험 등 문화체험이 펼쳐지는 장으로 청소년의 접근이 용이하고 다양한 지역사회 자원이 결합된 일정한 공간(상설공간)을 의미
- 지역내에 청소년들이 다양한 문화활동의 생산자 · 소비자로서 주도적으로 문화활동에 참여할 수 있는 상시적 공간을 조성하여 청소년의 문화적 감수성 및 역량 증진 도모
- 청소년이 스스로 기획부터 운영, 평가에 참여하는 청소년 주도의 행사 운영

□ 청소년동아리활동

– 문화 · 예술 · 스포츠 등 다양한 취미활동을 통해 건강한 또래관계 형성 및 자신의 특기 · 소질을 개발할 수 있는 자기 주도적 활동
– 10명 내외의 청소년으로 구성된 6개월 이상 활동경력이 있는 동아리가 지원대상이 되며, 연중 12회 이상 활동

□ 국제청소년성취포상제

– 국제청소년성취포상제는 자신이 평소에 하고 싶었던 가치 있는 활동을 스스로 정하고, 계획하여 매주 지속적으로 참여하는 활동으로, 이를 통해 청소년들은 자신의 적성을 발견하게 되고, 자기주도성, 창의성이 향상되어 균형 잡힌 성장을 이루게 됨
– 1956년 영국 에딘버러 공작에 의해 시작되어 현재 130여개 국가에서 운영되는 국제공인 자기성장 프로그램
– 활동철학 : 비경쟁성, 평등성, 자발성, 유연성, 균형성, 단계성, 성취지향성, 지속성, 과정 중시성, 재미
– 만 14~24세 사이의 모든 청소년들이 신체단련, 자기개발 봉사 및 탐험활동을 통해 그들의 잠재력을 최대한 개발하고 청소년 자신 및 지역사회와 국가를 변화시킬 수 있는 삶의 기술을 갖도록 하는 국제적 자기성장프로그램
– 활동영역 : 봉사활동, 자기개발활동, 신체단련활동, 탐험활동 / 합숙활동(금장에 한함)
– 포상단계 : 동장(6개월), 은장(6~12개월), 금장(12~18개월)
– 참여방법 : 운영기관의 지도자와 상담 후 e-청소년 사이트 홈페이지(www.youth.go.kr) 통해 입회신청

□ 청소년자기도전포상제

– 만 9~13세(초등학교 3학년~중학교 2학년) 청소년들이 자기개발, 신체단련, 봉사활동, 탐험활동 4가지 활동영역에서 자기 스스로 정한 목표를 성취해가며 숨겨진 끼

를 발견하고 꿈을 찾아가는 자기성장 프로그램
- 활동영역 : 자기개발활동, 신체단련, 봉사활동, 탐험활동
- 포상단계 및 활동기간 : 금장(6~12개월), 은장(4~8개월), 동장(4개월)
- 활동철학 : 다양한 활동, 스스로 하는 활동, 재능의 발견 및 개발의 기회, 단계적 활동, 경쟁이 없는 활동, 성취 지향적 활동, 좋은 친구가 되기 위한 활동, 즐길 수 있는 활동
- 참여방법 : 운영기관의 지도자와 상담 후 e-청소년 사이트 홈페이지(www.youth.go.kr) 통해 포상담당관이 입회신청

▢ 청소년수련활동신고제

- 청소년수련활동 신고제도는 19세 미만의 청소년을 대상으로 하는 청소년수련활동 계획을 사전에 신고하도록 하고, 관련 정보를 참가자가 편리하게 확인할 수 있도록 인터넷 등에 공개하는 제도
- 신고 수리된 활동 정보를 인터넷 홈페이지 등에 공개하여 청소년, 학부모 등 정보가 필요한 모든 사람이 쉽게 수련활동 정보를 알 수 있도록 하여 활동 선택과 참여 결정에 도움을 줌
- 청소년들이 대규모로 숙식하거나 장거리로 이동하는 청소년체험활동의 경우 여러 안전사고가 발생할 가능성이 높으므로, 참가자들에 대한 사전 안전교육과 안전관리 계획 등, 최소한의 안전기준 확보를 위한 제도 요구
- 신고기한 : 청소년수련활동 참가자 모집 14일 전까지 소재지 관할 시·군·구에 관련 서류를 갖추어 신고하여야 함
- 신고대상 활동범위 : 숙박형(이동숙박형, 고정숙박형) 수련활동과 비숙박 수련활동 중 청소년 참가 인원이 150명 이상이거나 위험도가 높은 수련활동으로 지정된 활동이 신고 대상
- 소재지 관할 시·군·구에 직접 제출하거나 청소년수련활동 신고시스템(www.youth.go.kr/singo.do)를 통한 온라인 신고 가능

– 제출서류 : ① 청소년수련활동계획신고서 ② 청소년활동프로그램 운영계획서 ③ 주최자 · 운영자 · 보조자 명단 ④ 청소년수련활동 세부내역서 ⑤ 보험증권 등

▢ 청소년수련활동인증제

– 청소년수련활동인증제는 국가 및 지방자치단체 또는 개인 · 법인 · 단체 등이 실시하고자 하는 청소년수련활동을 인증하고, 인증수련활동에 참여한 청소년의 활동 기록을 유지 · 관리 · 제공하는 국가인증제도
– 국가가 청소년수련활동의 공공성과 신뢰성을 인증함으로써 청소년활동 정책의 실효성을 제고하고 청소년의 교육 · 사회적 환경 변화에 따른 양질의 청소년활동 정책과 참여 기회 제공
– 다양한 청소년활동 정보제공 및 청소년활동 참여 활성화 기능을 하며 자기계발 및 진로모색 등에 활용 가능한 활동기록을 관리하고 제공
– 인증을 받아야 하는 청소년수련활동 : 참가 인원이 150명 이상이거나 위험도가 높은 청소년수련활동(수상 · 항공 · 장거리걷기 등)
– 수련활동 내용 등의 기록 및 통보 : 인증수련활동을 실시한 활동시설 및 개인, 법인 · 단체는 청소년이 참여한 수련활동에 관하여 개별 청소년의 인적사항, 활동참여 일자 · 시간, 장소, 주관기관, 수련활동 내용 등을 기록하여야 함

● 표 10-5 청소년수련활동인증제 활동유형

활동유형	내 용
기 본 형	전체 프로그램 운영 시간이 3시간 이상으로서, 실시한 날에 끝나거나 1일 1시간 이상의 각 회기로 숙박 없이 수일에 걸쳐 이루어지는 활동
숙 박 형	숙박에 적합한 장소에서 일정기간 숙박하며 이루어지는 활동
이 동 형	활동 내용에 따라 선정된 활동장을 이동하여 숙박하며 이루어지는 활동
학교단체숙박형	학교장이 참가를 승인한 숙박형 활동 (개별단위프로그램 : 학교단체 숙박형 활동을 구성하는 각각의 프로그램)

● 표 10-6 청소년수련활동 인증기준

구분	영역/유형	기 준	내 용
공통 기준	활동 프로그램	1. 프로그램 구성	참여청소년의 발달 특성 고려한 활동의 추진배경 및 필요성, 프로그램 목적 · 목표, 전체 일정, 프로그램 내용, 유사시(우천, 폭염 등) 대처방안, 프로그램 환류계획, 프로그램 평가계획과 평가도구
		2. 프로그램 자원운영	프로그램 예산 산출근거(참가비 부담수준 등), 프로그램 기자재 · 장비 확보계획
	지도력	3. 지도자 자격	안전전문인력 1명 이상 배치, 프로그램 운영 관리 전문성 가진 지도자, 지도자 교육계획 수립, 지도자 성범죄 · 아동학대 확인 및 예방 · 관리
		4. 지도자 역할 및 배치	지도자 역할 분담, 지도자 수는 최소 2명 이상, 협업 · 컨소시엄시 역할분담 정도와 협약서
	활동환경	5. 공간과 설비의 확보 및 관리	활동에 필요한 공간과 설비, 활동에 적합하도록 공간과 설비 유지 관리
		6. 안전관리 계획	프로그램 특성 및 활동환경을 고려한 사전안전 교육계획 수립, 비상 시 대비 설비 및 기구 계획, 안전사고 대책과 사고발생시 통보계획 수립, 대인 · 대물 배상 보험가입(대인 8천만원 이상, 대물 2백만원 이상)
개별 기준	숙박형	1. 숙박관리(숙박공간 확보, 야간생활지도관리자 지정) / 2. 안전관리인력 확보(숙박안전관리 인력과 계획) / 3. 영양관리자 자격	
	이동형	숙박형(1+2+3)+ 4. 이동관리(1일 최대 이동거리 제한 및 이동관리계획) + 5. 휴식관리(청소년 및 지도자 휴식일정표)	
특별 기준	위험도가 높은 활동	1. 전문지도자 배치	지도자수 최대 2명 이상, 지도자의 프로그램과 참여자의 특성 이해, 지도자간 역할분담
		2. 공간과 설비의 법령 준수	인증 신청기관의 수련활동 운영 가능 기관인지, 활동공간 확보, 장비 유지 · 관리 여부 파악
	학교단체 숙박형	1. 학교단체 숙박형 활동관리	프로그램 목적 달성, 숙박과 식사의 질적수준 관리, 안전사고 관련 보험 가입
	비대면방식 실시간 쌍방향	1. 실시간 쌍방향 활동 운영관리	실시간 프로그램 운영이 가능한 플랫폼 활용, 청소년과 지도자가 비대면 방식으로 쌍방향 소통 및 즉각적인 피드백이 가능한 활동(참여자의 참여여부, 피드백 방법, 온라인상의 보안사항 준수 여부 확인)
	비대면방식 콘텐츠 활용중심	1. 콘텐츠 활용 중심 활동 운영 관리	청소년이 지정된 녹화 강의 또는 사전 제작된 콘텐츠로 정보를 습득하고 지도자는 비대면 방식으로 활동의 진행여부를 확인하고 사후 피드백을 제공하는 활동

구분	영역/유형	기 준	내 용
	비대면방식 과제수행 중심	1. 과제수행 중심 활동 운영 및 관리	청소년이 자기주도적으로 과제를 수행하며 활동의 목적을 달성할 수 있도록 지도자가 비대면 방식으로 과제 제시 및 사후 피드백을 진행하는 활동

● 표 10-7 위험도가 높은 청소년 수련활동

구 분	프로그램 내용
수상활동	래프팅, 모터보트, 동력요트, 수상오토바이, 고무보트, 수중스쿠터, 레저용 공기부양정, 수상스키, 조정, 카약, 카누, 수상자전거, 서프보트, 스킨스쿠버
항공활동	패러글라이딩, 행글라이딩
산악활동	암벽타기(자연암벽, 빙벽), 산악스키, 야간등산(4시간 이상의 경우만 해당)
장거리걷기활동	10Km 이상 도보이동
그 밖의 활동	유해성 물질(발화성, 부식성, 독성 또는 환경유해성 등), 하강레포츠, ATV탑승 등 사고위험이 높은 물질 · 기구 · 장비 등을 활용하여 이루어지는 청소년수련활동

▢ 청소년활동안전센터

- 청소년활동안전센터는 안전사고 예방과 체계적 대응 및 법적 의무사항의 효율적 추진을 위한 기구
- 청소년 수련활동 신고대상과 인증 의무화, 종합점검, 평가 등 청소년 활동의 안전사고 예방과 관리를 담당
- 청소년과 시설 운영자 및 지도자 등 대상별 맞춤형 안전 교육을 지원
- 수련활동 현장 점검, 안전관리 컨설팅 실시

chapter

11

청소년복지지원법

1. 제정의의
2. 용어의 정의
3. 주요 조문해설

제　　　정: 2004. 2. 9.

「청소년복지지원법」은 실태조사, 청소년증, 청소년의 건강보장, 지역사회 청소년통합지원체계, 위기청소년 특별지원, 청소년 가출 예방 및 보호 · 지원, 이주배경청소년에 대한 지원, 예방적 · 회복적 보호지원, 한국청소년상담복지개발원, 청소년상담복지센터, 청소년복지시설 등으로 구성되어 있으며, "청소년복지 증진에 관한 사항을 정함을 목적"으로 하면서 다음과 같은 제정의의와 내용을 담고 있다.

1. 제정의의

① 청소년의 성장과 생활에 필요한 기초적인 여건이 미비하여 이를 보완하기 위한 사회 · 경제적인 특별한 지원이 필요한 청소년과 교육적인 선도가 필요한 비행청소년에 대하여 기초생활보장, 학업 · 의료 지원, 직업능력 강화와 상담 · 수련 · 체육활동 등의 다양한 활동을 통하여 건강한 민주시민으로 성장할 수 있도록 복지서비스 지원체계를 제도화하고,

② 모든 청소년에 대한 인권보장 및 자치권 향상, 이용요금 할인 우대 및 건강증진 등에 관한 사항을 명확히 규정하여 청소년의 권리를 신장하며,

③ 청소년의 육성과 보호 위주로 되어 있던 청소년육성 법률체계에 복지부분을 신설함으로써 청소년의 건전한 성장과 여건을 조성하기 위한 균형 있는 청소년육성의 토대를 구축한다.

④ 2012년 전부개정 이유는 청소년복지에 대한 다양한 수요에 대응하고 청소년을 효율적이고 체계적으로 지원하기 위하여 지방자치단체의 장을 중심으로 지역사회가 협력하여 업무를 수행하는 지역사회 청소년통합지원체계를 구축 · 운영하

도록 했다. 위기청소년의 유형별로 다양한 지원방안을 마련하는 등 위기청소년에 대한 보호 및 지원을 강화하며, 청소년복지지원기관 및 청소년복지시설의 설치·운영에 관한 내용을 체계적으로 정비하고 이주배경청소년지원센터의 설치·운영 근거를 마련했다.

2. 용어의 정의

이 법에서 사용하는 용어의 정의는 다음 각 호와 같다.

① "청소년"이란 9세 이상 24세 이하인 사람을 말한다.

② "청소년복지"란 청소년이 정상적인 삶을 누릴 수 있는 기본적인 여건을 조성하고 조화롭게 성장·발달할 수 있도록 제공되는 사회적·경제적 지원을 말한다.

③ "보호자"란 친권자, 법정대리인 또는 사실상 청소년을 양육하는 사람을 말한다.

④ "위기청소년"이란 가정 문제가 있거나 학업 수행 또는 사회 적응에 어려움을 겪는 등 조화롭고 건강한 성장과 생활에 필요한 여건을 갖추지 못한 청소년을 말한다.

⑤ "가정 밖 청소년"이란 가정 내 갈등·학대·폭력·방임, 가정해체, 가출 등의 사유로 보호자로부터 이탈된 청소년으로서 사회적 보호 및 지원이 필요한 청소년을 말한다.

⑥ "청소년부모"란 자녀를 양육하는 부모가 모두 청소년인 사람을 말한다.

3. 주요 조문해설

1) 실태조사

여성가족부장관은 위기청소년의 위기 원인 및 실태를 파악하는 등 청소년복지 향상을 위한 정책수립에 활용하기 위하여 3년마다 위기청소년에 대한 실태조사를 실시하고, 그 결과를 공표하도록 그 근거규정을 마련했다. 여성가족부장관은 실태조사에 필요한 경우에는 관계 중앙행정기관의 장, 지방자치단체의 장 또는 「공공기관의 운영에 관한 법률」에 따른 공공기관의 장, 그 밖의 관련 법인 · 단체의 장에게 필요한 자료 제출 또는 의견 진술을 요청할 수 있고, 이 경우 요청을 받은 자는 정당한 사유가 없으면 이에 협조하도록 하고 있다.

2) 청소년의 우대 및 청소년증 발급

청소년증은 9~18세 이하 청소년을 대상으로 발급되는 신분증이다. 청소년증은 학생 · 비학생 간 차별 없이 교통수단 · 문화시설 이용 등에서 청소년 할인 혜택을 받을 수 있도록 2003년 도입되었다. 청소년증 발급 활성화를 위하여 2015년 「청소년복지 지원법」 시행규칙을 개정, 주소지와 관계없이 모든 시 · 군 · 구청(읍 · 면 · 동 주민센터)에서 본인뿐만 아니라 부모 등 대리인도 신청 가능할 수 있게 됐다.

청소년증 신청 시 청소년 본인은 사진 1매를 지참하여 청소년증 발급신청서(신청기관에 비치)와 제출하면 되며, 대리인인 경우 청소년 사진 1매와 대리인 신분증, 대리를 증명할 수 있는 서류를 지참하면 된다.

3) 청소년의 건강보장

국가 및 지방자치단체는 성별 특성을 고려하여 청소년의 건강 증진 및 체력 향상을 위한 질병 예방, 건강 교육 등의 필요한 시책을 수립하여야 하며, 보호자는 양육하는 청소년의 건강 증진 및 체력 향상에 노력하여야 한다. 국가 및 지방자치단체는 관련 기관과 협의하여 성별 특성을 반영한 청소년의 건강·체력 기준을 설정하여 보급할 수 있으며, 여성청소년의 건강한 성장을 위하여 생리대 바우처를 지원한다.

여성청소년을 대상으로 생리대 바우처를 지원하는 대상은 국민기초생활수급자(생계, 의료, 주거, 교육급여 수급자), 차상위계층, 한부모가족지원법에 따른 지원대상자이다. 신청 방법은 읍·면·동 주민센터 방문신청 또는 복지로 온라인·모바일 어플로 신청하며, 청소년 대상자 본인, 부모 등 주 양육자가 신청 가능하다. 생리대 구매비용을 국민행복카드를 통해 바우처 포인트로 사용 가능하며, 수혜자는 국민행복카드를 발급 받아 카드사별 가맹점에서 판매하는 생리용품(일회용생리대, 탐폰, 생리컵, 면생리대) 구매가 가능하다.

국가 및 지방자치단체는 청소년의 체력검사와 건강진단을 실시할 수 있도록 했는데, 학교밖 청소년 중 9세 이상 18세 이하의 청소년을 우선 대상으로 하고 있다. 현재 「학교보건법」에 따라 초·중·고등학생은 매년 정기적으로, 대학생은 학교 자율적으로 실시하고 있으며, 일반 국민도 「국민건강보험법」에 따라 건강보험가입자와 가입자의 40세 이상 세대원에게 건강진단을 실시하고 있으나, 생활이 어려워 학교를 다니지 못하는 청소년 가운데 정기적으로 건강진단을 받지 못하고 있는 청소년이 상당수 있다고 판단되어 이러한 청소년에게 시·군·구가 건강진단을 지원할 수 있도록 한 것이다.

4) 청소년안전망(지역사회청소년통합지원체계)

지방자치단체의 장은 관할구역의 위기청소년을 조기에 발견하여 보호하고, 청소년

보호를 효율적으로 수행하기 위하여 지방자치단체, 공공기관, 청소년단체 등이 협력하여 업무를 수행하는 청소년안전망(지역사회청소년통합지원체계(CYS-Net: Community Youth Safety-Net))를 구축 · 운영하여야 한다.

● 표 11-1 청소년안전망 구축현황

구분	소계	서울	부산	대구	인천	광주	대전	울산	세종	경기	강원	충북	충남	전북	전남	경북	경남	제주
시·도	17	1	1	1	1	1	1	1	1	1	1	1	1	1	1	1	1	1
시·군·구	223	25	15	8	9	5	2	4	–	32	13	12	15	14	22	22	21	2
합계	240	26	16	9	10	6	3	5	1	33	14	13	16	15	23	23	22	3

자료: 2023 청소년 사업안내, 여성가족부, 2023.

청소년안전망은 지자체 책임하에 지역사회 내 청소년 관련 자원을 연계하여 학업중단, 가출, 인터넷 중독 등 위기청소년에 대한 상담 · 보호 · 교육 · 자립 등 맞춤형 서비스를 제공하여 청소년의 건강한 성장 및 복지증진을 도모한다.

청소년안전망은 다음의 사업을 수행하도록 하고 있다. 위기청소년 발견 · 보호 및 지원을 위한 활동 지원, 상담전화 등의 설치 · 운영, 청소년에 대한 상담, 긴급구조, 보호, 의료지원, 학업지원, 자립지원 등의 서비스 제공 및 상담복지 사례를 관리한다.

(1) 청소년안전망 필수연계기관의 구성 및 역할

청소년안전망은 다음의 기관 또는 단체를 반드시 포함하여 구성하도록 하고 있다. 지방자치단체, 청소년상담복지센터, 청소년복지시설 및 청소년 지원시설, 청소년단체, 특별시 · 광역시 · 도 교육청 및 교육지원청, 학교, 지방경찰청 및 경찰서, 공공보건의료기관 및 보건소, 청소년 비행예방센터, 지방고용노동청 및 지청, 학교 밖 청소년 지원센터, 보호관찰소 및 보호관찰지소 등이다.

필수연계기관의 협력의무 등에 관한 구체적인 사항은 다음과 같다.

① **지방자치단체**: 통합지원체계의 활성화를 위하여 필수연계기관의 활동을 상호 연

계하거나 협력을 촉진하기 위한 조치의 추진

② **시 · 도 교육청 및 교육지원청:** 관할지역 안의 학교폭력, 학업중단 등 위기상황에 처한 학생에 대한 상담 지원 의뢰 및 학교 내 상담 활성화를 위한 협조

③ **각급 학교:** 해당 학교의 학생이 학교폭력 등 위기상황, 학교부적응 등의 사유로 결석하거나 자퇴를 희망하는 경우 또는 그 밖에 전문적인 상담서비스의 제공이 필요하다고 판단되는 경우 상담지원 의뢰

④ **청소년비행예방센터:** 위기청소년에 대한 비행예방교육 및 상담활동 협조

⑤ **경찰관서:** 가정 밖 청소년 등 위기상황에 처한 청소년을 발견한 경우 보호의뢰 및 긴급구조를 필요로 하는 위기청소년에 대한 구조 협조

⑥ **지방고용노동관서:** 위기청소년에 대하여 직업훈련 또는 취업지원을 요청하는 경우 이에 대한 협조

⑦ **공공보건의료기관 및 보건소:** 위기청소년에 대하여 진료 또는 치료지원을 요청하는 경우 이에 대한 협조

⑧ **청소년복지시설 및 청소년지원시설:** 청소년에 대한 일시 · 단기 또는 중장기적 보호 협조

⑨ **학교 밖 청소년 지원센터:** 위기청소년에 대하여 「학교 밖 청소년 지원에 관한 법률」에 따른 업무에 관한 지원을 요청하는 경우 이에 대한 협조

⑩ **보호관찰소:** 보호관찰 대상 청소년에 대하여 전문적인 상담 · 복지서비스의 제공이 필요하다고 판단되는 경우 상담 · 복지지원 등의 의뢰 등이다.

청소년 안전망 (지역사회 청소년 통합지원 체계)	단계	구분	내용
	발견		⊙ 상담채널: 청소년상담1388(전화 · 모바일 · 사이버상담) ⊙ 찾아가는 거리상담(아웃리치), 청소년쉼터, 청소년자립지원관, 청소년회복지원시설, 경찰서, 학교, 보건소 등
	⇩ 개입		⊙ 긴급구조 및 일시보호 ⊙ 심리검사, 사례판정회의를 통한 필요서비스 도출 ⊙ 전문상담사 또는 청소년동반자 개입
	⇩ 통합서비스 제공 (*사례관리에 적합한 사업으로 연계하여 진행)	가출	⊙ 의식주 지원: 청소년쉼터 ⊙ 가정 · 사회복귀 및 자립지원: 청소년자립지원관 등
		학교 밖 청소년 지원	⊙ 학업복귀, 직업체험 : 학교 밖 청소년 지원센터 ⊙ 학업중단숙려제 운영
		인터넷 · 스마트폰 과의존	⊙ 인터넷 · 스마트폰 치유캠프 운영 ⊙ 인터넷 · 스마트폰 과의존 상담 전담인력 배치
		학교폭력	⊙ 또래상담 프로그램 운영
		경제적 지원	⊙ 학비, 생활비 등 청소년 특별지원
	⇩ 사후관리		⊙ 대면상담, 전화 · 화상 · 문자 · SNS 등 비대면(매체)상담 및 필요시 복지지원 서비스 연계

【연계 및 지역자원】

① (필수연계기관) 학교, 교육청, 노동관서, 국공립 의료기관, 보건소, 청소년쉼터, 청소년지원 시설 등
② (1388청소년지원단) 위기 청소년을 조기 발견하고 원활히 보호하기 위한 자발적 참여조직
③ (학교지원단) 학교에서의 청소년상담복지센터 상담 의뢰 활성화

【사후관리】

① 개념
- 사례 종결한 청소년이 청소년안전망 서비스 개입효과를 유지하여 원활하게 사회에 적응할 수 있도록 일정기간 상담(매체 등), 정보 제공 등의 사후 서비스 제공

② 대상 및 기간
- 대상: 자살 · 자해 및 비행(폭력가해) 등 고위기 사례 종결 청소년
  ※ 대상자의 명확한 서비스 거부 등 사후관리가 불가능한 경우 제외
- 기간: 3개월 ~ 6개월
  ※ 최소기간을 3개월로 하되 대상 · 사안별로 탄력적으로 운영 가능

③ 방법 및 내용
- 방법: 대면상담, 전화 · 화상 · 문자 · SNS 등 비대면(매체)상담 및 필요시 복지지원 서비스 연계
- 내용: 상담 및 심리지원을 통한 고위기 문제 재발방지

자료 : 2023 청소년사업안내, 여성가족부, 2023

● 그림 11-1 청소년안전망 운영체계

(2) 청소년안전망 운영조직

청소년복지심의위원회는 지방자치단체의 장이 청소년안전망의 원활한 운영을 위하여 필요하다고 인정하는 경우 청소년안전망을 구성하는 기관·단체의 장 또는 종사자와 그 밖에 청소년복지에 대하여 지식과 경험이 풍부한 사람으로 구성한다. 청소년복지심의위원회의 역할은 위기청소년의 가족 및 보호자에 대한 여비 등 실비 지급, 특별지원 대상 청소년 및 선도 대상 청소년 선정, 청소년안전망 운영 실태점검 및 활성화 방안, 필수연계기관 간 위기청소년 지원연계 활성화 방안, 위기청소년의 발견 및 보호와 관련된 정책, 조례·규칙의 제·개정 제안, 기타 위기청소년의 발견 및 보호를 위하여 필요하다고 인정하는 사항으로서 시·도 또는 시·군·구 심의위원회 위원장이 부의하는 사항 등이다. 반기별 최소 1회 이상 청소년복지심의위원회를 개최해야 한다.

청소년복지실무위원회는 위기청소년의 조기 발견 및 통합서비스 제공을 위한 연계 활성화를 위해 상담복지센터에 20명 내외의 위원으로 구성된 실무자급 위원회를 말한다. 청소년복지실무위원회의 위원은 필수연계기관의 청소년 업무 담당자(실무자), 위기청소년 관련 전문가, 위기청소년 통합지원 제공을 위해 협력이 필요한 공공기관 및 아동·청소년 관련 기관 또는 단체에서 추천하는 자로 구성한다. 주요 역할로는 해당 지역의 위기청소년을 지원할 수 있는 기관 등의 조사 및 발굴, 위기청소년 사례의 발굴·평가 및 판정, 위기청소년의 특성에 따른 연계방안 모색, 그 밖에 청소년안전망의 활성화를 위한 방안 협의 등이다. 연중 4회(반기별 각 2회) 이상 운영하되, 필요시 분과위원회 회의로 대체 가능하다.

1388청소년지원단은 청소년안전망의 일부분으로서 위기청소년을 조기에 발견하고 위험에 노출된 청소년을 지원하는 역할을 수행하기 위한 민간의 자발적 참여 조직이다. 참여대상으로는 지역사회 약국, 병원, PC방, 노래방, 택시회사, 학원, 자원봉사자, 변호사, 교사, 기타 청소년 관련 기관 등 민간 차원의 자발적 참여조직으로, '발견·구조', '의료·법률', '복지', '상담·멘토지원' 등의 하부지원단을 꾸려 운영한다. 주요 역할로는 위기청소년 조기 발견 및 청소년안전망 연계에 관한 사항, 위기청소년에 대한 통합 지원을 위한 각 기관별 보유자원의 유 · 무상제공(통합지원 종결 후 결연 · 후원 제공 등)에 관한 사항 등이다. 1388청소년지원단장 중심의 총회를 연 1회 실시한다.

(3) 위기청소년통합지원정보시스템의 구축 및 운영

여성가족부장관은 위기청소년 관련 정보의 효율적 처리, 정보 공유 및 기관 간 서비스 연계 등 통합지원체계를 효율적으로 운영하기 위하여 위기청소년통합지원정보시스템을 구축 · 운영하고 있다. '위기청소년통합지원정보시스템'은 위기청소년을 조기에 발견하고, 위기 유형에 따른 맞춤형 서비스를 보다 신속 · 효과적으로 제공하기 위한 사업이다. 보건복지부, 교육부, 경찰청, 병무청 등 관련부처 간 정보 · 서비스를 연계하는 한편, 청소년 사회안전망 운영을 효율화할 계획이다.

5) 위기청소년 특별지원

국가 및 지방자치단체는 대통령령으로 정하는 바에 따라 위기청소년에게 필요한 사회적 · 경제적 지원(이하 "특별지원"이라 한다)을 할 수 있다. 특별지원은 생활지원, 학업지원, 의료지원, 직업훈련지원, 청소년활동지원 등 대통령령으로 정하는 내용에 따라 물품 또는 서비스의 형태로 제공한다. 다만, 위기청소년의 지원에 반드시 필요하다고 인정되는 경우에는 금전의 형태로 제공할 수 있다.

특별지원대상 청소년의 선정 기준, 범위 및 기간과 그 밖에 필요한 사항은 대통령령으로 정하고 있는데, 특별지원대상 청소년은 그동안 가구원 소득확인 방법을 소득 · 재산 조사방식에서 2016년 1월 1일부터 건강보험료 납부영수증 확인 방식으로 변경하여 서류를 간소화했고, 소득 · 재산 조사에 소요되던 시간이 단축되어 해당 청소년에게 보다 신속하게 생계비 · 치료비 등의 지원이 가능하게 됐다. 선정기준은 대상자 가구소득 중위소득 100% 이하이다.

대상은 9세 이상 24세 이하의 청소년 중 다음 각 호의 어느 하나에 해당하는 위기청소년 중에서 선정하도록 하고 있다. ① 비행 · 일탈 예방을 위하여 지원이 필요한 청소년, ② 학교밖 청소년, ③ 보호자가 없거나 실질적으로 보호자의 보호를 받지 못하는 청소년, 사회 · 경제적 요인으로 일정기간(3개월) 이상 집이나 한정된 공간에서 외부와 단절된 상태로 생활하여 정상적 생활이 현저히 곤란한 청소년(은둔형 청소년) 등이다.

위기청소년을 특별지원대상 청소년으로 선정하여 줄 것을 신청할 수 있는 자는 청소년 본인 또는 그 보호자, 청소년지도자, 교원, 사회복지사, 지방자치단체에서 청소년 업무를 담당하는 공무원 등이다.

표 11-2 청소년 특별지원 종류 및 내용

지원종류	지원 내용	지원 금액
생활지원	① 의복 · 음식물 및 연료비 기타 일상생활에 필요한 기초 생계비 ② 숙식 제공	월 65만원 이하
건강지원	① 진찰 · 검사 ② 약제 · 치료재료의 지급 ③ 처치 · 수술, 기타 치료 ④ 예방 · 재활 ⑤ 입원, 간호 ⑥ 이송 등 기타 조치사항	연 200만원 이하
학업지원	① 초 · 중등교육법 제2조에 의한 학교 입학금 및 수업료 ② 교과서대금 ③ 초 · 중등교육법시행령 제97조 제1항에 의한 고등학교 입학자격 검정고시 및 동법 제98조 제1항에 의한 고등학교 졸업학력 검정고시의 준비에 필요한 학원비 ④ 학원비(교과목 관련)	월 15만원(수업료) 월 30만원 이하 (검정고시) 월 30만원 이하
자립지원	① 기술 및 기능 습득을 위한 비용 ② 진로상담 비용 및 직업체험 비용 ③ 취업알선 및 사후지도 비용	월 36만원 이하
상담지원	① 정신적 · 심리적 치료를 위한 청소년 본인 및 가족의 상담비, 심리검사비 ② 프로그램 참가비	월 30만원 이하 심리검사비 (연 40만원) 별도
법률지원	① 소송비용 ② 법률상담비용	연 350만원 이하
청소년 활동지원	① 수련활동비 ② 문화활동비(문화체험비) ③ 교류활동비 등	월 30만원 이하
기타 지원	① 청소년이 수치심을 느낄 수 있는 외모 및 흉터 등의 교정 ② 교복 지원, 체육복 등 ③ 학용품비, 수업준비물 등	

자료: 여성가족부 홈페이지.

특별지원의 항목별 지원은 「국민기초생활 보장법」, 「긴급복지지원법」, 「의료급여법」, 「사회복지사업법」, 「성폭력방지 및 피해자보호 등에 관한 법률」, 「가정폭력방지 및 피해자보호 등에 관한 법률」 등 다른 법령에 따라 동일한 내용의 지원을 받지 않는 경우만 해당하며, 지원내용에 따른 구체적인 금액은 여성가족부장관이 정한다. 위의 지원은 그 지원기간을 1년 이내로 하되, 필요한 경우 1년의 범위에서 한 번 연장할 수 있다.

6) 가정 밖 청소년, 이주배경청소년, 청소년부모 지원

여성가족부장관 또는 지방자치단체의 장은 가정 밖 청소년의 발생을 예방하기 위한 교육 · 홍보 · 연구 · 조사 등 각종 정책을 수립 · 시행하여야 한다. 국가 및 지방자치단체는 가정 밖 청소년의 가정 · 사회 복귀를 돕기 위하여 상담, 보호, 자립 지원, 사후관리 등 필요한 조치를 하여야 한다. 보호자는 가정 밖 청소년의 발생을 예방하기 위하여 노력하여야 하며, 가정 밖 청소년의 가정 · 사회 복귀를 위한 국가 및 지방자치단체 등의 노력에 적극 협조하여야 한다.

국가 및 지방자치단체는 다문화가족의 청소년과 국내로 이주하여 사회 적응 및 학업 수행에 어려움을 겪는 이주배경청소년의 사회 적응 및 학습능력 향상을 위하여 상담 및 교육 등 필요한 시책을 마련하고 시행하여야 한다.

국가 및 지방자치단체는 청소년부모에게 아동의 양육 및 교육 서비스, 방문건강관리사업 서비스, 교육 · 상담 등 가족 관계 증진 서비스, 그 밖에 청소년부모에 대한 가족지원 서비스를 할 수 있다. 청소년부모에 대한 가족지원 서비스로는 자녀양육지도, 정서지원 등의 생활도움 서비스와 서비스 연계 등을 통한 통합지원관리 서비스 등이 있다. 청소년부모에 대한 복지지원으로는 생활지원, 의료지원, 주거지원, 청소년활동지원 등이 있고, 청소년부모가 학업을 할 수 있도록 교육지원, 직업체험 및 취업지원을 지원할 수 있다.

7) 예방적 · 회복적 보호지원

특별자치시장 · 특별자치도지사 또는 시장 · 군수 · 구청장은 청소년의 비행 · 일탈을 예방하고 가정 · 학교 · 사회생활에 복귀 및 적응하는 것을 돕기 위하여 다음 각 호의 어느 하나에 해당하는 청소년에 대하여 청소년 본인, 해당 청소년의 보호자 또는 청소년이 취학하고 있는 학교의 장의 신청에 따라 예방적 · 회복적 보호지원(이하 "보호지원"이라 한다)을 실시할 수 있다. 이 경우 해당 청소년의 보호자 또는 학교의 장이 보호지원을 신청하는 때에는 청소년 본인의 동의를 받아야 한다.

1. 비행 · 일탈을 저지른 청소년
2. 일상생활에 적응하지 못하여 가정 또는 학교 외부의 교육적 도움이 필요한 청소년

보호지원은 해당 청소년이 정상적인 가정 · 학교 · 사회 생활에 복귀 및 적응하는 데에 도움이 되는 방법으로서, 상담 · 교육 · 자원봉사 · 수련 · 체육 · 단체활동 등 대통령령으로 정하는 방법에 따라 한다. 보호지원의 기간은 6개월 이내로 한다. 다만, 특별자치시장 · 특별자치도지사 또는 시장 · 군수 · 구청장은 보호지원의 결과를 검토하여 보호지원의 연장이 필요하다고 인정하는 경우, 청소년 본인의 동의를 받아 6개월의 범위에서 한 번 연장할 수 있다.

8) 한국청소년상담복지개발원과 청소년상담복지센터

한국청소년상담복지개발원은 다음과 같은 사업을 수행한다.

1. 청소년 상담 및 복지와 관련된 정책의 연구
2. 청소년 상담 · 복지 사업의 개발 및 운영 · 지원
3. 청소년 상담기법의 개발 및 상담자료의 제작 · 보급

4. 청소년 상담 · 복지 인력의 양성 및 교육
5. 청소년 상담 · 복지 관련 기관 간의 연계 및 지원
6. 청소년상담복지센터, 청소년복지시설 및 학교밖청소년지원센터에 대한 지도 및 지원
7. 청소년 가족에 대한 상담 · 교육
8. 통합정보시스템의 운영
9. 국가가 설치하는 청소년치료재활센터 및 청소년보호 · 재활센터의 유지 · 관리 및 운영
10. 그 밖에 청소년상담원의 목적을 수행하기 위하여 필요한 부수사업

아울러 특별시장 · 광역시장 · 특별자치시장 · 도지사 및 특별자치도지사 및 시장 · 군수 · 구청장은 청소년에 대한 상담 · 긴급구조 · 자활 · 의료지원 등의 업무를 수행하기 위하여 청소년상담복지센터를 설치 · 운영할 수 있다.

청소년상담복지센터가 수행하는 기능은 다음과 같다.

1. 청소년과 부모에 대한 상담 · 복지 지원
2. 상담 · 복지 프로그램의 개발 및 운영
3. 상담 자원봉사자와 「청소년기본법」 제3조 제7호에 따른 청소년지도자에 대한 교육 및 연수
4. 청소년 상담 또는 긴급구조를 위한 전화 운영
5. 청소년 폭력 · 학대 등으로 피해를 입은 청소년의 긴급구조, 법률 및 의료 지원, 일시 보호 지원
6. 청소년의 자립능력 향상을 위한 자활(自活) 및 재활(再活) 지원 등

9) 이주배경청소년지원센터

여성가족부장관은 제18조에 따른 이주배경청소년 지원을 위한 이주배경청소년지

원센터를 설치 · 운영할 수 있다. 이주배경청소년지원센터는 다음 각 호의 업무를 수행한다.

1. 이주배경청소년 복지에 관한 종합적 안내
2. 이주배경청소년과 그 부모에 대한 상담 및 교육
3. 이주배경청소년의 지원을 위한 인력의 양성 및 연수
4. 이주배경청소년에 대한 국민의 올바른 이해를 돕기 위한 사업
5. 이주배경청소년의 실태에 관한 조사 · 연구
6. 이주배경청소년의 사회 적응을 위한 프로그램 개발 및 보급 등

10) 청소년복지시설의 종류

「청소년기본법」 제3조는 "청소년복지라 함은 청소년이 정상적인 삶을 누릴 수 있는 기본적인 여건을 조성하고 조화롭게 성장 · 발달할 수 있도록 제공되는 사회적 · 경제적 지원을 말한다"라고 정의하고 있다. 이를 근거로 한 「청소년복지지원법」 제32조는 "국가 및 지방자치단체는 청소년복지시설을 설치 · 운영하여야 한다"라고 규정하고 있다.

「청소년기본법」 제17조에 따른 청소년복지시설의 종류는 다음과 같다.

1. 청소년쉼터: 가정 밖 청소년에 대하여 가정 · 학교 · 사회로 복귀하여 생활할 수 있도록 일정 기간 보호하면서 상담 · 주거 · 학업 · 자립 등을 지원하는 시설
2. 청소년자립지원관: 일정 기간 청소년쉼터 또는 청소년회복지원시설의 지원을 받았는데도 가정 · 학교 · 사회로 복귀하여 생활할 수 없는 청소년에게 자립하여 생활할 수 있는 능력과 여건을 갖추도록 지원하는 시설
3. 청소년치료재활센터: 만 9~18세의 학습 · 정서 · 행동상의 정서적인 장애를 가진 청소년을 대상으로 정상적인 성장과 생활을 할 수 있도록 해당 청소년에게 적합한 치료 · 교육 및 재활을 종합적으로 지원하는 기숙형 시설로, 국립중앙청소년

디딤센터를 들 수 있다.

4. 청소년회복지원시설: 소년법 처분(제1호 '보호자 감호위탁')을 받은 청소년에게 상담 · 주거 · 학업 · 자립 등을 지원함으로써 비행 · 탈선을 예방하고, 가정 · 사회로의 복귀와 건강한 성장을 지원하기 위한 시설이다. 주로 사법형 그룹홈(청소년회복센터)이라 한다.

(1) 청소년쉼터

청소년쉼터의 주요사업 내용은 가정 밖 청소년의 일시보호 및 숙식제공, 가정 밖 청소년의 상담 · 선도 · 수련활동, 가정 밖 청소년의 학업 및 직업훈련 지원활동, 청소년의 가출 예방을 위한 거리 상담활동, 그 밖의 청소년 복지지원에 관한 활동 등이다. 청소년쉼터의 시설에는 숙식시설, 단체활동실, 상담실, 사무실 등을 갖추도록 규정하고 있다.

청소년쉼터는 가족해체 또는 그 밖의 사유로 불가피하게 가정의 보호를 받지 못하고 있는 가출청소년(9~24세) 누구나 연중무휴로 이용할 수 있다. 일시쉼터, 단기쉼터, 중장기쉼터로 구분하여 운영하고 있으며, 최소 7일 이내부터 최장 3년까지(필요시에는 1년 단위로 연장 가능) 머물 수 있다. 가정에서처럼 의 · 식 · 주 등의 생활보호와 건강검진, 의료비 지원, 생활법률 자문, 개인 심리상담, 심리검사, 부모 · 가족과의 집단상담을 받을 수 있다. 검정고시, 개인 및 집단학습지도, 학업상담 등에 대해 도움은 물론 개인 자산관리교육, 진로탐색, 적성검사, 직업 · 자격취득 훈련지원, 취업상담 등 경제적 자립지원을 위한 도움을 받을 수 있다. 이밖에도 다양한 체험학습, 공연 및 캠프활동, 취미생활지원 등 문화여가활동을 맞춤형으로 지원받을 수 있다.

● 표 11-3 쉼터의 종류 및 기능

구분	일시쉼터	단기쉼터	중장기쉼터
기간	24시간~7일 이내 일시보호	3개월 이내 단기보호 (최장 9개월까지 연장 가능)	• 3년 이내 중장기보호 • 1회 1년에 한하여 연장 가능(최장 4년)
이용대상	가출 · 거리배회 · 노숙청소년	가정 밖 청소년	자립의지가 있는 가정 밖 청소년
기능	• 위기개입상담, 진로지도, 적성검사 등 상담서비스 제공 • 가정 밖 청소년 조기구조 · 발견, 단기청소년쉼터 등으로 연계 • 먹거리, 음료수 등 기본적인 서비스 제공 등 • 의료서비스 지원 및 연계	• 가정 밖 청소년 문제해결을 위한 상담 · 치료 및 예방활동 • 의식주, 의료 등 보호 서비스 제공 • 가정 및 사회복귀대상 청소년 분류, 연계서비스	• 가정복귀가 어렵거나 특별히 장기간 보호가 필요한 위기청소년을 대상으로 학업 · 자립 지원 등 특화된 서비스 제공
위치	이동형(차량), 고정형(청소년유동지역 및 주요 도심)	주요 도심별	주택가
지향점	가출예방, 조기발견, 초기개입 및 보호	보호, 가정 및 사회복귀	자립지원

자료: 2023 청소년사업안내, 여성가족부, 2023.
※ 2022년 현재: 일시쉼터 32개소(고정형 19, 이동형 13), 단기쉼터 67개소(남 30, 여 37), 중장기쉼터(남 18, 여 21) 39개소 / 총 138개소 운영.

(2) 청소년자립지원관

청소년자립지원관은 입소기간에 제한을 두지 않고 24세 이하의 청소년을 주요 대상으로 하며, 독립생활을 하기 전 자립역량을 갖추도록 보호보다 자립에 초점을 맞추고 있다. 청소년자립지원관은 취 · 창업지원, 지속적 근로활동을 통한 자립기반 마련, 쉼터 퇴소 이후 주거지원 등 '자립시작단계'에 초점을 맞추고, 시설 퇴소 청소년의 상황과 특성을 고려하여 다양한 형태의 주거지원을 기반으로 독립생활자를 위한 임대료(월세) 지원, 자립생활 체험, 정부차원의 주거취약계층 지원사업 연계 등 실질적 자립생활을 지원하고 있다. 2022년 현재 서울, 부산, 대구, 인천, 대전, 경기, 충남에 총 11개소가 운영되고 있다.

● 표 11-4 청소년자립지원관과 청소년쉼터의 특성

구분	자립지원관	중장기쉼터
주 목적	쉼터 퇴소 후 가정 및 학교 복귀가 어려운 청소년들에게 안정적인 환경 제공 및 자립지원을 통한 사회정착 지원	가정복귀가 어려워 중장기 보호가 필요한 청소년들 보호 및 자립지원을 통한 사회복귀
이용대상 및 시설당 정원	쉼터 퇴소 후 장기적인 보호와 자립지원이 필요한 후기 청소년 7~8명	가정복귀가 어렵고 학업 및 자립의지가 있는 청소년 10인 미만
보호기간	기한 없음	3년 이내, 최대 4년
종사자	시설장 1, 자립지원 요원 1, 행정원(취사원) 1, 총 3명	시설장 1, 보호 · 상담원 2, 행정원(취사원) 1, 총 4명
서비스	중장기쉼터 제공 서비스 + 독립생활 지원	기초생활관리, 직업지원, 학업지원, 정서적 지지 및 상담

자료: 청소년자립지원관 운영모형 개발연구, 여성가족부 · 한국청소년정책연구원, 2017.

(3) 청소년치료재활센터

「청소년복지지원법」과 「청소년보호법」에 근거하여 설립한 청소년보호 · 복지시설로는 경기 용인에 소재해 2012년 12월에 개원한 청소년치료재활센터인 국립중앙청소년디딤센터(www.nyhc.or.kr)를 들 수 있다. 정서 · 행동장애 청소년의 치료 · 재활을 위한 종합적 · 전문적 서비스를 제공하는 기숙형 원스톱(One-stop) 지원시설로 인터넷게임 중독, 학대 및 학교폭력 피해, 따돌림, 학교부적응 등으로 인해 정서 · 행동장애를 겪는 청소년에게 치료재활 · 생활보호 · 자립지원 · 교육서비스 등을 종합적으로 제공하고 있다. 대상자 개별 상황에 따라 탄력적으로 프로그램을 운영하고 문제 영역별로 맞춤형 서비스를 제공하고 있다.

만 9세부터 만 18세까지 입소대상이며, 프로그램 운영은 장기, 단기과정으로 운영하고 있다. 공동체 생활을 통해 청소년들이 심리적 안정을 증진시키고 대인관계를 향상시키며 나아가 개인의 변화와 성장을 지원한다. 공동생활 가정에는 청소년상담사, 사회복지사, 청소년지도사가 배정되어 청소년의 변화와 성장을 촉진하고, 청소년들 간의 상호작용을 통해 태도와 가치의 변화를 촉진하도록 한다.

2021년 11월에 '국립대구청소년디딤센터'가 추가 개원했다. 또 지역수요와 접근성을 고려하여 호남권 디딤센터를 전북 익산에 건립 예정이며, 2027년 광주광역시에 국립청소년치료센터가 건립될 예정이다.

(4) 청소년회복지원시설(청소년회복센터: 사법형그룹홈)

「소년법」 처분(제1호 '보호자 감호위탁')을 받은 청소년의 상당수는 가정환경이 취약하여 보호자에게 위탁하는 것이 현실적으로 불가능하다. 청소년회복지원시설인 청소년회복센터(사법형 그룹홈)는 가정이 해체되어 정상적인 양육을 제대로 받지 못하는 소년재판을 받은 청소년들을 부모와 가족을 대신해 보살피고 훈육하는 시설이다.

청소년회복지원시설은 2022년 12월말 기준으로 부산, 광주, 대전, 울산, 경기, 경남, 제주에 총 18개의 시설이 운영되고 있다. 주요 기능은 처분 청소년에게 가정과 같은 환경을 제공하여 생활지원, 심리지원, 학업 · 진로 등 서비스 지원을 통해 재범방지와 건강한 성장을 돕고 있다.

알고 갑시다!

▢ 한국청소년상담복지개발원

- 1990년 개원, 1999년 한국청소년상담원, 2012. 8 명칭 변경
- 청소년 상담 · 복지 관련 정책의 연구개발, 청소년 상담기법의 연구 및 상담자료의 제작 · 보급
- 국가자격제도 청소년상담사 자격검정 및 연수
- 청소년상담복지센터 직무교육 및 전문연수, 부모교육, 또래상담, 품성계발 등 청소년의 건전한 가치관 정립 프로그램 운영
- 위기청소년 청소년안전망(지역사회청소년통합지원체계) 운영지원 및 지역 청소년상담복지센터, 학교 밖 청소년지원센터 지도 지원
- 사이버상담 등 청소년상담 사업의 운영, 취약계층 청소년 자립지원 사업
- 인터넷 중독 기숙형 치료학교 운영 등 인터넷 중독 예방사업, 청소년 권리전담기구 '청소년희망센터' 운영

▢ 청소년상담복지센터

- 청소년의 건강한 성장과 복지증진을 목적으로, 청소년 상담, 긴급구조, 자활, 의료지원 등의 역할을 담당
- 청소년과 부모에 대한 상담 · 복지지원, 상담 · 복지 프로그램의 개발 및 운영
- 상담 자원봉사자와 청소년지도자 교육 및 연수
- 청소년 상담 또는 긴급구조를 위한 전화운영(청소년전화 1388)
- 청소년 폭력 · 학대 등으로 피해를 입은 청소년의 긴급구조와 법률 · 의료 지원 및 일시보호 지원
- 청소년의 자립능력 향상을 위한 자활 및 재활지원 등

청소년전화 1388

- 청소년전화 1388은 청소년은 물론, 학부모, 교사 등 일반국민 누구나 청소년을 위하여 이용하는 전화
- 청소년 상담, 긴급구조, 자원봉사 및 수련활동 정보제공, 인터넷 중독치료 등 청소년 관련 모든 문제에 대해 365일 24시간 원스톱 서비스 제공

청소년안전망(지역사회청소년통합지원체계)

- 위기청소년 보호지원을 위한 프로그램으로서 지역사회 시민 및 청소년 관련 기관, 단체들이 위기상황에 빠진 청소년을 발견, 구조, 치료하는 데 참여하여 건강한 민주시민으로 성장하도록 지원하기 위해 협력하는 연계망으로, 위기청소년 지원을 위한 사회안전망
- 위기청소년에 대한 상담 · 구조 · 보호 · 교육 · 자립 등 맞춤형 서비스 제공으로 가정과 사회로 복귀 · 자립할 수 있도록 지원
- 중 · 고 위기 청소년에게는 '청소년동반자'를, 가정 밖 청소년에게는 '청소년쉼터'를, 인터넷중독인 경우 '인터넷중독 치유 프로그램'을, 학교 밖 청소년에게는 '학교밖청소년지원센터'를 연계 지원
- 청소년(9세~24세)과 그 가족이라면 누구나 이용 가능

청소년 특별지원 사업

- 다른 제도 및 법에 의하여 동일한 항목의 지원을 받지 못하는 청소년을 돕는 서비스
- 청소년상담사, 청소년지도사, 사회복지사, 교원, 공무원, 청소년 본인, 보호자, 관계자 등이 시 · 군 · 구에 신청하거나 청소년안전망 운영기관에서 발굴하여 신청하면 구체적인 지원이 이루어지게 됨
- 지원되는 내용으로는 기초 생계비와 숙식 제공, 건강검진 및 치료, 고등학교 입학자격 검정고시 또는 고등학교 졸업학력 검정고시 등의 교육비용, 취업을

위한 훈련비, 폭력이나 학대 등 위기 상황에 필요한 법률상담 및 소송비용, 그 밖에 청소년의 건전한 성장을 위하여 필요하다고 인정하는 비용의 지원 등

▢ 청소년동반자

- 청소년동반자가 청소년에게 직접 찾아가서 실시한 상담을 기반으로 해당 청소년의 문제유형과 개별 특성을 고려한 서비스를 제공
- 전문적인 상담뿐만 아니라 생활·문화·체육활동 또는 주기적인 만남을 통해 관계를 형성하면서 자기계발에 필요한 서비스 지원
- 청소년이 동반자와 연결되면 청소년안전망의 전체적인 정보와 자원을 활용할 수 있도록 지원하고, 개별 청소년의 특성을 고려해 안정적이고 일관성 있는 맞춤형 지원서비스 제공
- 가출, 비행·폭력, 우울증, 인터넷중독, 학업중단, 성매매 피해 등 보다 심화된 위기상황에 직면한 청소년에게 직접 찾아가는 상담을 지원하는 서비스
- 청소년동반자는 청소년상담사, 청소년지도사, 사회복지사 등 국가자격을 소지하거나 일정 기간 청소년상담복지 관련 실무 경력을 갖춘 인력이 근무
- 보통 일주일에 1회 이상, 약 3개월간 지속적으로 상담 등의 지원을 받을 수 있음
- 지원대상은 청소년(9~24세) 중 청소년상담복지센터에서 받은 위기스크리닝 결과 중·고 위험군인 청소년을 우선 지원(청소년동반자 우선 지원 대상 : 가출, 비행·폭력, 학업중단, 성매매 피해 청소년 등)

▢ 또래상담

- 지난 1994년 청소년이 뽑은 고민상담 대상 1순위는 '친구'라는 점에 착안하여 청소년 준상담전문가 양성 프로그램 개발을 목적으로 출발
- 또래상담은 2012년 학교폭력근절 종합대책의 일환으로 여성가족부와 교육부에서 학교폭력 예방 또래상담 사업을 공동으로 추진하면서 전국 초·중·고등학

교로 확대 운영되고 있음(2022년 현재 전국 7,963개 초 · 중 · 고등학교에서 실시, 또래상담자 280,399명)

- 또래상담은 일정기간 상담훈련을 받은 청소년이 어려움을 겪고 있는 친구를 조력하는 상담활동으로, 다양한 또래상담 동아리 활동을 통하여 서로 돕고 배려하는 문화를 형성하는 청소년 자치활동
- 또래상담자는 같은 학교에서 친구들과 생활하면서 따돌림이나 학교폭력 등 어려움을 겪는 친구를 발견하고, 문제 해결을 위한 조력활동이 가능하도록 훈련을 받음

▢ 이주배경청소년지원재단(무지개청소년센터)

- 이주배경청소년 복지에 관한 종합적 안내, 이주배경청소년과 그 부모에 대한 상담 및 교육
- 이주배경청소년의 지원을 위한 인력의 양성 및 연수, 이주배경청소년에 대한 국민의 올바른 이해를 위한 사업
- 이주배경청소년의 실태에 관한 조사 · 연구, 이주배경청소년의 사회 적응을 위한 프로그램 개발 및 보급

▢ 청소년희망센터(청소년권리전담기구)

- 2011년부터 여성가족부 위탁사업의 일환으로 한국청소년상담복지개발원 내에 설치된 청소년권리전담기구
- 청소년 권리보장을 위해 청소년 유관기관 종사자 대상 청소년 권리교육, 청소년 대상 권리교육, 청소년 권리교육 강사 양성, 권리교육 매뉴얼 개발 · 보급 등의 체계적 추진, 청소년 권리 침해 예방 및 보호를 위한 사업 수행

▢ 청소년방과후아카데미

- 청소년방과후아카데미는 방과 후 홀로 방치되기 쉬운 저소득 · 맞벌이 · 한부모

등 돌봄취약계층 청소년(초 4학년~중 3학년)에게 체험활동 · 학습지원 · 급식 · 상담 등 종합적인 교육 · 복지 · 보호 서비스를 제공하여 청소년이 건강하게 성장할 수 있도록 지원하는 사업

– 취약계층 청소년의 학습 및 체험활동 기회의 불균형을 완화하고 더불어 가정의 사교육비 및 양육부담 경감에 기여

– 여성가족부와 지방자치단체가 공동으로 예산을 지원하며 청소년수련관, 청소년문화의집 등 청소년수련시설 등에 체험공간을 마련하여 방학 기간 포함 연중 1일 4시간 이상 운영

▢ 지역아동센터

– 지역아동센터는 「아동복지법」에 따른 아동복지이용시설로서, 18세 미만의 방과 후 돌봄이 필요한 지역사회 아동에게 보호 · 교육, 건전한 놀이와 오락의 제공, 보호자와 지역사회의 연계 등 종합적인 복지 서비스를 제공함으로써 건전한 성장을 지원하고 있음

– 지역아동센터는 아동의 심리 · 정서적 안정과 신체 · 인지 · 사회성 발달을 목적으로 보호, 교육, 문화, 정서지원, 지역사회연계 서비스 영역에 대한 프로그램 운영

〈지역아동센터 서비스 영역〉

서비스영역	세부프로그램
보호	일상생활관리, 위생건강관리, 급식지도, 생활안전지도, 안전귀가지도 등
교육	숙제지도, 교과학습지도, 예체능활동, 적성교육, 인성 · 사회성 교육, 자치회의 및 동아리 활동 등
문화	관람 · 견학, 캠프 · 여행, 행사 등
정서지원	상담(연고자, 아동상담, 정서지원 프로그램), 가족지원(보호자 교육, 가정방문 등)
지역사회연계	홍보, 지역사회 내 인적 · 물적 자원 연계 지원

▢ 공동생활가정(그룹홈 : 아동복지법에 의한 아동복지시설)

- 아동공동생활가정은 아동 5~7인으로 가구를 구성하여 가정적인 분위기에서 정서적인 안정과 사회적응 능력을 배양할 수 있도록 하는 보호형태로서 1997년부터 시범사업 실시
- 그룹홈 생활 아동들의 경우 기초생활보장 수급자로 선정하여 생계비(주부식비, 피복비)를 지원하고, 퇴소 시 양육시설 퇴소아동과 같은 액수의 자립지원금 지원
- 최근 소규모 가정형태의 보호체계가 요보호 아동에게 심리 · 사회적으로 안정적인 주거환경을 제공한다는 인식하에 시설보호 비중을 낮추는 방안의 하나로 공동생활가정에 대한 지원이 강화되고 있음

▢ 교육복지우선지원사업

- 저소득층이 밀집한 학교를 선정 집중 지원하여 학생의 교육 · 문화 · 복지수준을 제고하고 교육기회 균등을 실현하기 위해 추진
- 전담인력인 교육복지사는 학교에 상주하며 형편이 어려운 학생들의 학교 적응을 돕는 등 맞춤형 복지혜택을 지원하는 역할 담당

▢ 드림스타트(Dream Start : 취약계층 아동통합서비스 지원)

- 드림스타트는 취약계층 아동의 건강한 성장과 발달을 지원함으로써 공평한 출발 기회를 보장하고, 궁극적으로 빈곤의 대물림 차단 목적
- 건강 · 복지 · 보육 등 맞춤형 통합서비스를 제공하여 아동의 전인적 발달을 도모하고, 부모에게는 자녀 양육지도, 직업훈련 · 고용촉진서비스를 제공해 가족기능 회복, 양육여건 개선 등을 지원
- 지원대상은 0세(임산부)부터 만 12세(초등학교 6학년 이하)의 취약계층 아동 및 가족으로, 복지욕구조사와 및 양육환경 및 아동발달 사정을 통해서 대상 아동 선정

청소년증

- 청소년증은 만 9세 이상 18세 이하 청소년 본인임을 확인하는 신분증(학생 여부와 무관)
- 발급권자 : 특별자치도지사, 특별자치시장, 시장 · 군수 · 구청장
- 용도 : 공적신분증(대학수학능력시험 · 검정고시 · 운전면허시험, 은행 등에서 신분 증명), 청소년 우대 증표(교통시설, 문화시설, 여가시설 등에서 이용료 면제 또는 할인 증표), 교통카드(대중교통 및 편의점 등에서 선불결제)
- 신청방법 : 청소년 본인 또는 대리인이 신청 가능
  전국 어디서든 가까운 읍 · 면 · 동 주민센터에서 신청할 수 있음(주소지 무관)

청소년보호·재활센터(국립청소년인터넷드림마을)

- 청소년유해환경으로부터 청소년을 보호하고 피해청소년의 치료와 재활을 지원하기 위하여 '청소년보호 · 재활센터'를 설치 · 운영
- 인터넷 · 스마트폰 과다 사용 청소년에 대해 상시적, 효과적 치유 프로그램을 제공하기 위한 인터넷중독 상설치유기관인 '국립청소년인터넷드림마을'을 2014년 8월, 전북 무주에 설립하여 운영
  - 국립청소년인터넷드림마을에서는 인터넷 · 스마트폰 중독 정도에 따라 일반 프로그램, 심층 프로그램 과정의 치유 프로그램 운영
  - 개인 · 집단상담, 가족상담 및 수련, 대안활동 등 청소년들의 관계능력 증진 및 자존감 회복을 위한 프로그램 진행

chapter

12

청소년보호법

1. 목적
2. 용어의 정의
3. 책임소재에 따른 역할
4. 다른 법률과의 관계
5. 유해매체물의 결정 및 유통 규제
6. 법이 규정한 유해매체물
7. 청소년 인터넷게임 중독 예방
8. 청소년유해약물, 유해행위, 유해업소 등의 규제
9. 청소년보호종합대책과 청소년보호위원회

제　　정: 1997. 3. 7.

「청소년보호법」은 우리 사회의 자율화와 물질만능주의 경향에 따라 날로 심각해지고 있는 음란 · 폭력성의 청소년 유해매체물과 유해약물 등의 청소년에 대한 유통과 유해한 업소의 청소년 출입 등을 규제함으로써, 성장과정에 있는 청소년을 각종 유해한 사회환경으로부터 보호 · 구제하고, 나아가 건전한 인격체로 성장할 수 있도록 하기 위함을 입법취지로 하고 있다.

2011년 9월 제정된 전부개정안의 내용은 청소년유해업소의 범위를 확대하고, 청소년유해매체물의 판매나 대여 등을 할 때에는 본인 여부를 확인하도록 하며, 청소년유해매체물 제공자 등이 위법행위를 한 경우 그 내용 등을 공표하고, 16세 미만 청소년이 인터넷게임의 회원으로 가입할 때에는 친권자의 동의를 받도록 하며, 청소년에게 청소년유해약물 등을 제공하는 것을 금지하는 등 청소년을 유해환경으로부터 보호하기 위한 다양한 시책을 도입하고, 유해매체물의 오 · 남용의 예방 및 피해 해소, 청소년유해약물 피해 예방 및 치료 · 재활 등의 사업 근거를 규정하는 등 사후 관리 대책을 마련하는 내용을 담고 있다.
「청소년보호법」의 주요 내용은 청소년유해매체물의 결정 및 유통 규제, 청소년의 인터넷게임 중독 예방, 청소년유해약물등 청소년유해행위 및 청소년유해업소 등의 규제, 청소년보호종합대책, 청소년 보호 · 재활센터, 청소년보호위원회 등이다.

1. 목적

이 법은 청소년에게 유해한 매체물과 약물 등이 청소년에게 유통되는 것과 청소년이 유해한 업소에 출입하는 것 등을 규제하고, 청소년을 유해한 환경으로부터 보호 ·

구제함으로써 청소년이 건전한 인격체로 성장할 수 있도록 함을 목적으로 한다(법 제1조)라고 하여 개정 전의 "… 규제함으로써 청소년을 유해한 각종 사회환경으로부터 보호 · 구제한다"라는 내용에 비해 포괄적이며 거시적이라 할 수 있다.

2. 용어의 정의

① "청소년"이라 함은 만 19세 미만인 사람을 말한다. 다만, 만 19세가 되는 해의 1월 1일을 맞이한 사람은 제외한다고 하였다. 이는 개정 전의 "… 18세 미만의 자"보다 연령이 상향조정되었으며, "만 19세에 도달하는 해 1월 1일을 맞이한 자를 제외한다"하여 연나이 제도를 도입하였다.

② "매체물"이란 영화 및 비디오물, 게임물, 음반 · 음악파일 · 음악영상물 및 음악영상파일, 공연, 전기통신을 통한 부호 · 문언 · 음향 또는 영상정보, 방송프로그램, 일반일간신문 · 특수일간신문 · 일반주간신문 · 특수주간신문 · 인터넷신문 및 인터넷뉴스서비스, 잡지 · 정보간행물 · 전자간행물 및 그 밖의 간행물, 출판 간행물 · 전자출판물 및 외국간행물, 옥외광고물과 상업적 광고선전물, 그 밖에 청소년의 정신적 · 신체적 건강을 해칠 우려가 있어 대통령령으로 정하는 매체물 등을 말한다.

③ "청소년유해매체물"이란 청소년보호위원회가 청소년에게 유해한 것으로 결정하거나 확인하여 여성가족부장관이 고시한 매체물이나, 각 심의기관이 청소년에게 유해한 것으로 심의하거나 확인하여 여성가족부장관이 고시한 매체물을 말한다.

④ "청소년유해약물 등"이란 청소년에게 유해한 것으로 인정되는 '청소년유해약물'과 '청소년유해물건'을 말한다. 즉, '청소년유해약물'이라 함은 주류, 담배, 마약류, 환각물질(부탄가스, 본드, 신나), 칼라풍선(초산에틸이 함유된 유기졸이나 겔상), 환각상태

를 이르게 하는 일명 '해피벌룬' 등에 들어가는 아산화질소, 비타민담배 비타스틱 등이 해당된다.

'청소년유해물건'은 청소년에게 음란한 행위를 조장하는 성기구, 음란성 · 포악성 · 잔인성 · 사행성 등을 조장하는 완구류, 청소년유해약물과 유사한 형태의 제품으로 청소년의 청소년유해약물 이용습관을 심각하게 조장할 우려가 있는 물건으로서 여성가족부 장관이 고시한 것이다. 여성가족부 고시 청소년유해물건은 레이저포인터, 전자담배, 비타스틱 등 담배형태의 흡입제, 성기구 5종(남성용 성기확대 및 단련 기구류, 남성용 여성 성기자극 기구류: 요철식 특수콘돔, 표면마취제 벤조카인 성분이 함유된 약물주입식 콘돔, 남성용 · 여성용 자위행위 기구류) 등이다. 단, 일반형 콘돔은 청소년 판매가 가능하다.

⑤ "청소년유해업소"는 '청소년출입 · 고용금지업소'와 '청소년고용금지업소'를 말한다. '청소년출입 · 고용금지업소'란 청소년의 출입과 고용이 금지되는 업소이다. 멀티방, 유흥주점, 단란주점, 가요주점, 비디오방 · DVD방, 노래연습장(청소년실은 출입 가능), 전화방, 무도학원업, 콜라텍, 성인용품점, 일반 마사지업소, 경마 장외발매소, 경륜 · 경정 장외매장, 신 · 변종 퇴폐업소(키스방, 대딸방, 전립선마사지, 유리방, 성인PC방, 휴게텔, 인형체험방 등) 등이다.

'청소년고용금지업소'는 청소년의 출입은 가능하나 고용이 금지된 업소이다. 청소년게임제공업소, PC방, 숙박업소, 목욕장업, 이용업, 비디오물소극장업, 유해화학물질영업, 만화대여점, 만화카페, 티켓다방, 동전노래방 등이다. 일반음식점 중에서 주로 주류의 조리 · 판매를 목적으로 하는 소주방 · 호프 · 카페, 곱창구이집, 꼬치구이집, 포장마차 등과 같이 식당보다는 술집으로 인식되는 형태로 운영되는 업소(배달위주가 아닌 카페형식의 치킨체인점 포함)가 해당된다. 일반음식점에서 청소년고용금지 판단기준으로는 업소의 매출액 중 주류 · 안주류가 차지하는 비중과 내부 인테리어(칸막이, 조명 설치) 및 영업형태, 청소년의 근로시간대 및 근무형태(24시간 영업이나 밤시간대 주로 영업), 간판에 주류 판매를 표방하는 문구 등이다.

⑥ "유통"이란 매체물 또는 약물 등을 판매 · 대여 · 배포 · 방송 · 공연 · 상영 · 전

시 · 진열 · 광고하거나 시청 또는 이용하도록 제공하는 행위와 이러한 목적으로 매체물 또는 약물 등을 인쇄 · 복제 또는 수입하는 행위를 말한다.

⑦ “청소년폭력 · 학대”란 폭력이나 학대를 통하여 청소년에게 신체적 · 정신적 피해를 발생하게 하는 행위를 말한다.

⑧ “청소년유해환경”이란 청소년유해매체물, 청소년유해약물 등, 청소년유해업소 및 청소년폭력 · 학대를 말한다.

3. 책임소재에 따른 역할

「청소년보호법」에서는 청소년을 보호하기 위한 역할과 책임을 가정과 사회, 그리고 국가와 지방자치단체에 두고 있다. 이들 조항이 강제 규정이 아닌 선언적 규정일지라도 범국민적인 참여를 유도하고, 청소년에 대한 관심의 환기와 책임의식을 유발시킨다는 데 그 의미를 두고 있다.

1) 가정의 역할

청소년에 대하여 친권을 행사하는 사람 또는 친권자를 대신하여 청소년을 보호하는 사람(이하 “친권자등”이라 한다)은 청소년이 청소년유해환경에 접촉하거나 출입하지 못하도록 필요한 노력을 하여야 하며, 청소년이 유해한 매체물 또는 유해한 약물 등을 이용하고 있거나 유해한 업소에 출입하려고 하면 즉시 제지하여야 한다.

이와 같이 가정은 가족 성원들 상호 간에 서로를 보호하고 격려하면서 가족 사회규칙과 문화유형에 적응시켜 나가는 한편, 잘못된 관행을 고쳐갈 수 있도록 하는 종합적인 교육장이다. 여기에서 주시해야 할 것은 사회나 국가와 지방자치단체처럼 ‘책임’이 아닌 가정의 '역할'이란 점인데, 청소년보호의 1차적 책임이 가정, 특히 친권자에게 있기 때문이다. 청소년이 유해한 매체물과 유해한 약물 등을 이용하고 있거나 유해한 업소에 출입하고자 하는 때에는 이를 즉시 제지하도록 하고 있다.

2) 사회의 책임

누구든지 청소년이 청소년유해환경에 접할 수 없도록 하거나 출입을 못하도록 노력하여야 하고, 청소년이 유해한 매체물과 유해한 약물 등을 이용하고 있거나 청소년 폭력 · 학대 등을 행하고 있음을 안 때에는 이를 제지 · 선도하여야 한다. 또한 청소년에게 유해한 매체물과 약물 등이 유통되고 있거나 청소년유해업소에 청소년이 고용되어 있거나 출입하고 있을 때, 또는 청소년폭력 · 학대 등으로부터 피해를 당하고 있을 때에는 여성가족부 및 관계기관 등에 신고 · 고발하는 등 청소년보호를 위하여 필요한 노력을 하여야 한다.

또한 매체물과 약물 등의 유통을 업으로 하거나 청소년유해업소의 경영을 업으로 하는 자와 이들로 구성된 단체와 협회 등은 청소년유해매체물과 청소년유해약물 등이 청소년에게 유통되지 아니하도록 하고, 청소년유해업소에 청소년을 고용하거나 출입하지 못하도록 하는 등 청소년보호를 위하여 자율적인 노력을 다하여야 한다.

전자에서 청소년보호에 대하여 사회의 책임을 명시한 이유는 경찰의 단속만으로는 한계가 있기 때문이며, 법문의 '누구든지'에 해당하는 불특정 다수는 사회 구성원 모두를 지칭한 것이다. 즉, 사회 구성원이라면 누구든지 책임의식을 가지고 청소년을 유해환경으로부터 보호해야 한다는 포괄적 책임의 법규인 것이다.

후자의 "매체물과 약물 등의 유통을 업으로 하거나 청소년유해업소의 경영을 업으로 하는 자와 이들로 단체와 협회 등"에게 별도의 책임을 부여한 이유는 현장에서 청소년과 직접 관계를 갖는 자들의 자율적인 행동을 요구함으로써 소기의 효과를 거두기 위함이다. 특히 사회의 책임이란 동법률 전체를 관통하는 대전제로서의 법적 성격을 갖고 있어, 보다 적극적인 책임의식이 요구된다고 할 수 있다.

3) 국가와 지방자치단체의 책임

국가는 청소년보호를 위하여 청소년유해환경의 정화에 필요한 시책을 강구 · 시행하여야 하며, 지방자치단체는 해당지역 안의 청소년유해환경으로부터 청소년 보호를 위하여 필요한 노력을 하여야 한다.

국가 및 지방자치단체는 전자 · 통신기술 및 의약품 등의 발달에 따라 등장하는 새로운 행태의 매체물과 약물 등이 청소년의 정신적 · 신체적 건강을 해칠 우려가 있음을 인식하고, 이들 매체물과 약물 등으로부터 청소년을 보호하기 위하여 필요한 기술개발과 연구사업의 지원, 국가 간의 협력체제 구축 등 필요한 노력을 하여야 한다.

국가 및 지방자치단체는 청소년관련 단체 등 민간의 자율적인 유해환경 감시 및 고발활동을 장려하고 이에 필요한 지원을 할 수 있으며, 이들의 건의사항에 대하여는 관련시책을 반영할 수 있다. 또한 청소년을 보호하기 위하여 청소년유해환경을 규제함에 있어 그 의무를 충실히 수행하여야 한다.

청소년보호는 현대국가 및 지방자치단체의 중요한 기능 중의 하나이지만, 청소년에게 미치는 유해환경 정화만큼은 정부기능의 사각지대였다. 따라서 보다 능률적이고 효과적인 청소년보호를 위해서는 적극적인 유해환경 정화시책이 마련되어야 하며, 자율규제와 민간단체의 적극적인 감시와 고발활동이 요구되는 것이다. 또한 지방자치단체는 해당 지역 안의 청소년을 보호하는 등 그 고유책임을 소홀히 하여서는 안 된다.

4. 다른 법률과의 관계

「청소년보호법」은 "청소년유해환경의 규제에 관한 형사처벌에 있어서 다른 법률에 우선하여 적용한다"라고 하여 특별법적인 성격을 띠고 있기는 하지만, 특별법은 아니다. 특별법으로 하지 않은 이유는 제정 당시 '특별법', '특별조치법', '특례법'이란 용어가 국민에게 좋은 어감을 주지 않고, 이들 법률들은 한시적이고 특수 상황에 대처하기 위한 이례적인 사항을 규정한다는 이해관계 때문이다. 그러나 동법률의 제정으로 말미암아 모든 청소년유해환경에 대한 정화도 가능해진다고 볼 수 있다.

5. 유해매체물의 결정 및 유통 규제

1) 매체물의 개념

매체물의 사전적 의미는 '어떤 작용을 널리 전달하는 데 매개가 되는 물건'이라는 뜻이다. 그러나 「청소년보호법」에서 매체물이라 함은 청소년에게 유해우려가 있는 모든 매체물을 그 범위에 포함하고 있다. 즉, 「청소년보호법」에서 '매체물'이란 '유해매체물'만을 의미하는 것이다.

유해매체물은 청소년보호위원회가 심의 · 결정에 의한 청소년 유해매체물로써 청소년보호위원회가 청소년에게 유해한 것으로 결정하거나 확인하여, 여성가족부장관이 이를 고시한 매체물과 각 심의기관이 청소년에게 유해한 것으로 심의하거나 확인하여 여성가족부장관이 고시한 매체물을 말한다.

2) 청소년유해매체물의 심의 · 결정

청소년보호위원회는 매체물이 청소년에게 유해한지를 심의하여 청소년에게 유해하다고 인정되는 매체물을 청소년유해매체물로 결정하여야 한다. 다만, 다른 법령에 따라 해당 매체물의 윤리성 · 건전성을 심의할 수 있는 기관(이하 "각 심의기관"이라 한다)이 있는 경우에는 예외로 한다. 청소년보호위원회는 매체물이 청소년에게 유해한지를 각 심의기관에서 심의하지 아니하는 경우, 청소년보호를 위하여 필요하다고 인정할 때에는 심의를 하도록 요청할 수 있다.

청소년보호위원회는 각 심의기관이 심의를 요청한 매체물이나 청소년에게 유해한지에 대하여 각 심의기관의 심의를 받지 아니하고, 유통되는 매체물에 대하여는 청소년에게 유해한지를 심의하여 유해하다고 인정하는 경우에는 그 매체물을 청소년유해매체물로 결정할 수 있다.

● 표 12-1 매체물 심의기관 현황

심의기구	담당매체	소관부처 · 법률	심의형태
청소년보호위원회	음반	여성가족부/청소년보호법	사후심의
간행물윤리위원회	간행물	문화체육관광부/출판문화산업진흥법	사후심의
영상물등급위원회	영화, 비디오	문화체육관광부/영화비디오법	사전등급분류
게임물관리위원회	게임물	문화체육관광부/게임산업법	사전등급분류
방송통신심의위원회	정보통신물	방송통신위원회/정보통신망법	사후심의
	방송 프로그램	방송통신위원회/방송법	사전자율/사후심의 병행

자료: 2023 청소년백서, 여성가족부, 2023.

3) 청소년유해매체물의 등급 구분

청소년보호위원회와 각 심의기관은 청소년유해매체물로 매체물을 심의 · 결정하는 경우, 청소년유해매체물로 심의 · 결정되지 아니한 매체물에 대하여 다음 각 호의 구분에 따라 매체물의 등급을 구분할 수 있다.

1. 9세 이상 가: 9세 이상 청소년이 이용할 수 있는 매체물
2. 12세 이상 가: 12세 이상 청소년이 이용할 수 있는 매체물
3. 15세 이상 가: 15세 이상 청소년이 이용할 수 있는 매체물

4) 청소년유해매체물의 심의기준

청소년보호위원회와 각 심의기관이 청소년유해매체물로 결정해야 하는 경우는 다음과 같다. 청소년에게 선정적인 것이거나 음란한 것, 포악성 · 범죄의 충동성, 성폭력 및 각종 형태의 폭력행위와 약물의 남용을 자극하거나 미화하는 것, 도박과 사행심 조장, 반사회적 · 비윤리적인 것, 그 밖에 청소년의 정신적 · 신체적 건강에 명백히 해를 끼칠 우려가 있는 것 등이다.

6. 법이 규정한 유해매체물

「청소년보호법」 규정에 해당하는 매체물을 청소년을 대상으로 유통시키는 경우에 있어서의 절차는 다음과 같다.

1) 표시의무

청소년유해매체물에 대해서는 청소년에게 유해한 매체물임을 나타내는 표시를 하여야 한다. 다만, 다른 법령의 규정에 의하여 청소년유해표시를 하여야 할 자가 정하여진 경우는 당해 법령이 정하는 바에 의한다. 여기에서 청소년유해표시를 하여야 할 의무자는 청소년유해매체물의 고시가 있으면 지체 없이 누구나 쉽게 알아볼 수 있는 방법으로 청소년유해표시를 하여야 한다.

2) 포장의무

「청소년보호법」에서 "청소년유해매체물은 포장하여야 한다. 이 경우 매체물의 특성으로 인하여 포장할 수 없는 것은 포장에 준하는 보호조치를 마련하여 시행하여야 한다."라고 규정하고 있다. 청소년유해매체물로서 포장을 하여야 할 매체물의 종류, 포장에 준하는 보호조치, 포장의무자, 포장방법 등이 그 내용이다. 청소년유해매체물을 포장하여야 할 의무자는 이를 발행하거나 제작 · 수입한 자이다. 청소년유해매체물의 포장은 포장에 이용된 용지 등을 뜯거나 훼손하지 아니하고는 그 내용물을 열람할 수 없는 방법으로 하여야 한다. 이때 제호를 제외한 겉표지의 내용이 보이지 아니하도록 불투명한 용지를 사용하여 포장하여야 한다.

3) 표시 · 포장의 훼손 금지

「청소년보호법」은 "누구든지 제13조에 따른 청소년유해표시와 제14조에 따른 포장을 훼손하여서는 아니 된다."고 하여 표시 및 포장의 훼손 금지에 대하여 규정하고 있다. 이는 청소년유해매체물의 포장은 포장에 이용되는 용지 등을 훼손하지 아니하고서는 그 내용물을 열람할 수 없는 방법으로 하여야 한다는 규정이다.

4) 판매 금지 등

「청소년보호법」은 "청소년유해매체물을 판매 · 대여 · 배포하거나 시청 · 관람 · 이용에 제공하고자 하는 자는 그 상대방의 연령을 확인하여야 하고, 청소년에게 이를 판매 · 대여 · 배포하거나 시청 · 관람 · 이용에 제공하여서는 아니된다"고 하여 판매금지 등에 관한 규정을 두었다. 청소년유해표시를 하여야 할 매체물은 청소년유해표시가 되지 아니한 상태로 판매나 대여를 위하여 전시하거나 진열하여서는 아니 된다.

또한 포장을 하여야 할 매체물은 포장을 하지 아니한 상태로 판매나 대여를 위하여 전시하거나 진열하여서는 아니 된다.

5) 구분 · 격리 등

"청소년유해매체물은 이를 청소년에게 유통이 허용된 매체물과 구분 · 격리하지 아니하고서는 판매 또는 대여하기 위하여 전시 또는 진열하여서는 아니된다." 이 규정에 의하여 청소년유해매체물을 구분 · 격리하여야 할 자는 청소년유해매체물의 구분 · 격리된 장소 또는 시설에 청소년에 대하여 당해 매체물의 판매 등이 금지된 것임을 나타내는 표시를 부착하여야 한다. 이 때 청소년유해매체물을 구분 · 격리하여 전시 · 진열할 장소 또는 시설은 당해 업소에서 영업자가 육안으로 확인할 수 있으면서 청소년의 이용통제가 가장 쉬운 곳이어야 한다.

6) 방송시간 제한

「청소년보호법」은 "청소년유해매체물로서 방송을 이용하는 매체물은 대통령령으로 정하는 시간에는 방송하여서는 아니 된다."고 방송시간 제한을 규정하고 있다. 청소년시청 보호시간대는 일반방송의 경우 ① 평일은 오전 7시부터 오전 9시까지와 오후 1시부터 오후 10시까지, ② 토요일과 공휴일, 초 · 중 · 고등학교의 방학기간에는 오전 7시부터 오후 10시까지로 한다. 다만, 케이블 방송과 같은 유료방송은 오후 6시부터 오후 10시까지가 청소년시청 보호시간대이다.

7) 청소년유해매체물 결정 등의 통보 · 고시

각 심의기관은 청소년유해매체물의 결정, 확인 또는 결정 취소를 한 경우 청소년유해매체물의 목록과 그 사유를 청소년보호위원회에 통보하여야 한다. 여성가족부장관은 청소년보호위원회와 각 심의기관이 결정, 확인 또는 결정 취소한 청소년유해매체물의 목록과 그 사유 및 효력 발생 시기를 구체적으로 밝힌 목록표를 고시하여야 한다. 여성가족부장관은 청소년유해매체물 목록표를 각 심의기관, 청소년 또는 매체물과 관련이 있는 중앙행정기관, 지방자치단체, 청소년 보호와 관련된 지도 · 단속 기관, 그 밖에 청소년 보호를 위한 관련 단체 등에 통보하여야 하고, 필요한 경우 매체물의 유통을 업으로 하는 개인 · 법인 · 단체에 통보할 수 있으며, 친권자 등의 요청이 있는 경우 친권자 등에게 통지할 수 있다.

7. 청소년 인터넷게임 중독 예방

1) 인터넷게임 이용자의 친권자 등의 동의

「게임산업진흥에 관한 법률」에 따른 게임물 중 「정보통신망 이용촉진 및 정보보호 등에 관한 법률」에 따른 정보통신망을 통하여 실시간으로 제공되는 게임물의 제공자는 회원으로 가입하려는 사람이 16세 미만의 청소년일 경우에는 친권자 등의 동의를 받아야 한다.

2) 인터넷게임 제공자의 고지 의무

인터넷게임의 제공자는 16세 미만의 청소년 회원가입자의 친권자 등에게 해당 청소년과 관련된 다음의 내용을 알려야 한다. 제공되는 게임의 특성 · 등급 · 유료화정책 등에 관한 기본적인 사항, 인터넷게임 이용 등에 따른 결제정보 등이다.

3) 인터넷게임 중독 등의 피해청소년 지원

여성가족부장관은 관계 중앙행정기관의 장과 협의하여 인터넷게임 중독 · 과몰입 등 매체물의 오용 · 남용을 예방하고, 신체적 · 정신적 · 사회적 피해를 입은 청소년과 그 가족에 대하여 상담 · 교육 및 치료와 재활 등의 서비스를 지원할 수 있도록 했다. 인터넷게임 중독 등의 피해 청소년 지원을 위한 사업으로는 청소년의 인터넷게임 중독 · 과몰입 여부 진단, 청소년의 인터넷게임 중독 · 과몰입 예방을 위한 교육 · 상담 및 프로그램 개발 · 운영, 인터넷게임 중독 · 과몰입 청소년과 그 가족의 치료 · 재활을 위한 프로그램의 개발 · 운영, 인터넷게임 중독 · 과몰입 청소년의 치료 · 재활을 위하여 협력하는 병원의 지정, 청소년상담사 등에 대한 인터넷게임 중독 · 과몰입 전문상담 교육 등을 하도록 하고 있다.

8. 청소년유해약물, 유해행위, 유해업소 등의 규제

1) 청소년유해약물 등의 판매 · 대여 등의 금지

「청소년보호법」은 “누구든지 청소년을 대상으로 청소년유해약물 등을 판매 · 대여 · 배포(자동기계장치 · 무인판매장치 · 통신장치를 통하여 판매 · 대여 · 배포하는 경우를 포함한다)하거나 무상으로 제공하여서는 아니 된다."고 했다. 또 누구든지 청소년의 의뢰를 받아 청소년유해약물 등을 구입하여 청소년에게 제공하여서는 안 되고, 청소년유해약물 등을 판매·대여·배포하고자 하는 자는 그 상대방의 나이를 확인하여야 한다고 규정했다. 아울러 청소년을 대상으로 주류 등의 판매·대여·배포를 금지하는 내용을 표시해야 한다.

2) 청소년 고용금지 및 출입제한 등

「청소년보호법」은 청소년유해업소의 청소년 고용금지 및 출입제한 등에 대하여 규정하고 있다. "청소년유해업소의 업주는 청소년을 고용하여서는 아니된다. 청소년유해업소의 업주가 종업원을 고용하려면 미리 나이를 확인하여야 한다.", "청소년출입·고용금지업소의 업주 및 종사자는 출입자의 나이를 확인하여 청소년이 그 업소에 출입하지 못하게 하여야 한다." 숙박업소는 청소년 출입은 가능하나 고용이 금지된 업소이며, 업주는 종사자를 배치하거나 설비 등을 갖추어 출입자의 나이를 확인하고 남녀혼숙의 우려가 있는 경우에는 청소년의 출입을 제한하도록 하고 있다.

숙박업소의 경우 부모님과 동반한 청소년이나 동성 간의 청소년 출입은 가능하며, 청소년 혼숙이나 기타 성범죄에 노출되지 않도록 해야 한다. 친권행사자나 보호자의 허락을 받은 보호자와 출입시에는 그 관계를 확인해야 하며, 청소년이 아닌 이성의 형제·자매 등과 동반한 청소년은 이를 입증할 수 있는 증명서(가족관계증명서, 의료보험증 등) 등을 확인하고, 친권자에게도 확인하는 노력이 필요하다.

3) 청소년유해행위의 금지

누구든지 청소년에게 다음과 같은 행위를 하여서는 아니 된다. ① 영리를 목적으로 청소년으로 하여금 신체적인 접촉 또는 은밀한 부분의 노출 등 성적 접대행위를 하게 하거나 이러한 행위를 알선·매개하는 행위, ② 영리를 목적으로 청소년으로 하여금 손님과 함께 술을 마시거나 노래 또는 춤 등으로 손님의 유흥을 돋우는 접객행위를 하게 하거나 이러한 행위를 알선 · 매개하는 행위, ③ 영리나 흥행을 목적으로 청소년에게 음란한 행위를 하게 하는 행위, ④ 영리나 흥행을 목적으로 청소년의 장애나 기형 등의 모습을 일반인들에게 관람시키는 행위, ⑤ 청소년에게 구걸을 시키거나 청소년을 이용하여 구걸하는 행위, ⑥ 청소년을 학대하는 행위, ⑦ 영리를 목적으로 청소년으로 하여금 거리에서 손님을 유인하는 행위를 하게 하는 행위, ⑧ 청소년을 남녀 혼숙하게 하는 등 풍기를 문란하게 하는 영업행위를 하거나 이를 목적으로 장소를 제공하는 행위, ⑨ 주로 차 종류를 조리 · 판매하는 업소에서 청소년으로 하여금 영업장을 벗어나 차 종류를 배달하는 행위를 하게 하거나, 이를 조장하거나 묵인하는 행위 등이 그것이다.

4) 청소년 통행금지 · 제한구역의 지정 등

특별자치시장 · 특별자치도지사 · 시장 · 군수 · 구청장은 청소년 보호를 위하여 필요하다고 인정할 경우, 청소년의 정신적 · 신체적 건강을 해칠 우려가 있는 구역을 청소년 통행금지구역 또는 청소년 통행제한구역으로 지정하여야 한다. 청소년 통행금지구역은 청소년의 통행을 24시간 금지하는 구역으로 하고, 청소년 통행제한구역은 청소년의 통행을 일정 시간 제한하는 구역으로 한다. 다만, 친권자, 후견인, 교사 그 밖에 해당 청소년을 보호할 수 있는 보호자를 동반하는 때에는 통행할 수 있다.

9. 청소년보호종합대책과 청소년보호위원회

1) 청소년보호종합대책의 수립 등

“여성가족부장관은 3년마다 관계 중앙행정기관의 장 및 지방자치단체의 장과 협의하여 청소년유해환경으로부터 청소년을 보호하기 위한 종합대책을 수립 · 시행하여야 한다."라고 규정하고 있다. 여성가족부장관은 종합대책의 추진 상황을 매년 점검하고, 이를 위해 관계 기관 점검회의를 운영할 수 있으며, 종합대책 수립 및 점검회의 운영을 위하여 필요한 자료를 관계 기관의 장에게 요청할 수 있다.

또한 여성가족부장관은 종합대책의 효과적 수립 · 시행을 위하여 청소년의 유해환경에 대한 접촉실태 조사를 정기적으로 실시하여야 하고, 관계 중앙행정기관 또는 지방자치단체의 장과 협력하여 청소년유해환경에 대한 종합적인 점검 및 단속 등을 실시할 수 있다.

정부는 1999년 인천호프집 화재, 신 · 변종유해매체, 유해업소 등 새로운 유해환경의 확산과 이로 인한 청소년문제의 심각화와 청소년자살, 학교폭력, 성문제 등의 청소년문제 심각화 추세를 해소하고자, 기존 청소년보호 대책의 종합적 · 체계적 · 지속적이고 근본적인 청소년문제 해결에 대한 한계노출로 청소년보호종합대책을 수립하게 된다.

청소년 유해환경으로부터 청소년을 보호하기 위한 대책에는 다음 사항이 포함되도록 했다. ① 청소년유해매체물 · 청소년유해약물등의 규제, 청소년유해업소로부터 청소년의 보호 등 청소년유해환경의 개선에 관한 사항, ② 인터넷의 건전성 확보 및 인터넷 중독 예방 · 치료와 재활에 관한 사항, ③ 청소년폭력 · 학대 등 청소년을 대상으로 한 유해행위 예방에 관한 사항, ④ 청소년유해환경에 대한 점검 · 단속에 관한 사항 등이다.

범정부 차원의 포괄적이고 종합적인 청소년보호종합대책을 통해 청소년의 유해환경 변화에 적극 대응하고, 청소년을 위한 선제적 보호정책 수립을 위한 기본방향 및 과제 도출을 위해 정부는 청소년보호종합대책을 수립했다. 제1차(2013~2015), 제2차(2016~2018) 제3차(2019~2021) 제4차 청소년보호종합대책(2022~2024)을 수립 시행했다.

2) 청소년보호 · 재활센터의 설치 · 운영

여성가족부장관은 청소년유해환경으로부터 청소년을 보호하고 피해 청소년의 치료와 재활을 지원하기 위하여 청소년보호 · 재활센터를 설치 · 운영할 수 있도록 했다. 청소년보호 · 재활센터는 다음의 사업을 시행하도록 했다. ① 학습 · 정서 · 행동상의 장애를 가진 청소년에 대한 보호 · 상담 및 치료 · 재활 지원, ② 약물 또는 인터넷 중독 청소년에 대한 보호 · 상담 및 치료 · 재활 지원, ③ 청소년유해환경으로 인한 피해 청소년 실태파악 및 지원을 위한 조사 · 연구, 치료 프로그램 개발 및 자료 구축 · 관리, ④ 그 밖에 청소년유해환경으로 인한 피해 예방, 상담 및 치료 · 재활을 위해 필요하다고 여성가족부장관이 인정하는 사항 등이다.

청소년보호 · 재활센터는 한국청소년상담복지개발원이 2014년 8월부터 전북 무주에서 운영 중인 국립청소년인터넷드림마을이 대표 시설이다. 국립청소년인터넷드림마을(nyid.kyci.or.kr)은 인터넷 · 스마트폰 과의존 청소년을 대상으로 심리 · 정서상담, 대안활동 등 종합적 · 전문적 서비스 제공을 통해 치유 및 건강한 성장 지원을 목적으로 운영하고 있다. 입소대상은 인터넷 · 스마트폰 과의존 위험군 청소년으로 인터넷 · 스마트폰 이용습관 전수진단 결과 위험군 청소년을 대상으로 하고 있다. 지역 청소년상담복지센터 및 학교 추천 청소년 대상으로 접수면접 및 심리검사를 통해 입소대상 청소년을 결정한다. 주요 서비스는 심리검사, 개인상담, 가족상담, 부모교육, 집단상담, 무주 및 인근 지역 자원을 활용한 체험활동, 대안활동 등이다.

3) 청소년보호위원회

다음과 같은 사항에 관하여 심의 · 결정하기 위하여 여성가족부장관 소속으로 청소년보호위원회를 두도록 했다. ① 청소년유해매체물, 청소년유해약물 등 청소년유해업소 등의 심의 · 결정 등에 관한 사항, ② 제54조 제1항에 따른 과징금 부과에 관한 사항, ③ 여성가족부장관이 청소년보호를 위하여 필요하다고 인정하여 심의를 요청한 사항, ④ 그 밖에 다른 법률에서 위원회가 심의 · 결정하도록 정한 사항 등이다.

알고 갑시다!

□ 청소년 시청 보호시간대

– 평일: 오전 7시부터 오전 9시까지와 오후 1시부터 오후 10시까지

– 토요일과 공휴일 및 초등학교 · 중학교 · 고등학교의 방학기간: 오전 7시부터 오후 10시까지

· CATV 방송: 오후 6시부터 오후 10시까지

□ 주류·담배 판매금지 표시방법

표시문구	표시장소	표시방법
19세 미만 청소년에게 술 · 담배 판매금지	영업장의 잘 보이는 곳	최소 400㎜×100㎜의 직사각형 안에 충분히 알아볼수 있게 적는다

□ 청소년에게 유해약물 판매 시 처벌

주류, 담배	2년 이하의 징역 또는 2천만 원 이하의 벌금, 과징금
기타 약물	3년 이하의 징역 또는 3천만 원 이하의 벌금, 과징금
금지표시	2년 이하의 징역 또는 2천만 원 이하의 벌금, 시정명령

〈'치맥' 등 식당 배달음식에 수반되는 주류의 배달 허용건〉

○(전화주문) 사업주는 음식 주문 시, 주류를 요구하는 경우에는 청소년임을 확인해야 하며, 배달과정에서 청소년임을 재확인하여야 함*

– 배달과정에서 주문자가 청소년임이 확인될 경우, 주류는 배달을 취소하고, 반품하여야 함

* 「청소년보호법」 제28조 4항(나이확인 절차), 배달원이 19세 미만인 청소년의 경우에는 주류 배달 자체를 하여서는 안 됨(「청소년보호법」 제28조 1항, 유해약물 판매 · 대여 · 배포 금지)

○(배달/배달대행) 주류를 포함한 음식배달을 요청받은 배달원은 배달과정에서 청소년임을 재확인, 주문자가 청소년일 경우에는 주류는 배달을 취소하고, 사업주(음식점)에게 반품하여야 함

– 해당 업체에서는 배달업무를 담당하는 근로자(배달원)에게 배달과정에서 청소년임을 재확인할 것을 고지하여야 함

▢ 청소년 출입·고용제한 표시방법

표시문구	표시장소	표시방법
19세 미만 출입 · 고용금지업소	출입구 중 가장 잘 보이는 곳	최소 400㎜×100㎜의 직사각형 안에 충분히 알아볼수 있게 적는다

▢ 청소년 출입·고용 금지업소

청소년 출입 · 고용 금지업소	유흥주점영업, 단란주점영업, 비디오물감상실업, 노래연습장업(청소년실에는 출입 가능), 전화방, 무도학원업, 콜라텍, 사행행위영업, 성인용품점, 일반 마사지업소 등(키스방, 대딸방, 전립선마사지, 유리방, 성인PC방, 휴게텔, 인형체험방 등)
청소년 고용 금지업소	청소년게임제공업소, PC방, 숙박업, 목욕장업, 이용업, 비디오물소극장업, 유해화학물질영업, 만화대여점, 만화카페, 호프집, 소주방, 티켓다방, 주로 주류의 조리 · 판매를 목적으로 하는 일반음식점 등

▢ 청소년 출입시간이 제한된 업소

관련 법규	청소년 출입 제한시간	청소년 출입시간 제한업소
음악산업 · 게임산업 진흥법	22시~다음 날 09시	청소년실이 있는 노래연습장, 청소년게임제공업소, PC방, 동전노래방
공중위생관리법	22시~다음 날 05시	찜질방(보호자 동반 시는 출입 가능)

▢ 청소년 출입시키거나 고용 시 처벌

고용	3년 이하의 징역 또는 3천만 원 이하의 벌금, 위반횟수마다 과징금 1,000만 원
출입	2년 이하의 징역 또는 2천만 원 이하의 벌금, 위반횟수마다 과징금 300만 원
출입시간 위반	2년 이하의 징역 또는 2천만 원 이하의 벌금, 영업정지
금지표시 위반	2년 이하의 징역 또는 2천만 원 이하의 벌금, 시정명령

〈청소년의 신분증 위 · 변조에 따른 사업주 과징금 면제〉

- ○ 청소년보호법 시행령 개정('16.7.19)을 통해 청소년의 신분증 위 · 변조 등으로 인해 청소년인 사실을 알지 못한 사정이 인정되어 불기소 처분이나 선고유예를 받은 경우에는 과징금 면제. 무인텔 사업주는 청소년임을 확인하는 종사자나 설비를 갖추어 나이 확인 필요
- ○ 주민등록증 본인확인 서비스(국번 없이 1382(ARS시스템)), 운전면허증 본인확인 서비스(포털사이트에서 'e-운전면허' 검색)

chapter

13

아동 · 청소년의 성보호에 관한 법률(약칭: 청소년성보호법)

1. 목적
2. 용어의 정의
3. 지방자치단체의 의무
4. 아동 · 청소년대상 성범죄의 처벌과 절차에 관한 특례
5. 아동 · 청소년대상 성범죄의 신고 · 응급조치와 지원
6. 아동 · 청소년의 선도보호 등
7. 성범죄로 유죄판결이 확정된 자의 신상정보 등록 및 공개와 취업제한

제　　정: 2000. 2. 3.

「청소년의 성보호에 관한 법률」은 청소년의 성을 사는 행위, 성매매를 조장하는 온갖 형태의 중간매개행위 및 청소년에 대한 성폭력행위를 하는 자들을 강력하게 처벌하고, 성매매와 성폭력행위의 대상이 된 청소년을 보호 · 구제하는 장치를 마련함으로써 청소년의 인권을 보장하고 건전한 사회 구성원으로 복귀할 수 있도록 하는 한편, 청소년을 대상으로 하는 성매매 및 성폭력 행위자의 신상을 공개함으로써 범죄예방 효과를 극대화하려는 것이다.

2009년 6월 9일 정부는 기존의 「청소년의 성보호에 관한 법률」에서 「아동 · 청소년의 성보호에 관한 법률」로 개정하여 아동도 이 법에 따른 보호대상임을 명확히 하고, 아동 · 청소년을 대상으로 한 유사 성교 행위 및 성매수 유인행위 처벌 규정을 신설하며, 성범죄 피해자 및 보호자에 대한 합의 강요행위를 처벌하는 규정을 신설하도록 하여 아동 · 청소년의 성보호를 더욱 강화했다.

주요 내용은 아동 · 청소년대상 성범죄의 처벌과 절차에 관한 특례, 아동 · 청소년대상 성범죄의 신고 · 응급조치와 지원, 아동 · 청소년의 선도보호, 성범죄로 유죄판결이 확정된 자의 신상정보 공개와 취업제한, 보호관찰 등이다.

정부는 디지털 성범죄와 아동 · 청소년성착취물 관련 범죄에 대한 처벌 강화를 위해 2020년 5월 「아동 · 청소년의 성보호에 관한 법률」 일부개정법률안을 마련했다. 그동안 '아동 · 청소년이용음란물'로 규정되어 있던 법적 용어를 '아동 · 청소년성착취물'로 개정하여, 해당 범죄가 '음란성'과 관련된 사회적 풍속에 관한 죄가 아닌 '성착취 범죄'임을 명확히 했다. 아동 · 청소년성착취물 범죄의 법정형을 강화하고 성착취물의 광고 · 구입 · 시청 행위 처벌 등을 신설해 처벌을 강화했다. 또한 아동 · 청소년에 대한 강간 · 강제추행 등의 죄를 범할 목적으로 예비 또는 음모한 자에 대해 3년 이하의 징역에 처할 수 있도록 하는 처벌 근거를 신설하였다. 그간 아동 · 청소년성착취물의 소지죄로 벌금형을 선고받은 경우에는 아동 · 청소년 관련기관에의 취업제한 명령 대상이 아니었으나, 이번 개정으로 벌금형이 법정형에서 삭제됨에 따라 모든 아동 · 청소년성착취물 범죄자에 대해서 법원이 취업제한 명령을 내릴 수 있게 됐다.

1. 목적

이 법은 아동·청소년대상 성범죄의 처벌과 절차에 관한 특례를 규정하고 피해아동·청소년을 위한 구제 및 지원절차를 마련하며, 아동·청소년대상 성범죄자를 체계적으로 관리함으로써 아동·청소년을 성범죄로부터 보호하고 아동·청소년이 건강한 사회 구성원으로 성장할 수 있도록 함을 목적으로 한다.

2. 용어의 정의

1) "아동·청소년"은 19세 미만의 자를 말한다. 다만, 19세에 도달하는 해의 1월 1일을 맞이한 자는 제외한다. 아동·청소년의 보호연령을 19세 미만으로 한 것은 고교 졸업 이전의 청소년은 물론 아동에 대한 성범죄가 급증한 데 따른 것이다.
2) "아동·청소년대상 성범죄"는 다음 각 목의 어느 하나에 해당하는 죄를 말한다.
   가. ① 아동·청소년에 대한 강간·강제추행 등, ② 아동·청소년이용음란물의 제작·배포 등, ③ 아동·청소년 매매행위, ④ 아동·청소년의 성을 사는 행위 등, ⑤ 아동·청소년에 대한 강요행위 등, ⑥ 알선영업행위 등
   나. 아동·청소년에 대한 「성폭력범죄의 처벌 등에 관한 특례법」의 ① 특수강도강간, ② 특수강간, ③ 친족관계에 의한 강간 ④ 장애인에 대한 강간·강제추행, ⑤ 13세 미만의 미성년자에 대한 강간, 강제추행, ⑥ 강간 등 상해·치상, ⑦ 강간 등 살인·치사, ⑧ 업무상 위력 등에 의한 추행, ⑨ 공중 밀집장소에서의 추행, ⑩ 성적 목적을 위한 다중이용장소 침입행위, ⑪ 통신매체를 이용한 음란행위, ⑫ 카메라 등을 이용한 촬영, ⑬ 미수범
   다. 아동·청소년에 대한 「형법」의 ① 강간, ② 유사강간, ③ 강제추행, ④ 준강간, 준강제 추행, ⑤ 미수범, 강간 등 상해·치상, ⑥ 강간등 살인·치사, ⑦

미성년자 등에 대한 간음, ⑧ 업무상위력 등에 의한 간음, ⑨ 미성년자에 대한 간음, 추행, ⑩ 강도강간, ⑪ 미수범의 죄

라. 아동 · 청소년에 대한 「아동복지법」의 아동에게 음란한 행위를 시키거나 이를 매개하는 행위 또는 아동에게 성적 수치심을 주는 성희롱 등의 성적 학대 행위 죄

3) "아동 · 청소년대상 성폭력범죄"는 아동 · 청소년대상 성범죄에서 아동 · 청소년이용음란물의 제작 · 배포, 아동 · 청소년 매매행위, 아동 · 청소년의 성을 사는 행위, 아동 · 청소년에 대한 강요행위, 알선영업행위 등의 죄를 제외한 죄를 말한다.

4) "아동 · 청소년의 성을 사는 행위"는 아동 · 청소년, 아동 · 청소년의 성(性)을 사는 행위를 알선한 자 또는 아동 · 청소년을 실질적으로 보호 · 감독하는 자 등에게 금품이나 그 밖의 재산상 이익, 직무 · 편의제공 등 대가를 제공하거나 약속하고 다음 각 목의 어느 하나에 해당하는 행위를 아동 · 청소년을 대상으로 하거나 아동 · 청소년으로 하여금 하게 하는 것을 말한다. ① 성교 행위, ② 구강 · 항문 등 신체의 일부나 도구를 이용한 유사 성교 행위, ③ 신체의 전부 또는 일부를 접촉 · 노출하는 행위로서 일반인의 성적 수치심이나 혐오감을 일으키는 행위, ④ 자위행위

5) "아동 · 청소년성착취물"은 아동 · 청소년 또는 아동 · 청소년으로 명백하게 인식될 수 있는 사람이나 표현물이 등장하여 성교행위, 유사성교행위, 신체 접촉 노출행위, 자위행위 등 어느 하나에 해당하는 행위를 하거나 그 밖의 성적 행위를 하는 내용을 표현하는 것을 말한다. 필름 · 비디오물 · 게임물 또는 컴퓨터나 그 밖의 통신매체를 통한 화상 · 영상 등의 형태로 된 것을 말한다.

6) "피해아동 · 청소년"이란 아래 죄의 피해자가 된 아동 · 청소년을 말한다.
「성폭력범죄의 처벌 등에 관한 특례법」의 ① 특수강도강간, ② 특수강간, ③ 친족관계에 의한 강간, ④ 장애인에 대한 강간 · 강제추행, ⑤ 13세 미만의 미성년자에 대한 강간, 강제추행, ⑥ 강간 등 상해 · 치상, ⑦ 강간 등 살인 · 치사, ⑧ 업무상 위력 등에 의한 추행, ⑨ 공중 밀집 장소에서의 추행, ⑩ 성적 목적을

위한 다중이용장소 침입행위, ⑪ 통신매체를 이용한 음란행위, ⑫카메라 등을 이용한 촬영, ⑬ 미수범

아동 · 청소년에 대한 「형법」의 ① 강간, ② 유사강간, ③ 강제추행, ④ 준강간, 준강제 추행, ⑤ 미수범, 강간 등 상해 · 치상, ⑥ 강간 등 살인 · 치사, ⑦ 미성년자 등에 대한 간음, ⑧ 업무상위력 등에 의한 간음, ⑨ 미성년자에 대한 간음, 추행, ⑩ 강도강간, ⑪ 미수범의 죄

아동 · 청소년에 대한 「아동복지법」의 아동에게 음란한 행위를 시키거나 이를 매개하는 행위 또는 아동에게 성적 수치심을 주는 성희롱 등의 성적 학대행위 죄

7) "등록정보"란 법무부장관이 「성폭력범죄의 처벌 등에 관한 특례법」의 등록대상자에 대하여 등록한 정보를 말한다.

3. 지방자치단체의 의무

국가 및 지방자치단체는 아동 · 청소년대상 성범죄를 예방하고, 아동 · 청소년을 성적 착취와 학대 행위로부터 보호하기 위하여 필요한 조사 · 연구 · 교육 및 계도와 법적 · 제도적 장치를 마련하고, 필요한 재원을 조달하여야 한다.

4. 아동 · 청소년대상 성범죄의 처벌과 절차에 관한 특례

1) 아동 · 청소년에 대한 강간 · 강제추행 등

① 폭행 또는 협박으로 아동 · 청소년을 강간한 사람은 무기 또는 5년 이상의 징역에 처한다.

② 아동 · 청소년에 대하여 폭행이나 협박으로 다음 각 호의 어느 하나에 해당하는 행위를 한 자는 5년 이상의 유기징역에 처한다.

1. 구강 · 항문 등 신체(성기는 제외한다)의 내부에 성기를 넣는 행위
2. 성기 · 항문에 손가락 등 신체(성기는 제외한다)의 일부나 도구를 넣는 행위

③ 아동 · 청소년에 대하여 「형법」의 강제추행 죄를 범한 자는 2년 이상의 유기징역 또는 1천만 원 이상 3천만 원 이하의 벌금에 처한다.

④ 아동 · 청소년에 대하여 「형법」의 준강간, 준강제추행의 죄를 범한 자는 제1항부터 제3항까지의 예에 따른다.

⑤ 위계(僞計) 또는 위력으로써 아동 · 청소년을 간음하거나 아동 · 청소년을 추행한 자는 제1항부터 제3항까지의 예에 따른다.

⑥ 제1항부터 제5항까지의 미수범은 처벌한다.

위의 죄를 범할 목적으로 예비 또는 음모한 사람은 3년 이하의 징역에 처한다.

2) 장애인인 아동 · 청소년에 대한 간음 등

① 19세 이상의 사람이 13세 이상의 장애 아동 · 청소년(장애인으로서 신체적인 또는 정신적인 장애로 사물을 변별하거나 의사를 결정할 능력이 미약한 아동 · 청소년)을 간음하거나 13세 이상의 장애 아동 · 청소년으로 하여금 다른 사람을 간음하게 하는 경우에는 3년 이상의 유기징역에 처한다.

② 19세 이상의 사람이 13세 이상의 장애 아동 · 청소년을 추행한 경우 또는 13세 이상의 장애 아동 · 청소년으로 하여금 다른 사람을 추행하게 하는 경우에는 10년 이하의 징역 또는 5천만 원 이하의 벌금에 처한다.

3) 13세 이상 16세 미만 아동 · 청소년에 대한 간음 등

① 19세 이상의 사람이 13세 이상 16세 미만인 아동 · 청소년(장애 아동 · 청소년으로서

16세 미만인 자는 제외)의 궁박(窮迫)한 상태를 이용하여 해당 아동 · 청소년을 간음하거나 해당 아동 · 청소년으로 하여금 다른 사람을 간음하게 하는 경우에는 3년 이상의 유기징역에 처한다.

② 19세 이상의 사람이 13세 이상 16세 미만인 아동 · 청소년의 궁박한 상태를 이용하여 해당 아동 · 청소년을 추행한 경우 또는 해당 아동 · 청소년으로 하여금 다른 사람을 추행하게 하는 경우에는 10년 이하의 징역 또는 5천만 원 이하의 벌금에 처한다.

4) 강간 등 상해 · 치상 및 강간 등 살인 치사

아동 · 청소년에 대한 강간 · 강제추행 죄를 범한 사람이 다른 사람을 상해하거나 상해에 이르게 한 때에는 무기 또는 7년 이상의 징역에 처하고, 다른 사람을 살해한 때에는 사형 또는 무기징역에 처하며 다른 사람을 사망에 이르게 한 때에는 사형, 무기 또는 10년 이상의 징역에 처한다.

5) 아동 · 청소년성착취물의 제작 · 배포자의 처벌

① 아동 · 청소년성착취물을 제작 · 수입 또는 수출한 자는 무기 또는 5년 이상의 징역에 처한다.

② 영리를 목적으로 아동 · 청소년성착취물을 판매 · 대여 · 배포 · 제공하거나 이를 목적으로 소지 · 운반 · 광고 · 소개하거나 공연히 전시 또는 상영한 자는 5년 이상의 유기징역에 처한다.

③ 아동 · 청소년성착취물을 배포 · 제공하거나 이를 목적으로 광고 · 소개하거나 공연히 전시 또는 상영한 자는 3년 이상의 유기징역에 처한다.

④ 아동 · 청소년성착취물을 제작할 것이라는 정황을 알면서 아동 · 청소년을 아

동 · 청소년성착취물의 제작자에게 알선한 자는 3년 이상의 유기징역에 처한다.

⑤ 아동 · 청소년성착취물을 구입하거나 아동 · 청소년성착취물임을 알면서 이를 소지 · 시청한 자는 1년 이상의 유기징역에 처한다.

⑥ 제1항의 미수범은 처벌한다

⑦ 상습적으로 제1항의 죄를 범한 자는 그 죄에 대하여 정하는 형의 2분의 1까지 가중한다.

6) 아동 · 청소년 매매행위 처벌

① 아동 · 청소년의 성을 사는 행위 또는 아동 · 청소년성착취물을 제작하는 행위의 대상이 될 것을 알면서 아동 · 청소년을 매매 또는 국외에 이송하거나 국외에 거주하는 아동 · 청소년을 국내에 이송한 자는 무기 또는 5년 이상의 징역에 처한다.

② 제1항의 미수범은 처벌한다.

7) 아동 · 청소년의 성을 사는 행위 등

① 아동 · 청소년의 성을 사는 행위를 한 자는 1년 이상 10년 이하의 징역 또는 2천만 원 이상 5천만 원 이하의 벌금에 처한다.

② 아동 · 청소년의 성을 사기 위하여 아동 · 청소년을 유인하거나 성을 팔도록 권유한 자는 3년 이하의 징역 또는 3천만 원 이하의 벌금에 처한다.

③ 16세 미만의 아동 · 청소년 및 장애 아동 · 청소년 대상으로 위의 죄를 범한 경우에는 그 죄에 정한 형의 2분의 1까지 가중처벌한다.

8) 아동 · 청소년에 대한 강요행위 등

① 다음 각 호의 어느 하나에 해당하는 자는 5년 이상의 유기징역에 처한다.

1. 폭행이나 협박으로 아동 · 청소년으로 하여금 아동 · 청소년의 성을 사는 행위의 상대방이 되게 한 자
2. 선불금(先拂金), 그 밖의 채무를 이용하는 등의 방법으로 아동 · 청소년을 곤경에 빠뜨리거나 위계 또는 위력으로 아동 · 청소년으로 하여금 아동 · 청소년의 성을 사는 행위의 상대방이 되게 한 자
3. 업무 · 고용이나 그 밖의 관계로 자신의 보호 또는 감독을 받는 것을 이용하여 아동 · 청소년으로 하여금 아동 · 청소년의 성을 사는 행위의 상대방이 되게 한 자
4. 영업으로 아동 · 청소년을 아동 · 청소년의 성을 사는 행위의 상대방이 되도록 유인 · 권유한 자

② 제1항 제1호부터 제3호까지의 죄를 범한 자가 그 대가의 전부 또는 일부를 받거나 이를 요구 또는 약속한 때에는 7년 이상의 유기징역에 처한다.

③ 아동 · 청소년의 성을 사는 행위의 상대방이 되도록 유인 · 권유한 자는 7년 이하의 징역 또는 5천만 원 이하의 벌금에 처한다.

④ 제1항과 제2항의 미수범은 처벌한다.

9) 알선영업행위자 처벌

① 다음 각 호의 어느 하나에 해당하는 자는 7년 이상의 유기징역에 처한다.

1. 아동 · 청소년의 성을 사는 행위의 장소를 제공하는 행위를 업으로 하는 자
2. 아동 · 청소년의 성을 사는 행위를 알선하거나 정보통신망에서 알선정보를 제공하는 행위를 업으로 하는 자
3. 제1호 또는 제2호의 범죄에 사용되는 사실을 알면서 자금 · 토지 또는 건물을

제공한 자

4. 영업으로 아동 · 청소년의 성을 사는 행위의 장소를 제공 · 알선하는 업소에 아동 · 청소년을 고용하도록 한 자

② 다음 각 호의 어느 하나에 해당하는 자는 7년 이하의 징역 또는 5천만 원 이하의 벌금에 처한다.

1. 영업으로 아동 · 청소년의 성을 사는 행위를 하도록 유인 · 권유 또는 강요한 자
2. 아동 · 청소년의 성을 사는 행위의 장소를 제공한 자
3. 아동 · 청소년의 성을 사는 행위를 알선하거나 정보통신망에서 알선정보를 제공한 자
4. 영업으로 제2호 또는 제3호의 행위를 약속한 자

③ 아동 · 청소년의 성을 사는 행위를 하도록 유인 · 권유 또는 강요한 자는 5년 이하의 징역 또는 3천만 원 이하의 벌금에 처한다.

10) 아동 · 청소년에 대한 성착취 목적 대화의 처벌

① 19세 이상의 사람이 성적 착취를 목적으로 정보통신망을 통하여 아동 · 청소년에게 다음 각 호의 어느 하나에 해당하는 행위를 한 경우에는 3년 이하의 징역 또는 3천만원 이하의 벌금에 처한다.

1. 성적 욕망이나 수치심 또는 혐오감을 유발할 수 있는 대화를 지속적 또는 반복적으로 하거나 그러한 대화에 지속적 또는 반복적으로 참여시키는 행위
2. 제2조제4호 각 목의 어느 하나에 해당하는 행위를 하도록 유인 · 권유하는 행위

② 19세 이상의 사람이 정보통신망을 통하여 16세 미만인 아동 · 청소년에게 제1항 각 호의 어느 하나에 해당하는 행위를 한 경우 제1항과 동일한 형으로 처벌한다.

11) 피해자 등에 대한 강요행위자와 신고의무자의 처벌

폭행이나 협박으로 아동 · 청소년대상 성범죄의 피해자 또는 「아동복지법」의 보호자를 상대로 합의를 강요한 자는 7년 이하의 징역에 처한다.

아동 · 청소년대상 성범죄의 신고 기관 · 시설 또는 단체의 장과 그 종사자가 자기의 보호 · 감독 또는 진료를 받는 아동 · 청소년을 대상으로 성범죄를 범한 경우에는 그 죄에 정한 형의 2분의 1까지 가중처벌한다.

12) 공소시효에 관한 특례

① 아동 · 청소년대상 성범죄의 공소시효는 해당 성범죄로 피해를 당한 아동 · 청소년이 성년에 달한 날부터 진행한다. ② 아동 · 청소년에 대한 강간 · 강제추행의 죄는 디엔에이(DNA)증거 등 그 죄를 증명할 수 있는 과학적인 증거가 있는 때에는 공소시효가 10년 연장된다. ③ 13세 미만의 사람 및 신체적인 또는 정신적인 장애가 있는 사람에 대하여 다음 각 호의 죄를 범한 경우에는 제1항과 제2항에도 불구하고 「형사소송법」 제249조부터 제253조까지 및 「군사법원법」 제291조부터 제295조까지에 규정된 공소시효를 적용하지 아니한다.

13) 친권상실청구 등

① 아동 · 청소년대상 성범죄 사건을 수사하는 검사는 그 사건의 가해자가 피해아동 · 청소년의 친권자나 후견인인 경우에 법원에 「민법」 제924조의 친권상실선고 또는 같은 법 제940조의 후견인 변경 결정을 청구하여야 한다. 다만, 친권상실선고 또는 후견인 변경 결정을 하여서는 아니될 특별한 사정이 있는 경우에는 그러하지 아니하다.

② 다음의 기관 · 시설 또는 단체의 장은 검사에게 제1항의 청구를 하도록 요청할 수 있다. 이 경우 청구를 요청받은 검사는 요청받은 날부터 30일 내에 해당 기관 · 시설 또는 단체의 장에게 그 처리 결과를 통보하여야 한다. 1. 아동보호전문기관 2. 성폭력피해상담소 및 성폭력피해자보호시설 3. 청소년상담복지센터 및 청소년쉼터

14) 피해아동 · 청소년의 보호조치 결정

법원은 아동 · 청소년대상 성범죄 사건의 가해자에게 「민법」 제924조에 따라 친권상실선고를 하는 경우에는 피해아동 · 청소년을 다른 친권자 또는 친족에게 인도하거나, 제45조 또는 제46조의 기관 · 시설 또는 단체에 인도하는 등의 보호조치를 결정할 수 있다. 이 경우 그 아동 · 청소년의 의견을 존중하여야 한다.

15) 수사 및 재판 절차에서의 배려

① 수사기관과 법원 및 소송관계인은 아동 · 청소년대상 성범죄를 당한 피해자의 나이, 심리 상태 또는 후유장애의 유무 등을 신중하게 고려하여 조사 및 심리 · 재판 과정에서 피해자의 인격이나 명예가 손상되거나 사적인 비밀이 침해되지 아니하도록 주의하여야 한다.

② 수사기관과 법원은 아동 · 청소년대상 성범죄의 피해자를 조사하거나 심리 · 재판할 때 피해자가 편안한 상태에서 진술할 수 있는 환경을 조성하여야 하며, 조사 및 심리 · 재판 횟수는 필요한 범위에서 최소한으로 하여야 한다.

③ 수사기관과 법원은 제2항에 따른 조사나 심리 · 재판을 할 때 피해아동 · 청소년이 13세 미만이거나 신체적인 또는 정신적인 장애로 의사소통이나 의사표현에 어려움이 있는 경우 조력을 위하여 「성폭력범죄의 처벌 등에 관한 특례법」 제36

조부터 제39조까지를 준용한다. 이 경우 "성폭력범죄"는 "아동 · 청소년대상 성범죄"로, "피해자"는 "피해아동 · 청소년"으로 본다.

16) 아동 · 청소년대상 디지털 성범죄의 수사 특례

① 사법경찰관리는 다음 각 호의 어느 하나에 해당하는 범죄(이하 "디지털 성범죄"라 한다)에 대하여 신분을 비공개하고 범죄현장(정보통신망을 포함한다) 또는 범인으로 추정되는 자들에게 접근하여 범죄행위의 증거 및 자료 등을 수집(이하 "신분비공개수사"라 한다)할 수 있다.

1. 아동 · 청소년성착취물의 제작 · 배포 및 아동 · 청소년에 대한 성착취 목적 대화
2. 아동 · 청소년에 대한 「성폭력범죄의 처벌 등에 관한 특례법」 제14조제2항 및 제3항의 죄

② 사법경찰관리는 디지털 성범죄를 계획 또는 실행하고 있거나 실행하였다고 의심할 만한 충분한 이유가 있고, 다른 방법으로는 그 범죄의 실행을 저지하거나 범인의 체포 또는 증거의 수집이 어려운 경우에 한정하여 수사 목적을 달성하기 위하여 부득이한 때에는 다음 각 호의 행위(이하 "신분위장수사"라 한다)를 할 수 있다.

1. 신분을 위장하기 위한 문서, 도화 및 전자기록 등의 작성, 변경 또는 행사
2. 위장 신분을 사용한 계약 · 거래
3. 아동 · 청소년성착취물 또는 「성폭력범죄의 처벌 등에 관한 특례법」 제14조제2항의 촬영물 또는 복제물(복제물의 복제물을 포함한다)의 소지, 판매 또는 광고

③ 제1항에 따른 수사의 방법 등에 필요한 사항은 대통령령으로 정한다.

17) 아동 · 청소년대상 디지털 성범죄 수사 특례의 절차

① 사법경찰관리가 신분비공개수사를 진행하고자 할 때에는 사전에 상급 경찰관서 수사부서의 장의 승인을 받아야 한다. 이 경우 그 수사기간은 3개월을 초과할 수 없다.
② 제1항에 따른 승인의 절차 및 방법 등에 필요한 사항은 대통령령으로 정한다.
③ 사법경찰관리는 신분위장수사를 하려는 경우에는 검사에게 신분위장수사에 대한 허가를 신청하고, 검사는 법원에 그 허가를 청구한다.
④ 제3항의 신청은 필요한 신분위장수사의 종류 · 목적 · 대상 · 범위 · 기간 · 장소 · 방법 및 해당 신분위장수사가 제25조의2제2항의 요건을 충족하는 사유 등의 신청사유를 기재한 서면으로 하여야 하며, 신청사유에 대한 소명자료를 첨부하여야 한다.
⑤ 법원은 제3항의 신청이 이유 있다고 인정하는 경우에는 신분위장수사를 허가하고, 이를 증명하는 서류(이하 "허가서"라 한다)를 신청인에게 발부한다.
⑥ 허가서에는 신분위장수사의 종류 · 목적 · 대상 · 범위 · 기간 · 장소 · 방법 등을 특정하여 기재하여야 한다.
⑦ 신분위장수사의 기간은 3개월을 초과할 수 없으며, 그 수사기간 중 수사의 목적이 달성되었을 경우에는 즉시 종료하여야 한다.
⑧ 제7항에도 불구하고 제25조의2제2항의 요건이 존속하여 그 수사기간을 연장할 필요가 있는 경우에는 사법경찰관리는 소명자료를 첨부하여 3개월의 범위에서 수사기간의 연장을 검사에게 신청하고, 검사는 법원에 그 연장을 청구한다. 이 경우 신분위장수사의 총 기간은 1년을 초과할 수 없다.

18) 아동 · 청소년대상 디지털 성범죄에 대한 긴급 신분위장수사

① 사법경찰관리는 제25조의2제2항의 요건을 구비하고, 제25조의3제3항부터 제8항

까지에 따른 절차를 거칠 수 없는 긴급을 요하는 때에는 법원의 허가 없이 신분위장수사를 할 수 있다.

② 사법경찰관리는 제1항에 따른 신분위장수사 개시 후 지체 없이 검사에게 허가를 신청하여야 하고, 사법경찰관리는 48시간 이내에 법원의 허가를 받지 못한 때에는 즉시 신분위장수사를 중지하여야 한다.

③ 제1항 및 제2항에 따른 신분위장수사 기간에 대해서는 제25조의3제7항 및 제8항을 준용한다.

19) 영상물의 촬영 · 보존 등

① 아동 · 청소년대상 성범죄 피해자의 진술내용과 조사과정은 비디오녹화기 등 영상물 녹화장치로 촬영 · 보존하여야 한다.

② 제1항에 따른 영상물녹화는 피해자 또는 법정대리인이 이를 원하지 아니하는 의사를 표시한 때에는 촬영을 하여서는 아니 된다. 다만, 가해자가 친권자 중 일방인 경우는 그러하지 아니하다.

20) 비밀누설 금지

① 아동 · 청소년대상 성범죄의 수사 또는 재판을 담당하거나 이에 관여하는 공무원 또는 그 직에 있었던 사람은 피해아동 · 청소년의 주소 · 성명 · 연령 · 학교 또는 직업 · 용모 등 그 아동 · 청소년을 특정할 수 있는 인적사항이나 사진 등 또는 그 아동 · 청소년의 사생활에 관한 비밀을 공개하거나 타인에게 누설하여서는 아니 된다.

② 보호시설과 상담시설의 기관 · 시설 또는 단체의 장이나 이를 보조하는 자 또는 그 직에 있었던 자는 직무상 알게 된 비밀을 타인에게 누설하여서는 아니 된다.

③ 누구든지 피해아동 · 청소년의 주소 · 성명 · 연령 · 학교 또는 직업 · 용모 등 그 아동 · 청소년을 특정하여 파악할 수 있는 인적사항이나 사진 등을 신문 등 인쇄물에 싣거나 방송 또는 정보통신망을 통하여 공개해서는 안 된다.

④ 이를 위반한 자는 7년 이하의 징역 또는 5천만원 이하의 벌금에 처한다. 이 경우 징역형과 벌금형은 병과할 수 있다.

21) 내국인의 국외범 처벌

국가는 국민이 대한민국 영역 외에서 아동 · 청소년대상 성범죄를 범하여 「형법」 제3조에 따라 형사처벌하여야 할 경우에는 외국으로부터 범죄정보를 신속히 입수하여 처벌하도록 노력하여야 한다.

내국인의 국외에서의 범죄에 대하여 종전에도 실정법상 형사처벌 대상인데도 사실상 거의 법집행이 이루어지지 않은 점을 감안, 외국으로부터 범죄정보를 신속히 입수, 처벌하는 외에 각종 국제협력을 강화하도록 규정하고 있다.

5. 아동 · 청소년대상 성범죄의 신고 · 응급조치와 지원

1) 아동 · 청소년대상 성범죄의 신고

누구든지 아동 · 청소년대상 성범죄의 발생 사실을 알게 된 때에는 수사기관에 신고할 수 있다. 다음 각 호의 어느 하나에 해당하는 기관 · 시설 또는 단체의 장과 그 종사자는 직무상 아동 · 청소년대상 성범죄의 발생 사실을 알게 된 때에는 즉시 수사기관에 신고하여야 한다.

해당 기관은 유치원, 학교, 의료기관, 아동복지시설, 장애인복지시설, 어린이집, 학원 및 교습소, 성매매피해자 등을 위한 지원시설 및 성매매피해상담소, 한부모가족복지시설, 가정폭력 관련 상담소 및 가정폭력피해자 보호시설, 성폭력피해상담소 및 성폭력피해자보호시설, 청소년활동시설, 청소년상담복지센터 및 청소년쉼터, 학교 밖 청소년지원센터, 청소년보호 · 재활센터, 체육단체, 대중문화예술기획업소 등이다.

2) 신고의무자에 대한 교육

관계 행정기관의 장은 각 기관 · 시설 또는 단체의 장과 그 종사자의 자격취득 과정에 아동 · 청소년 성범죄 예방 및 신고의무와 관련된 교육내용을 포함시켜야 한다. 여성가족부장관은 각 기관 · 시설 또는 단체의 장과 그 종사자에 대하여 성범죄 예방 및 신고의무와 관련된 교육을 실시할 수 있다.

3) 피해아동 · 청소년의 보호와 상담 및 치료

아동 · 청소년대상 성범죄를 저지른 자가 피해아동 · 청소년과 「가정폭력범죄의 처벌 등에 관한 특례법」 배우자, 자기 또는 배우자와 직계존비속관계, 계부모와 자녀의 관계, 동거하는 친족의 가정 구성원인 관계에 있는 경우로서 피해아동 · 청소년을 보호할 필요가 있는 때에는 같은 가정폭력범죄에 대한 응급조치, 임시조치의 청구, 임시조치, 항고, 항고장의 제출, 항고의 재판, 재항고, 집행의 부정지의 규정을 준용한다.

국가는 피해아동 · 청소년 등의 신체적 · 정신적 회복을 위하여 상담시설 또는 「성폭력방지 및 피해자보호 등에 관한 법률」의 성폭력 전담의료기관으로 하여금 다음의 사람에게 상담이나 치료 프로그램을 제공하도록 요청할 수 있다.

1. 피해아동 · 청소년, 2. 피해아동 · 청소년의 보호자 및 형제 · 자매, 3. 그 밖에 대통령령으로 정하는 사람

6. 아동 · 청소년의 선도보호 등

「아동 · 청소년의 성보호에 관한 법률」의 제정 취지가 가치판단능력이 아직 미숙한 아동 · 청소년들이 비록 자발적으로 성매매 대상이 된 경우라고 할지라도, 이들을 성매매 대상이 되게 한 제반 사회적 여건 및 관련자들에게 책임을 물어야 한다는, 즉 그 아동 · 청소년들에게 범죄자로서의 책임을 묻는 것은 부당하다는 취지에서, 성매매 대상이 된 아동 · 청소년을 범죄자가 아닌 피해자로 보고, 이들 피해 아동 · 청소년을 보호하고 선도하기 위해 각종 규정을 마련한 것이다.

1) 대상아동 · 청소년에 대한 수사

「성매매알선 등 행위의 처벌에 관한 법률」은 "성매매를 한 사람은 1년 이하의 징역이나 300만 원 이하의 벌금 · 구류 또는 과료(科料)에 처한다."고 하나, 대상아동 · 청소년에 대하여는 보호 및 재활을 위하여 처벌하지 않도록 하고 있다. 사법경찰관은 대상아동 · 청소년을 발견한 경우, 신속하게 사건을 수사한 후 「소년법」에 따라 가정법원소년부 또는 지방법원소년부(이하 "법원 소년부"라 한다)의 보호사건으로 처리하는 것이 상당한지에 관한 의견을 첨부하여 지체 없이 검사에게 송치하여야 한다.

검사 또는 사법경찰관은 대상아동 · 청소년을 발견한 경우 특별한 사정이 없으면 그 사실을 대상아동 · 청소년의 법정대리인 또는 사실상 그 아동 · 청소년을 보호하는 자(이하 "법정대리인 등"이라 한다)에게 통지하여야 한다. 따라서 대상 청소년이 단속 등을 통해 파악된 경우 무조건적인 귀가 또는 훈방 조치를 해서는 아니되며, 검사의 판단에 의하여 귀가 조치하거나 소년부 판사에 의한 보호처분을 받을 수 있도록 조치를 취하여야 한다.

2) 피해아동 · 청소년 등을 위한 조치의 청구

검사는 성범죄의 피해를 받은 아동 · 청소년을 위하여 지속적으로 위해의 배제와 보호가 필요하다고 인정하는 경우, 법원에 제1호의 보호관찰과 함께 제2호부터 제5호까지의 조치를 청구할 수 있다.

1. 가해자에 대한 「보호관찰 등에 관한 법률」에 따른 보호관찰
2. 피해를 받은 아동 · 청소년의 주거 등으로부터 가해자를 분리하거나 퇴거하는 조치
3. 피해를 받은 아동 · 청소년의 주거, 학교, 유치원 등으로부터 100미터 이내에 가해자 또는 가해자의 대리인의 접근을 금지하는 조치
4. 전기통신이나 우편물을 이용하여 가해자가 피해를 받은 아동 · 청소년 또는 그 보호자와 접촉을 하는 행위의 금지
5. 보호시설에 대한 보호위탁결정 등 피해를 받은 아동 · 청소년의 보호를 위하여 필요한 조치

3) 보호시설

「성매매방지 및 피해자보호 등에 관한 법률」의 청소년 지원시설, 「청소년복지 지원법」의 청소년상담복지센터, 청소년쉼터 또는 「청소년보호법」의 청소년 보호 · 재활센터는 다음 각 호의 업무를 수행할 수 있다.

1. 범죄 신고의 접수 및 상담, 대상아동 · 청소년과 병원 또는 관련 시설과의 연계 및 위탁, 그 밖에 아동 · 청소년 성매매 등과 관련한 조사 · 연구
2. 대상아동 · 청소년의 보호 · 자립지원
3. 장기치료가 필요한 대상아동 · 청소년의 다른 기관과의 연계 및 위탁

4) 상담시설

「성매매방지 및 피해자보호 등에 관한 법률」의 성매매피해상담소 및 「청소년복지 지원법」의 청소년상담복지센터는 신고의 접수 및 상담, 성매매피해아동·청소년과 병원 또는 관련 시설과의 연계 및 위탁, 그 밖에 아동·청소년 성매매 등과 관련한 조사·연구 등을 수행한다.

「성폭력방지 및 피해자보호 등에 관한 법률」의 성폭력피해상담소 및 성폭력피해자 보호시설은 위의 업무는 물론, 피해아동·청소년을 병원이나 성폭력피해자보호시설로 데려다 주거나 일시 보호와 신체적·정신적 안정회복과 사회복귀를 돕고 있다. 또한 가해자에 대한 민·형사상 소송과 피해배상청구 등의 사법처리절차에 관하여 대한변호사협회·대한법률구조공단 등 관계 기관에 필요한 협조와 지원을 요청하고, 아동·청소년대상 성폭력범죄의 예방과 방지를 위한 홍보와 성폭력범죄 및 그 피해에 관한 조사·연구 등을 하고 있다.

5) 성매매 피해아동·청소년 지원센터의 설치

국가와 지방자치단체는 성매매 피해아동·청소년의 보호를 위하여 '성매매 피해아동·청소년 지원센터'를 설치·운영할 수 있다.

① 아동·청소년 매매행위, 아동·청소년의 성을 사는 행위 등, 아동·청소년에 대한 강요행위 등, 알선영업행위 등의 범죄에 대한 신고의 접수 및 상담

② 성매매 피해아동·청소년의 교육·상담 및 지원

③ 성매매 피해아동·청소년을 병원이나 「성매매방지 및 피해자보호 등에 관한 법률」 제9조에 따른 지원시설로 데려다 주거나 일시 보호하는 업무

④ 성매매 피해아동·청소년의 신체적·정신적 치료·안정회복과 사회복귀를 돕는 업무

⑤ 성매매 피해아동·청소년의 법정대리인을 대상으로 한 교육·상담프로그램 운영

⑥ 아동 · 청소년 성매매 등에 관한 조사 · 연구

⑦ 그 밖에 성매매 피해아동 · 청소년의 보호 및 지원을 위하여 필요한 업무로서 대통령령으로 정하는 업무

7. 성범죄로 유죄판결이 확정된 자의 신상정보 등록 및 공개와 취업제한

1) 신상정보 등록대상자

아동 · 청소년대상 성범죄는 아직 성숙하지 않은 아동 · 청소년에게 일생을 통해 돌이킬 수 없는 신체적 · 정신적 상처를 주는 범죄로서 예방이 무엇보다 중요하다. 성범죄자 신상정보 등록제도는 등록대상 성범죄로 유죄판결이 확정된 사람의 신상정보를 등록 · 관리하여 성범죄 예방 및 수사에 활용하고, 그 내용의 일부를 일반 국민 또는 지역주민에게 공개하는 제도이다.

「성폭력 범죄의 처벌 등에 관한 특례법」에 따라, 성범죄자의 신상정보를 최대 10년간 등록관리하는 제도이다. 아동 · 청소년대상 성범죄로 유죄판결이 확정된 자 또는 신상정보 공개명령이 확정된 자는 신상정보 등록대상자가 된다.

2) 신상정보의 제출 의무

등록대상자는 유죄판결이 확정된 날부터 30일 이내에 다음 각 호의 신상정보를 자신의 주소지를 관할하는 경찰관서의 장에게 제출하여야 한다. 다만, 교정시설에 수용된 경우에는 수용시설의 장에게 제출한다.

공개하도록 제공되는 등록정보는 ① 성명, ② 나이, ③ 주소 및 실제거주지, ④ 신체정보(키와 몸무게), ⑤ 사진, ⑥ 등록대상 성범죄 요지(판결일자, 죄명, 선고형량 포함), ⑦ 성폭력범죄 전과사실(죄명 및 횟수), ⑧ 전자장치 부착 여부이다.

3) 아동 · 청소년대상 성범죄자의 신상정보 등록

법무부장관은 송달받은 정보와 등록대상자의 성범죄 경력정보, 성범죄 전과사실, 전자장치 부착여부 정보를 등록하여야 한다. 법무부장관은 등록한 정보에 대하여 등록일자를 밝혀 등록대상자에게 통지하여야 한다. 법무부장관은 등록대상자의 등록에 필요한 정보의 조회를 관계 행정기관의 장에게 요청할 수 있다. 법무부장관은 등록대상자가 제출정보 또는 변경정보를 정당한 사유 없이 제출하지 아니한 경우에는 신상정보의 등록에 필요한 사항을 관계 행정기관의 장에게 조회를 요청하여 등록할 수 있다.

4) 등록정보의 공개

성범죄자 신상정보는 인터넷과 앱을 통해 공개하고, 읍 · 면 · 동 주민에게 우편으로 고지하고 있다. 인터넷을 통한 공개는 성범죄자 알림e(www.sexoffender.go.kr) 사이트를 통해 이루어지고 있다. 낯선 동네로 이사를 하거나, 놀이터, 공원 등 어디서나 이동하면서도 자신의 위치를 기반으로 주변에 거주하는 성범죄자 신상정보와 조건검색을 통해 어린이집, 유치원, 학교반경 1km 이내에 거주하는 성범죄자 신상정보 확인이 가능하다. 스마트폰의 "성범죄자 알림e 스마트폰 앱" 서비스를 통해 언제 어디서나 이동하면서도 성범죄자 신상정보 열람이 가능하다.

우편을 통한 고지는 고지정보에 성명, 나이, 사진(정면, 좌우측, 전신), 주소 및 실제 거주지(건물번호까지), 신체정보(키, 몸무게), 성범죄요지, 성폭력 전과 사실(죄명 및 횟수), 전자장치 부착 여부를 제공한다. 고지범위는 고지대상자가 거주하는 읍 · 면 · 동의 아동청소년의 친권자 또는 법정대리인이 있는 가구, 유치원, 어린이집, 각급 학교, 주민센터 학교교과교습학원, 지역아동센터, 청소년수련시설, 읍 · 면 · 동(주민센터)(경계를 같이하는 읍 · 면 또는 동을 포함)장 등이다.

5) 비밀준수 및 공개정보의 악용금지

아동 · 청소년대상 성범죄자의 신상정보의 등록 · 공개 · 보존 및 관리업무에 종사하거나 종사하였던 자는 직무상 알게 된 등록정보를 누설해서는 안 된다. 공개정보는 아동 · 청소년을 성범죄로부터 보호하기 위하여 성범죄 우려가 있는 자를 확인할 목적으로만 사용되어야 한다. 공개정보를 확인한 자는 공개정보를 활용하여 다음 행위를 해서는 안 된다. ① 신문 · 잡지 등 출판물, 방송 또는 정보통신망을 이용한 공개, ② 공개정보의 수정 또는 삭제. 공개정보를 확인한 자는 공개정보를 아동 · 청소년을 성범죄로부터 보호할 목적 외에 다음 각 호와 관련된 목적으로 사용하여 공개대상자를 차별해서는 안 된다.

1. 고용(다만, 아동 · 청소년 관련기관 등에의 고용은 제외한다)
2. 주택 또는 사회복지시설의 이용
3. 교육기관의 교육 및 직업훈련

6) 성범죄자의 아동 · 청소년 관련기관 취업제한제도

성범죄자의 아동 · 청소년 관련기관 취업제한제도는 성범죄자가 아동 · 청소년 관련기관 등에 일정기간 취업할 수 없도록 제한하여 아동 · 청소년을 성범죄로부터 예방 및 보호하고자 하기 위해서이다. 이는 아동 · 청소년대상 성범죄 또는 성인대상 성범죄로 형이나 치료감호를 선고받아 확정된 자는 징역형(또는 치료감호)이 종료되거나 집행이 유예된 날, 벌금형이 확정된 날부터 일정기간 동안 아동 · 청소년 관련기관 등을 운영하거나 아동 · 청소년 관련기관 등에 취업(노무제공 포함)을 할 수 없다.

아동 · 청소년 관련 교육기관 등의 설치 또는 설립인가 · 신고를 관할하는 지방자치단체의 장, 교육감 또는 교육장은 아동 · 청소년 관련기관 등을 운영하려는 자에 대한 성범죄의 경력 조회를 관계기관의 장에게 요청할 수 있다. 아동 · 청소년 관련기관 등의 장은 그 기관에 취업 중이거나 사실상 노무를 제공 중인 자 또는 취업하려 하거나 사실상 노무를 제공하려는 자에 대하여 성범죄의 경력을 확인하여야 한다. 이 경우 본인의 동의를 받아 관계 경찰관서의 장에게 성범죄의 경력 조회를 요청하여야 한다. 이 경우 경찰관서를 직접 방문하거나 정보통신망(범죄경력회보서발급시스템 crims.police.go.kr)을 이용하면 된다.

7) 성범죄의 경력자 점검 · 확인 및 취업자 해임요구

여성가족부장관 또는 관계 중앙행정기관의 장은 성범죄로 취업제한 명령을 선고받은 자가 아동 · 청소년 관련기관 등을 운영하거나 아동 · 청소년 관련기관 등에 취업 또는 사실상 노무를 제공하고 있는지를 직접 또는 관계기관 조회 등의 방법으로 연 1회 이상 점검 · 확인하여야 한다. 이 경우, 아동 · 청소년 관련기관 등에 관하여는 관계 중앙행정기관의 장이 점검 · 확인하여야 한다.

각 중앙행정기관의 장은 성범죄로 법 위반 시 아동 · 청소년 관련기관 등에 취업하거나 사실상 노무를 제공하는 자가 있으면, 아동 · 청소년 관련기관 등의 장에게 그의 해임을 요구할 수 있다. 아울러 각 중앙행정기관의 장은 아동 · 청소년 관련기관 등을 운영 중인 기관장에게 운영 중인 아동 · 청소년 관련기관 등의 폐쇄를 요구할 수 있다. 또 중앙행정기관의 장은 아동 · 청소년 관련기관 등의 장이 폐쇄요구를 정당한 사유 없이 거부하거나, 1개월 이내에 요구사항을 이행하지 아니하는 경우에는 관계 행정기관의 장에게 해당 아동 · 청소년 관련기관 등의 폐쇄, 등록 · 허가 등의 취소를 요구할 수 있다.

알고 갑시다!

□ 성범죄자 취업제한기관

적용기관	적용기관 범위	근거법률
1. 유치원	유치원	「유아교육법」 제2조제2호
2. 학교	초 · 중 · 고등학교, 기타학교	「초 · 중등교육법」 제2조
	위탁교육기관	「초 · 중등교육법」 제28조 및 같은 법 시행령 제54조
	대학, 산업대학, 교육대학, 전문대학, 원격대학, 기술대학, 각종학교	「고등교육법」 제2조
	학생상담지원시설, 위탁교육시설	「초 · 중등교육법」 제28조 및 같은 법 시행령 제54조
	「제주특별자치도 설치 및 국제자유도시 조성을 위한 특별법」 제223조에 따른 국제학교	「제주특별자치도 설치 및 국제자유도시 조성을 위한 특별법」 제223조
3. 학원, 교습소 및 개인과외교습자	학교교과교습학원, 교습소, 개인과외교습자 등	「학원의 설립 · 운영 및 과외교습에 관한 법률」 제2조 제1~3호
4. 청소년 보호 · 재활센터	청소년보호 · 재활센터	「청소년보호법」 제35조
5. 청소년활동시설	청소년수련시설	「청소년활동 진흥법」 제10조
	청소년이용시설	「청소년활동 진흥법」 제10조 및 같은 법 시행령 제17조
6-1. 청소년상담복지센터 및 청소년쉼터	청소년상담복지센터, 청소년쉼터	「청소년복지지원법」 제29조 제1항 및 제31조제1호
6-2. 학교 밖 청소년 지원센터	학교 밖 청소년 지원센터	「학교밖청소년지원에관한 법률」 제12조
7. 어린이집	국공립어린이집, 직장어린이집, 가정어린이집 등	「영유아보육법」 제2조제3호, 제10조
8. 아동복지시설	아동양육시설, 아동일시보호시설, 아동보호치료시설, 공동생활가정 등	「아동복지법」 제3조제10호, 제52조, 제37조
9. 청소년지원시설 및 성매매피해 상담소	청소년지원시설, 성매매피해상담소	「성매매방지 및 피해자보호 등에 관한 법률」 제9조제1항 제2호 및 제17조

적용기관	적용기관 범위	근거법률
10. 공동주택 관리 사무소	경비원업무 종사자에 한함	「주택법」 제2조제3호
11. 체육시설	체육시설 ※ 청소년출입금지시설(무도장) 제외	「체육시설의 설치 · 이용에 관한 법률」 제3조 및 같은 법 시행령 제2조(별표1)
12. 의료기관	의료법 제2조의 의료인(의사, 한의사, 간호사, 치과의사, 조산사 등)	「의료법」 제3조
13. 게임(시설) 제공업	인터넷컴퓨터게임시설 제공업 · 복합유통게임제공업의 사업장	「게임산업진흥에 관한 법률」 제2조 제7호, 제8호
14. 경비업 법인	경비업 법인	「경비업법」 제2조 제1호
15. 청소년활동기획업소	청소년활동기획업소	「청소년기본법」 제3조
16. 대중문화예술기획업소	대중문화예술기획업소	「대중문화예술발전법」 제2조제6호 및 제26조
17. 청소년 고용 또는 출입이 허용되는 시설로서 대통령령으로 정하는 시설	청소년게임제공업 · 청소년실을 갖춘 노래연습장업의 사업장	「게임산업진흥에 관한 법률」 제2조 제6의2호 「음악산업진흥에 관한 법률」 제2조 제13호
18. 가정방문 등 학습교사 사업장	아동청소년에게 직접 교육서비스를 제공하는 사람에 한함	「아동 · 청소년의 성보호에 관한 법률」 제56조제1항 제18호
19. 장애인특수교육지원센터, 장애인특수 교육 서비스제공 기관 · 시설	장애인특수교육지원센터, 장애인 특수교육 서비스제공 기관 · 시설	「장애인 등에 대한 특수 교육법」 제11조, 제28조
20. 행정안전부 장관이 지정한 아동청소년 이용시설	아동청소년 이용시설	「지방자치법」 제144조
21. 아동청소년 대상 기관	교육청 조례에 따라 설치 · 운영되는 시설(학생교육원, 수련원 등)	「지방교육자치법」 제32조
22. 어린이급식관리지원센터	어린이급식관리지원센터	「어린이 식생활안전관리 특별법」 제21조제1항

자료 : 여성가족부 홈페이지

□ 성범죄자의 신상정보 공개 및 고지 제도

- 성범죄자의 신상정보를 인터넷과 모바일 앱을 통해 공개하고, 성범죄자가 거주하는 읍·면·동 내 아동·청소년 보호 세대 및 기관에 고지하여 성범죄 예방 및 재범방지 도모

▷ 성범죄자 신상정보 공개

- 공개정보 : 성범죄자의 성명, 나이, 사진, 주소 및 실제거주지(도로명, 건물번호), 신체정보(키, 몸무게), 성범죄 요지, 성폭력범죄 전과사실(죄명 및 횟수), 전자장치 부착 여부 등
- 공개방법 : 인터넷 공개 전용 누리집(성범죄자 알림e)과 모바일 앱을 통해 공개
- 모바일 앱(성범죄자 알림e)을 통해 공개
  ① 낯선 동네로 이사를 하거나, 놀이터·공원 등 어디서나 이동하면서도 자신의 위치를 기반으로 주변에 거주하는 성범죄자 신상정보 확인
  ② 조건검색을 통해 어린이집, 유치원, 학교 주변(반경 1km 이내)에 거주하는 성범죄자 신상정보 확인

▷ 성범죄자 신상정보 고지

- 고지정보 : 성범죄자의 성명, 나이, 사진, 주소 및 실제거주지(도로명, 건물번호 및 상세주소), 신체정보(키, 몸무게), 성범죄요지, 성폭력범죄 전과사실(죄명 및 횟수), 전자장치 부착 여부 등
- 고지방법 : 모바일고지(휴대전화로 수신), 우편고지(일반 우편으로 수령)
- 고지대상
- (모바일고지) 성범죄자가 거주하는 읍·면·동 내 아동·청소년 보호 세대주
- (우편고지) 성범죄자가 거주하는 읍·면·동 내 아동·청소년 보호 세대주 및 기관(어린이집, 유치원, 학원, 학교, 지역아동센터, 청소년수련시설)
- 성범죄자 알림e 누리집 : www.sexoffender.go.kr

▢ 성범죄자 취업제한제도

- 성범죄자로부터 아동 · 청소년을 보호하고자 아동 · 청소년 관련기관 등에 성범죄자의 접근 가능성을 사전에 차단하고 취업을 제한하는 것
- 취업제한 대상기관 : 유치원 · 학교 · 학원, 교습소 및 개인과외교습자, 청소년 상담 및 긴급구조 등의 기관과 청소년지원 등의 기관, 청소년보호센터와 청소년재활센터, 청소년활동시설, 청소년쉼터, 보육시설, 아동복지시설, 청소년지원시설과 성매매피해상담소, 공동주택의 관리사무소 및 경비업 법인, 아동 · 청소년을 대상으로 하는 체육시설, 의료 기관(의료인에 한함) 및 가정 방문형 학습지 교사, 게임 시설 제공 업소 및 청소년실을 갖춘 노래 연습장, 청소년 활동 기획 업소 및 대중문화 예술기획 업소
- 취업제한 기간은 최대 10년

▢ 아동 청소년대상 성범죄 발생 신고의무제도

- 아동 · 청소년 관련기관 등에 해당하는 기관 · 시설 또는 단체의 장과 그 종사자는 직무상 아동 · 청소년 대상 성범죄의 발생 사실을 알게 된 때에는 즉시 그 사실을 수사기관에 신고하여야 함.
- 아동 · 청소년대상 성범죄의 신고기관으로는 유치원, 학교, 의료기관, 아동복지시설, 장애인복지시설, 어린이집, 유치원, 학원 및 교습소, 성매매피해자 등을 위한 지원시설 및 성매매피해상담소, 한부모가족복지시설, 가정폭력 관련 상담소 및 가정폭력피해자 보호시설, 성폭력피해상담소 및 성폭력피해자보호시설, 청소년활동시설, 청소년상담복지센터 및 청소년쉼터, 청소년보호 · 재활센터가 해당

chapter

14

학교 밖 청소년 지원에 관한 법률(약칭: 학교밖청소년법)

1. 제정의의
2. 목적
3. 용어의 정의
4. 국가와 지방자치단체의 책무
5. 학교 밖 청소년 지원계획
6. 실태조사
7. 학교 밖 청소년 지원위원회
8. 상담지원
9. 교육지원
10. 직업체험 및 취업지원
11. 자립지원
12. 학교 밖 청소년 지원센터
13. 지원센터에의 연계

제　　정: 2014. 5. 28.

1. 제정의의

청소년인구 감소에도 불구하고 매년 4~5만 명에 달하는 청소년들이 학업을 중단하는 등 학교 밖 청소년이 지속적으로 발생하고 있다. 2021년 기준 학령기 청소년 559만 명 중 학교 밖 청소년은 14만 6천 명(2.6%)으로 추산된다. 2021학년도에 전국의 초·중·고등학교에서 학교를 그만 둔 학생은 42,755명이다. 고등학생의 학업중단율이 가장 높아 1.55%(20,131명)로 나타났다.

「청소년복지지원법」, 「초·중등교육법」 등 관계 법률에 근거하여 학업중단 숙려제 등 학교 밖 청소년 지원정책이 추진 중이나, 대부분의 지원정책이 학교 밖 청소년을 시혜적 복지의 대상으로 보고, 지원내용 또한 학업복귀에 집중되어 있어 능동적 자아실현의 주체로서 학교 밖 청소년의 다양한 정책수요에 부응하지 못하고 있는 실정이다.

이에 학교 밖 청소년 지원을 위한 국가와 지방자치단체의 책무를 명시하고, 학교 밖 청소년에 대한 정확한 실태조사를 바탕으로 학교 밖 청소년의 개인적 특성과 수요를 고려한 상담지원, 교육지원, 취업 및 진로·직업체험 지원, 자립지원 등이 이루어지도록 종합적·체계적인 지원체계를 마련함으로써 학교 밖 청소년이 건강한 사회구성원으로 성장할 수 있도록 지원하려는 것이다.

특히 이 법률에서는 학교 밖 청소년에게 지원 프로그램 안내 및 학교 밖 지원센터 연계를 명시하고 있는데, 학업중단 시점의 학생에게 관련 정보가 제대로 전달될 수 있도록 있도록 각급 학교의 장은 소속 학교의 학생이 학교 밖 청소년이 되는 경우에는 해당 청소년에게 학교 밖 청소년 지원 프로그램을 안내하고, 지원센터를 연계하여야 한다고 했다. 이 법의 주요 내용은 학교 밖 청소년 지원계획, 실태조사, 학교 밖 청소년 지원위원회, 상담지원, 교육지원, 직업체험 및 취업지원, 자립지원, 학교밖청소년지원센터, 지원센터와 연계 등이다.

2. 목적

이 법은 청소년복지의 향상을 위해 학교 밖 청소년 지원에 관한 사항을 규정함으로써 학교 밖 청소년이 건강한 사회 구성원으로 성장할 수 있도록 함을 목적으로 한다.

3. 용어의 정의

1. "청소년"이란 9세 이상 24세 이하인 사람을 말한다.
2. "학교 밖 청소년"이란 ① 초·중학교 입학 후 3개월 이상 결석하거나 취학의무를 유예한 청소년, ② 고등학교에서 제적·퇴학처분을 받거나 자퇴한 청소년, ③ 고등학교에 진학하지 아니한 청소년을 말한다.
3. "학교 밖 청소년 지원 프로그램"이란 학교 밖 청소년의 개인적 특성과 수요를 고려한 상담지원, 교육지원, 직업체험 및 취업지원, 자립지원 등의 프로그램을 말한다.

● 표 14-1 연도별 전국 학교중단 인원

(단위 : 명, %)

연도	초등학교			중학교			고등학교			전체		
	재적 학생 수	학교 중단자	학교 중단율	재적 학생 수	학교 중단자	학교 중단율	재적 학생 수	학교 중단자	학교 중단율	재적 학생 수	학교 중단자	학교 중단율
2021	2,672,340	15,389 (6,858)	0.58 (0.26)	1,350,770	7,235 (5,093)	0.54 (0.38)	1,299,965	20,131 (17,236)	1.55 (1.33)	5,323,075	42,755 (29,187)	0.80 (0.55)
2020	2,693,716	11,612 (4,408)	0.43 (0.16)	1,315,846	5,976 (3,340)	0.45 (0.25)	1,337,312	14,439 (13,112)	1.10 (0.98)	5,346,874	32,027 (20,860)	0.59 (0.39)
2019	2,747,219	18,366 (3,850)	0.67 (0.14)	1,294,559	10,001 (4,490)	0.77 (0.35)	1,411,027	23,894 (20,817)	1.69 (1.48)	5,452,805	52,261 (29,157)	0.96 (0.53)
2018	2,711,385	17,797 (3,022)	0.66 (0.11)	1,334,288	9,764 (3,998)	0.73 (0.3)	1,538,576	24,978 (20,235)	1.62 (1.32)	5,584,249	52,539 (27,255)	0.92 (0.49)
2017	2,674,227	16,422 (3,344)	0.61 (0.12)	1,381,334	9,129 (3,766)	0.68 (0.28)	1,669,699	24,506 (19,880)	1.59 (1.29)	5,725,260	50,057 (26,990)	0.90 (0.48)
2016	2,672,843	14,998 (2,894)	0.56 (0.11)	1,457,490	8,924 (6,521)	0.65 (0.47)	1,752,457	23,741 (18,819)	1.42 (1.12)	5,882,790	47,663 (28,234)	0.83 (0.49)
2015	2,714,610	14,555 (2,739)	0.54 (0.10)	1,585,951	9,961 (6,328)	0.63 (0.40)	1,788,266	22,554 (17,979)	1.26 (1.0)	6,088,827	47,070 (27,046)	0.77 (0.44)
2014	2,728,509	14,886 (2,777)	0.55 (0.10)	1,717,911	11,702 (5,476)	0.68 (0.32)	1,839,372	25,318 (20,249)	1.38 (1.10)	6,285,792	51,906 (28,502)	0.83 (0.45)
2013	2,784,000	15,908 (2,406)	0.57 (0.09)	1,804,189	14,278 (7,007)	0.79 (0.39)	1,893,303	30,382 (25,016)	1.60 (1.32)	6,481,492	60,568 (34,429)	0.93 (0.53)
2012	2,951,995	16,828 (2,453)	0.57 (0.08)	1,849,094	16,426 (8,382)	0.89 (0.45)	1,920,087	34,934 (28,793)	1.82 (1.50)	6,721,176	68,188 (39,628)	1.01 (0.59)

주: 1) 학교중단율 = 학교중단자수/ 재적학생수 × 100 (학교중단자에서 사망자는 포함되지 않음)
2) ( ) 안은 질병, 해외출국을 제외하고 가사, 학교 부적응 등 부적응 관련 사유로 학교를 중단한 학생 수
3) 매년 교육통계연보는 전년도 통계를 발표하므로 2021년 자료는 2022 교육통계임(2020년 자료는 2021 교육통계)
4) 소수점 셋째 자리에서 반올림하여 교육통계 발표자료(소수점 둘째 자리에서 반올림)와 일부 차이가 날 수 있음.

● 표 14-2 지역별 초 · 중 · 고 학교중단 학생 현황(2019~2021학년도)

(단위 : 명)

시도	학교급	2019학년도			2020학년도			2021학년도		
		학생수	학교중단학생수	비율(%)	학생수	학교중단학생수	비율(%)	학생수	학교중단학생수	비율(%)
합계	초	2,747,219	18,366	0.67%	2,693,716	11,612	0.43%	2,672,340	15,389	0.58%
	중	1,294,559	10,001	0.77%	1,315,846	5,976	0.45%	1,350,770	7,235	0.54%
	고	1,411,027	23,894	1.69%	1,337,312	14,439	1.08%	1,299,965	20,131	1.55%
	합계	5,452,805	52,261	0.96%	5,346,874	32,027	0.60%	5,323,075	42,755	0.80%
서울	초	422,293	5,154	1.22%	409,536	2,700	0.66%	399,435	4,051	1.01%
	중	207,413	2,414	1.16%	207,081	1,397	0.67%	209,749	1,702	0.81%
	고	236,689	4,318	1.82%	224,316	2,321	1.03%	216,319	3,412	1.58%
	합계	866,395	11,886	1.37%	840,933	6,418	0.76%	825,503	9,165	1.11%
부산	초	155,589	786	0.51%	153,527	588	0.38%	153,921	595	0.39%
	중	73,338	495	0.67%	73,749	277	0.38%	75,357	309	0.41%
	고	82,132	1,328	1.62%	76,573	805	1.05%	73,499	1,056	1.44%
	합계	311,059	2,609	0.84%	303,849	1,670	0.55%	302,777	1,960	0.65%
대구	초	126,122	535	0.42%	122,587	292	0.24%	121,308	469	0.39%
	중	62,539	351	0.56%	62,563	207	0.33%	62,755	210	0.33%
	고	70,945	1,047	1.48%	65,807	712	1.08%	63,074	951	1.51%
	합계	259,606	1,933	0.74%	250,957	1,211	0.48%	247,137	1,630	0.66%
인천	초	160,853	932	0.58%	156,928	519	0.33%	155,271	677	0.44%
	중	74,458	523	0.70%	76,346	279	0.37%	78,333	339	0.43%
	고	78,401	1,235	1.58%	74,886	684	0.91%	73,573	1,093	1.49%
	합계	313,712	2,690	0.86%	308,160	1,482	0.48%	307,177	2,109	0.69%
광주	초	88,990	458	0.51%	86,419	296	0.34%	84,998	330	0.39%
	중	43,068	189	0.44%	43,415	144	0.33%	43,942	139	0.32%
	고	49,048	741	1.51%	45,612	447	0.98%	43,694	636	1.46%
	합계	181,106	1,388	0.77%	175,446	887	0.51%	172,634	1,105	0.64%
대전	초	82,743	575	0.69%	79,807	274	0.34%	77,884	363	0.47%
	중	40,732	275	0.68%	40,694	200	0.49%	41,158	208	0.51%
	고	44,895	747	1.66%	42,488	506	1.19%	40,840	620	1.52%
	합계	168,370	1,597	0.95%	162,989	980	0.60%	159,882	1,191	0.74%

시도	학교급	2019학년도			2020학년도			2021학년도		
		학생수	학교 중단 학생수	비율 (%)	학생수	학교 중단 학생수	비율 (%)	학생수	학교 중단 학생수	비율 (%)
울산	초	68,512	271	0.40%	67,397	142	0.21%	66,919	233	0.35%
	중	30,935	139	0.45%	31,797	80	0.25%	32,766	111	0.34%
	고	33,866	325	0.96%	31,391	233	0.74%	30,535	318	1.04%
	합계	133,313	735	0.55%	130,585	455	0.35%	130,220	662	0.51%
세종	초	27,892	408	1.46%	29,487	245	0.83%	30,726	416	1.35%
	중	11,202	114	1.02%	12,395	110	0.89%	13,822	142	1.03%
	고	9,475	226	2.39%	10,246	178	1.74%	10,818	236	2.18%
	합계	48,569	748	1.54%	52,128	533	1.02%	55,366	794	1.43%
경기	초	769,744	6,422	0.83%	761,731	4,528	0.59%	763,912	5,670	0.74%
	중	353,032	3,432	0.97%	362,917	2,036	0.56%	378,472	2,473	0.65%
	고	364,168	6,919	1.90%	350,199	3,821	1.09%	345,024	5,640	1.63%
	합계	1,486,944	16,773	1.13%	1,474,847	10,385	0.70%	1,487,408	13,783	0.93%
강원	초	75,617	318	0.42%	73,478	213	0.29%	72,373	277	0.38%
	중	37,701	227	0.60%	37,836	150	0.40%	37,887	162	0.43%
	고	42,570	808	1.90%	39,806	461	1.16%	38,374	627	1.63%
	합계	155,888	1,353	0.87%	151,120	824	0.55%	148,634	1,066	0.72%
충북	초	86,709	266	0.31%	85,135	250	0.29%	84,263	319	0.38%
	중	40,839	230	0.56%	41,458	132	0.32%	42,438	196	0.46%
	고	44,053	781	1.77%	41,549	457	1.10%	40,246	732	1.82%
	합계	171,601	1,277	0.74%	168,142	839	0.50%	166,947	1,247	0.75%
충남	초	122,424	535	0.44%	120,115	411	0.34%	118,771	428	0.36%
	중	56,031	378	0.67%	57,541	228	0.40%	59,514	284	0.48%
	고	60,433	1,093	1.81%	57,791	768	1.33%	56,671	970	1.71%
	합계	238,888	2,006	0.84%	235,447	1,407	0.60%	234,956	1,682	0.72%
전북	초	97,731	219	0.22%	94,661	131	0.14%	92,914	222	0.24%
	중	48,648	206	0.42%	48,873	137	0.28%	49,347	195	0.40%
	고	56,769	882	1.55%	52,932	593	1.12%	50,532	765	1.51%
	합계	203,148	1,307	0.64%	196,466	861	0.44%	192,793	1,182	0.61%
전남	초	94,952	307	0.32%	92,405	220	0.24%	91,229	218	0.24%
	중	45,663	199	0.44%	46,050	127	0.28%	46,971	152	0.32%
	고	52,755	796	1.51%	49,112	601	1.22%	46,781	738	1.58%
	합계	193,370	1,302	0.67%	187,567	948	0.51%	184,981	1,108	0.60%

시도	학교급	2019학년도			2020학년도			2021학년도		
		학생수	학교중단 학생수	비율(%)	학생수	학교중단 학생수	비율(%)	학생수	학교중단 학생수	비율(%)
경북	초	131,374	436	0.33%	129,079	286	0.22%	127,912	391	0.31%
	중	61,393	299	0.49%	62,499	174	0.28%	63,732	245	0.38%
	고	71,272	1,110	1.56%	66,899	768	1.15%	64,967	1,060	1.63%
	합계	264,039	1,845	0.70%	258,477	1,228	0.48%	256,611	1,696	0.66%
경남	초	194,606	588	0.30%	190,849	411	0.22%	189,176	570	0.30%
	중	88,668	410	0.46%	91,164	228	0.25%	94,538	285	0.30%
	고	93,849	1,301	1.39%	89,026	920	1.03%	86,627	1,104	1.27%
	합계	377,123	2,299	0.61%	371,039	1,559	0.42%	370,341	1,959	0.53%
제주	초	41,068	156	0.38%	40,575	106	0.26%	41,328	160	0.39%
	중	18,899	120	0.63%	19,468	70	0.36%	19,989	83	0.42%
	고	19,707	237	1.20%	18,679	164	0.88%	18,391	173	0.94%
	합계	79,674	513	0.64%	78,722	340	0.43%	79,708	416	0.52%

자료 : 국회의원 서동용, 학업중단 학생 보도자료, 2022.10.09

● 표 14-3 연도별 학교중단 학생의 학교중단 사유별 현황(2019~2021학년도)

1) 초등학교

(단위 : 명)

	합계	유예				면제		
		질병	장기결석	미인정유학	기타	질병	해외출국	기타
2019학년도	18,366	130	9	4,217	3,272	16	10,153	569
2020학년도	11,612	107	10	1,788	3,892	25	5,286	504
2021학년도	15,389	103	10	1,451	4,712	5	8,428	680

2) 중학교

	합계	유예				면제		
		질병	장기결석	미인정유학	기타	질병	해외출국	기타
2019학년도	10,001	343	26	2,928	4,107	8	2,232	357
2020학년도	5,976	169	17	1,204	1,467	3	1,260	347
2021학년도	7,235	270	18	1,025	3,639	4	1,872	407

3) 고등학교

	합계	자퇴							
		질병	가사	부적응				해외 출국	기타
				학업 관련	대인 관계	학교 규칙	기타		
2019학년도	23,894	1,054	147	3,031	454	303	2,906	3,077	12,252
2020학년도	14,439	733	87	1,366	165	106	1,453	1,327	8,903
2021학년도	20,131	1,081	111	1,781	218	157	2,241	1,814	12,337

	퇴학		제적	유예	면제
	학교폭력	학칙위반			
2019학년도	149	396	42	71	12
2020학년도	38	173	36	43	9
2021학년도	51	258	35	43	4

자료 : 국회의원 서동용, 학업중단 학생 보도자료, 2022.10.09

4. 국가와 지방자치단체의 책무

① 국가와 지방자치단체는 학교 밖 청소년에 대한 사회적 차별 및 편견을 예방하고, 학교 밖 청소년을 존중하고 이해할 수 있도록 조사 · 연구 · 교육 및 홍보 등 필요한 조치를 하여야 한다.

② 국가와 지방자치단체는 학교 밖 청소년을 조기에 발견하고, 지원에 필요한 법적 · 제도적 장치를 마련하여 시행하여야 한다.

③ 국가와 지방자치단체는 학교 밖 청소년의 교육복지 실현을 위하여 노력하여야 한다.

④ 국가와 지방자치단체는 위의 책무를 다하기 위하여 학교 밖 청소년 지원에 필요한 행정적 · 재정적 지원방안을 마련하여야 한다.

5. 학교 밖 청소년 지원계획

① 국가와 지방자치단체는 연도별 시행계획 수립 시 다음 사항을 포함해야 한다.

1. 학교 밖 청소년에 대한 사회적 편견과 차별 예방 및 사회적 인식 개선에 관한 사항
2. 학교 밖 청소년 지원 프로그램의 개발 및 지원에 관한 사항
3. 학교 밖 청소년 지원을 위한 관련 기관 간 협력체계 및 지역사회 중심의 지원체계 구축·운영에 관한 사항
4. 학교 밖 청소년 지원을 위한 조사·연구·교육·홍보 및 제도개선에 관한 사항
5. 「청소년복지지원법」 제14조의 위기청소년 특별지원 등 사회적 지원방안
6. 학교 밖 청소년 지원을 위한 재원 확보 및 배분에 관한 사항
7. 그 밖에 학교 밖 청소년 지원을 위하여 필요한 사항

6. 실태조사

① 여성가족부장관은 학교 밖 청소년의 현황 및 실태 파악과 학교 밖 청소년 지원 정책수립을 위한 기초자료로 활용하기 위하여 2년마다 학교 밖 청소년에 대한 실태조사를 실시하고, 그 결과를 공표하여야 한다.

② 여성가족부장관은 실태조사 중 학업중단 현황에 관한 조사는 교육부장관과 협의하여 실시한다.

③ 여성가족부장관은 실태조사에 필요한 경우 관계 중앙행정기관의 장, 지방자치단체의 장 또는 공공기관의 장, 그 밖의 관련 법인·단체에 대하여 필요한 자료 제출 또는 의견 진술을 요청할 수 있다. 이 경우, 요청을 받은 자는 정당한 사유

가 없으면 이에 협조하여야 한다.

학교 밖 청소년에 대한 실태조사에는 다음의 내용이 포함되어야 한다. 1. 학교 밖 청소년의 학업중단 시기와 그 원인, 2. 학교 밖 청소년의 신체적 · 정신적 건강상태, 3. 학교 밖 청소년의 가족관계 및 친구관계, 4. 학교 밖 청소년의 경제상태, 5. 학교 밖 청소년의 진로, 6. 학교 밖 청소년 지원 프로그램 활용 현황

7. 학교 밖 청소년 지원위원회

① 학교 밖 청소년 지원에 관한 다음 사항을 심의하기 위하여 여성가족부장관 소속으로 학교 밖 청소년 지원위원회(이하 "지원위원회"라 한다)를 둔다.

1. 학교 밖 청소년 지원정책의 목표 및 기본방향에 관한 사항
2. 학교 밖 청소년 지원을 위한 법령 및 제도의 개선에 관한 사항
3. 학교 밖 청소년 지원계획의 수립에 관한 사항
4. 관련 기관 간 협력체계 및 지역사회 중심의 지원체계 구축에 관한 사항
5. 그 밖에 학교 밖 청소년 지원에 관하여 협의가 필요한 사항

② 지원위원회는 위원장 1명과 부위원장 1명을 포함한 15명 이내의 위원으로 구성하고, 위원은 당연직 위원과 위촉직 위원으로 구성한다.

8. 상담지원

① 국가와 지방자치단체는 학교 밖 청소년에 대하여 효율적이고 적합한 지원을 할 수 있도록 심리상담, 진로상담, 가족상담 등 상담을 제공할 수 있다.

② 상담지원은 학교 밖 청소년과 그 가족 또는 보호자에게 학교 밖 청소년 지원센터를 통하여 실시한다.

③ 상담은 청소년의 심리, 학교 밖 청소년의 가족관계와 친구관계 및 학교 밖 청소년의 진로 등에 관하여 실시한다.

9. 교육지원

① 국가와 지방자치단체는 학교 밖 청소년이 학업에 복귀하고 자립할 수 있도록 다음을 지원할 수 있다.

② 지원사항은 초등학교 · 중학교로의 재취학 또는 고등학교로의 재입학, 대안학교로의 진학, 초등학교 · 중학교 또는 고등학교를 졸업한 사람과 동등한 학력이 인정되는 시험의 준비, 그 밖에 학교 밖 청소년의 교육지원을 위하여 필요한 사항 등이다.

③ 교육지원 방법은 교육기관 정보, 학교로의 재취학 · 재입학 및 진학 등을 위하여 필요한 정보, 검정고시 시험 정보

10. 직업체험 및 취업지원

① 국가와 지방자치단체는 학교 밖 청소년이 자신의 적성과 능력에 맞는 직업의 체험과 훈련을 할 수 있도록 다음의 사항을 지원할 수 있다. 1. 직업적성 검사 및 진로상담 프로그램, 2. 직업체험 및 훈련 프로그램, 3. 직업소개 및 관리, 4. 그 밖에 학교 밖 청소년의 직업체험 및 훈련에 필요한 사항

② 국가와 지방자치단체는 학교 밖 청소년을 대상으로 취업 및 직무수행에 필요한 지식 · 기술 및 태도를 습득 · 향상시키기 위하여 직업교육 훈련을 실시할 수 있다.

③ 학교 밖 청소년의 직업체험 및 훈련의 지원은 직업체험 · 취업지원 관련 프로그램의 종류와 그 참여 절차 등에 관한 정보를 제공하는 방법으로 한다.

11. 자립지원

① 국가와 지방자치단체는 대통령령으로 정하는 바에 따라 학교 밖 청소년의 자립에 필요한 생활지원, 문화공간지원, 의료지원, 정서지원 등을 제공할 수 있다.

② 국가와 지방자치단체는 경제교육, 법률교육, 문화교육 등 학교 밖 청소년의 자립에 필요한 교육을 지원할 수 있다.

③ 국가와 지방자치단체는 지원이 필요한 학교 밖 청소년에게 위기청소년 특별지원을 우선적으로 제공할 수 있다.

12. 학교 밖 청소년 지원센터

• 표 14-4 센터 설치현황 (단위: 개소)

구분	소계	서울	부산	대구	인천	광주	대전	울산	세종	경기	강원	충북	충남	전북	전남	경북	경남	제주
총계	220	26	17	9	9	6	3	5	1	31	12	13	16	10	23	15	21	3
시 · 도 센터	16	1	1	1	1	1	1	1	–	1	1	1	1	1	1	1	1	1
시 · 군 · 구 센터	204	25	16	8	8	5	2	4	1	30	11	12	15	9	22	14	20	2

자료: 2023 청소년사업안내, 여성가족부, 2023.

① 국가와 지방자치단체는 학교 밖 청소년 지원을 위하여 필요한 경우, 학교 밖 청소년 지원센터를 설치하거나 다음 기관이나 단체를 지원센터로 지정할 수 있다. 청소년상담복지센터, 청소년단체, 학교 밖 청소년을 지원하기 위하여 필요한 전문인력과 시설을 갖춘 기관 또는 단체

② 지원센터는 다음의 업무를 수행한다.

1. 상담지원, 교육지원, 직업체험 및 취업지원, 자립지원의 학교 밖 청소년 지원
2. 학교 밖 청소년 지원을 위한 지역사회 자원의 발굴 및 연계 · 협력
3. 학교 밖 청소년 지원 프로그램의 개발 및 보급
4. 학교 밖 청소년 지원 프로그램에 대한 정보제공 및 홍보
5. 학교 밖 청소년 지원 우수사례의 발굴 및 확산
6. 학교 밖 청소년에 대한 사회적 인식 개선
7. 그 밖에 학교 밖 청소년 지원을 위하여 필요한 사업

③ 지원센터에는 학교 밖 청소년 지원 업무를 수행하기 위하여 관련 분야에 대한 학식과 경험을 가진 전문인력을 두어야 한다.

④ 국가 및 지방자치단체의 장은 제2항 각 호의 업무 수행에 필요한 비용을 지원할 수 있다.

13. 지원센터에의 연계

① 「초 · 중등교육법」의 각급 학교의 장은 소속 학교의 학생이 학교 밖 청소년이 되는 경우에는 해당 청소년에게 학교 밖 청소년 지원 프로그램을 안내하고 지원센터를 연계하여야 한다.

② 지역사회 청소년통합지원체계에 포함된 기관 또는 단체의 장은 지원이 필요한 학교 밖 청소년을 발견한 경우에는 지체 없이 해당 청소년에게 학교 밖 청소년

지원 프로그램을 안내하고, 지원센터를 연계하여야 한다.

③ 학교 밖 청소년을 지원센터에 연계하는 경우 학교장 및 단체장은 해당 청소년에게 다음 각 호의 개인정보의 수집·이용 목적, 수집 항목, 보유·이용기간 및 파기 방법을 고지하고 동의를 받은 후 개인정보를 수집하여 지원센터에 제공할 수 있다. 다만, 해당 청소년의 동의 의사를 확인할 수 없는 경우에는 그 청소년의 법정대리인에게 개인정보동의고지사항을 고지하고 동의를 받아 제공할 수 있다.

학교 밖 청소년의 성명, 생년월일, 성별, 주소, 연락처(전화번호·전자우편주소 등), 법정대리인 연락처

알고 갑시다!

□ 학교 밖 청소년 발생 원인

- 학교요인(학교부적응, 교칙위반, 무단결석, 교사와 친구와의 갈등, 비행으로 인한 처분 등)
- 가정요인(가족 간 갈등, 부모의 방임 · 학대, 경제적 형편 등)
- 개인요인(자유롭게 놀고 싶어서, 우울, 심리적 불안, 신체적 질병 등)
- 기타(대안교육, 통학거리, 홈스쿨링, 유학준비 등)

□ 학교 밖 청소년의 욕구

구분	내용
상담	심리정서상담, 진로상담, 심리검사 등
학업	기초지식습득, 검정고시 준비, 복학, 대학입시 준비 등
취업 및 사회진출	직업체험, 직업훈련교육, 자격증 취득, 취업(아르바이트), 창업 등
문화 및 여가	문화체험, 체육활동, 동아리활동, 캠프, 여행, 야외활동, 봉사활동 등
건강 및 보건의료	건강검진, 예방접종, 진료 및 치료 등
주거생활	주거지원(쉼터 등), 식사지원, 생활비 보조, 자립지원금, 일상생활관리 등

자료 : 2021년 학교 밖 청소년 지원사업 청소년지원센터 꿈드림 업무매뉴얼, 여성가족부, 2021

□ 학교 밖 청소년 지원 서비스 흐름

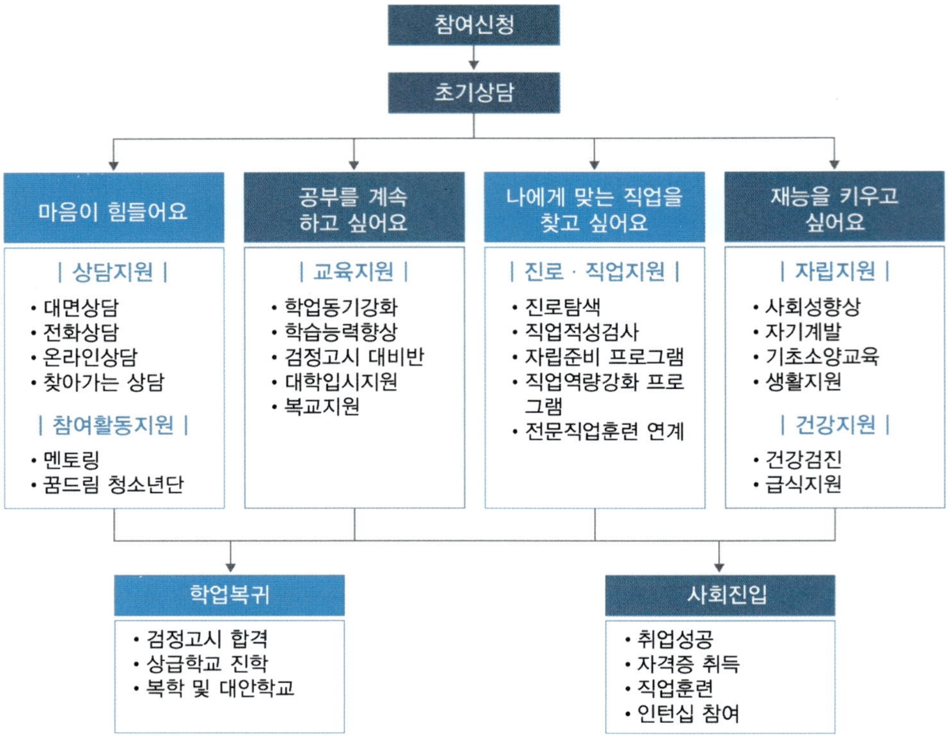

□ 검정고시

– 시험시기 : 1년에 2번 시행(주로 1차는 4월, 2차는 8월경)

– 고시유형 : 초졸 · 중졸 · 고졸 검정고시

– 시험과목

과목구분	초졸	중졸	고졸
필수과목	국어, 사회, 수학, 과학	국어, 수학, 영어, 사회, 과학	국어, 수학, 영어, 사회, 과학, 한국사
선택과목	도덕, 체육, 음악, 미술, 실과, 영어 (2과목 선택)	도덕, 기술 · 가정, 체육, 음악, 미술 (1과목 선택)	

– 합격기준
  • 고시 합격 : 각 과목당 100점 만점 기준으로 결시 없이 평균 60점 이상 취득자 (과락제 폐지)
  • 과목 합격 : 고시성적 60점 이상인 과목에 대하여는 과목합격 인정

□ 학교 밖 청소년지원센터 주요 프로그램

구분	내용
상담지원	심리 · 진로상담, 자립 학습동기 강화 상담, 가족 상담 등
교육지원	복학, 상급학교, 대안학교 진학 지원, 검정고시 지원, 문화 · 예술 · 체육활동 지원
취업지원	직업체험, 진로교육, 경제활동체험, 취업연계 지원 등
자립지원	생활 지원, 건강 · 정서 · 지원, 법률교육, 자격취득, 자기계발 지원 등
건강증진	건강검진, 건강생활 실천관리 지원, 체력관리 지원
특성화프로그램	재능 개발, 자원봉사 활동, 지역사회 참여 활동, 지역 특화 체험 프로그램
멘토링프로그램	교과서 학습 지원, 특기 적성 지도, 진로상담, 심리, 정서 지도

□ 학교 밖 청소년 건강검진

– 학교 밖 청소년이 건강하게 성장할 수 있도록 지원하기 위해 3년에 한번씩 건강검진 시행
– 검진대상 : 9~18세 학교 밖 청소년
– 신청기간 및 검진기간 : 연중
– 신청방법 : 학교밖청소년지원센터를 방문하거나 우편, 이메일로 신청
– 구비서류 : 건강검진신청서와 학교 밖 청소년임을 증명할 수 있는 서류
– 검진항목 : 건강상담, 요검사, 혈액검사, 간염검사(B형 및 C형), 구강검진, 흉부방사선촬영
– 검진비용 : 무료

□ 내일이룸학교

– 내일이룸학교는 학교 밖 청소년이 원하는 분야의 직업훈련과 자격증을 취득하도록 지원하고, 취업정보와 취업처를 연계해주는 과정

– 대상 : 15~24세 학교 밖 청소년

– 훈련기간 : 3월~11월(훈련기관에 따라 상이)

– 지원사항 : 전문 직업훈련, 자립장려금 및 취업지원 등

지원서비스	서비스 내용
예비학교	직업훈련 시작 전 과정 안내 및 훈련생 간 친밀감 형성을 통한 훈련생의 훈련 이해도 제고 및 적응 지원
2023년 훈련과정	스마트크리에이터실무과정(영상+디자인), 플라워/플랜테리어 & E커머스 마케터 양성과정, K-푸드테크 전문가, 반려동물전문가, 호텔식음료전문가, 3D프린터를 활용한 제품설계과정, 카페산업전문인력 양성실무과정, 한식조리기능사 및 푸드디렉터, 미용사, 스마트 바리스타 & 파티쉐, 카페베이킹과 바리스타, 헤어디자이나, 빅데이터와 유튜브를 활용한 스마트스토어 제작과 운영
특화 프로그램	직업훈련 외에 검정고시, 예 · 체능 활동, 심리상담 등 훈련생의 학력취득 및 특기적성 개발 지원
지원사항	자립장려금, 무료기숙사 및 학력취득 지원 등 • 월 30만원의 자립장려금 지급(월별 출석률에 비례하여 차등지급) • 무료 기숙사 제공(기숙사 제공 여부는 훈련기관에 따라 다를 수 있음) • 검정고시 지원을 통한 기초학력 취득, 직종 관련 자격증(기능사) 취득 및 심리상담 등

□ 학업중단숙려제

– 학업중단 위기 학생에게 「연 7주 이내(한 학기당 4주 이내)에서」 숙려 기회를 부여하고, 다양한 체험 및 상담 등 프로그램을 지원하여 신중한 고민 없이 이루어지는 학업중단을 예방하는 제도(의무적으로 숙려기간을 거쳐야 하는 것은 아님)

– 숙려 대상 : 학업중단 부적응 · 위기에 처해 있다고 판단되는 초 · 중 · 고교생(이유없는 결석, 학교규칙 위반, 기타 적응에 어려움을 보이는 등 학교생활 관찰, 상담 등으로 발견된 위기 징후 학생)과 학교 측에 학업중단 의사를 밝힌 초 · 중학생(유예), 고교생(자퇴, 유예)

– 숙려기간 동안 출석처리는 해당 시 · 도 교육청 숙려제 운영 지침에 따라 출석 인정

- 숙려제 운영 기관 : 단위 학교의 Wee클래스, Wee센터, 청소년상담복지센터, 학교 밖 청소년지원센터 등

▷ **맞춤형 프로그램 구분 별 예시**

- (상담 · 치유) 개인상담, 부모상담, 부모교육, 또래상담, 심리검사, 매개치료 등
- (학습지도) 1:1 학습지도, 학습 멘토링 등
- (진로탐색) 진로상담, 직업체험(제빵, 요리, 미용, 바리스타) 등
- (문화체험 예체능활동) 자연체험, 스포츠 활동, 공예, 사제동행 캠프 등
- (멘토링 프로그램 운영) 사제동행, 전문인, 대학생 멘토단 운영, 멘토-멘티 연계, 정서적 지지, 사회적 관계 형성 및 모델링

□ 의무교육단계 미취학 학업중단 학생 학습지원사업

- 의무교육단계에서 미취학 또는 학업중단의 사유로 학교복귀가 어려운 학생들에게 다양한 학습지원 프로그램을 제공하고, 학교 밖에서의 학습경험을 인정하여 학생들의 학업을 지속하고 학력인정이 가능하도록 하는 사업
- 대상 : 초등학교 또는 중학교 과정을 시작하지 않았거나 중단한 사람
- 운영기관 : 학교밖청소년지원센터

〈학습지원내용〉

학습지원 프로그램	교과교육, 진로체험 등의 다양한 과정
학교 밖 학습경험	검정고시 과목합격, 자격증 취득, 문화체험 프로그램 등
온라인 교육과정	방송통신중학교 온라인강의를 기본으로 한 교과교육 프로그램
꿈드림 프로그램	상담지원, 자립지원, 건강검진, 진로체험 등
학습도서 지원	초 · 중학교 교과서 및 학습도서 배부

□ 학교 밖 청소년지원센터에서 대학 가기

▷ **청소년생활기록부**

- 학교 밖 청소년이 전국 학교밖청소년지원센터에서 활동한 내용을 대학 수시(학생부종합전형) 지원 시 제출할 수 있는 학교생활기록부 대체서류

– 해당 청소년 : 대학 진학을 희망하는 학교 밖 청소년

※ 대상 및 신청가능 여부는 가까운 학교밖청소년지원센터로 문의하여 확인

– 신청기간 및 방법: 학교밖청소년지원센터로 문의 후, 신청서 제출

– '23학년도 지원 가능대학 : (서울) 서울과기대, 서울대, (부산) 동서대, (인천) 인천대, (대전) 충남대, (경기) 차의과대, 한경대 (강원) 강릉원주대, 한림대, (전북) 전북대, (경북) 안동대

※ 청소년생활기록부로 지원 가능한 대학은 매년 달라질 수 있음

▷ **대학입시 지원**

- 수능 대비반, 학습 멘토링 등 지원
- 대학입시설명회, 진로 · 진학박람회, 대학탐방 문화체험 등 대학 진학 정보 제공
- 학교밖청소년지원센터 활동사항을 대입 자료로 활용할 수 있는 '청소년생활기록부' 발급 가능

부록

1. 청소년 헌장

개정: 1998. 10.

– 청소년은 자기 삶의 주인이다.
– 청소년은 인격체로서 존중받을 권리와 시민으로서 미래를 열어 갈 권리를 가진다.
– 청소년은 스스로 생각하고 선택하며 활동하는 삶의 주체로서 자율과 참여의 기회를 누린다.
– 청소년은 생명의 가치를 존중하며 정의로운 공동체의 성원으로 책임 있는 삶을 살아간다.
– 가정, 학교, 사회 그리고 국가는 위의 정신에 따라 청소년의 인간다운 삶을 보장하고 청소년 스스로 행복을 가꾸며 살아갈 수 있도록 여건과 환경을 조성한다.

■ 청소년의 권리

1. 청소년은 생존에 필요한 기본적인 영양 · 주거 · 의료 · 교육 등을 보장받아 정신적 · 신체적으로 균형있게 성장할 권리를 가진다.
1. 청소년은 출신 · 성별 · 종교 · 학력 · 연령 · 지역 등의 차이와 신체적 · 정신적 장애 등을 이유로 차별받지 않을 권리를 가진다.
1. 청소년은 물리적 폭력뿐만 아니라 공포와 억압을 포함하는 정신적인 폭력으로부터 보호받을 권리를 가진다.
1. 청소년 사적인 삶의 영역을 침해받지 않을 권리를 가진다.
1. 청소년은 자신의 생각과 느낌을 자유롭게 펼칠 권리를 가진다.
1. 청소년은 자유로운 의사에 따라 건전한 모임을 만들고 올바른 신념에 따라 활동할 권리를 가진다.

1. 청소년은 배움을 통해 진리를 추구하고 자아를 실현해 갈 권리를 가진다.
1. 청소년은 일할 권리와 직업을 선택할 권리를 가진다.
1. 청소년은 여가를 누릴 권리를 가진다.
1. 청소년은 건전하고 다양한 문화 · 예술 활동에 자유롭게 참여할 권리를 가진다.
1. 청소년은 다양한 매체를 통하여 자신의 삶에 필요한 정보에 접근할 권리를 가진다.
1. 청소년은 자신의 삶과 관련된 정책결정 과정에 민주적 절차에 따라 참여할 권리를 가진다.

■ 청소년의 책임

1. 청소년은 자신의 삶을 소중히 여기며 자신이 선택한 삶에 책임을 진다.
1. 청소년은 앞세대가 물려준 지혜를 시대에 맞게 되살려 다음 세대에 물려줄 책임이 있다.
1. 청소년은 가정 · 학교 · 사회 · 국가 · 인류공동체의 성원으로서 자기와 다른 삶의 방식도 존중할 줄 알아야 한다.
1. 청소년은 삶의 터전인 자연을 소중히 여기고 모든 생명들과 더불어 살아간다.
1. 청소년은 통일시대의 주역으로서 평화롭게 공존하는 방법을 익힌다.
1. 청소년은 남녀평등의 가치를 배우고 이를 모든 생활에서 실천한다.
1. 청소년은 가정에서 책임을 다하며 조화롭고 평등한 가족문화를 만들어간다.
1. 청소년은 서로에게 정신적 · 신체적 폭력을 행사하지 않는다.
1. 청소년은 장애인을 비롯한 소외받기 쉬운 사람들과 더불어 살아간다.
1. 청소년은 건전하고 다양한 문화 · 예술 활동에 자유롭게 참여할 권리를 가진다.
1. 청소년은 다양한 매체를 통하여 자신의 삶에 필요한 정보에 접근할 권리를 가진다.
1. 청소년은 자신의 삶과 관련된 정책결정 과정에 민주적 절차에 따라 참여할 권리를 가진다.

2. 청소년지도사 윤리헌장

제정: 2018. 9.

■ 서문

- 청소년지도사는 청소년기의 육체적 · 심리적 발달과정을 이해하고 이를 바탕으로 교육적 체험활동과 지원을 통해 청소년들이 건강하고 주체적인 민주시민으로 성장할 수 있는 기회와 정보를 제공한다.
- 청소년지도사는 청소년활동을 지도하는 데 필요한 전문가적 자질을 갖추고, 어떠한 경우에도 지도자로서 품위를 유지하여 청소년들에게 인격적인 신뢰와 지지를 받을 수 있도록 노력한다.
- 청소년지도사는 청소년들이 사회구성원으로서 정당한 권리와 자율성을 보장 받을 수 있도록 청소년들의 성장을 지원함은 물론 사회여건과 환경개선에 대해서도 적극 참여한다.
- 청소년지도사는 청소년들이 자신의 삶에 책임 의식을 가질 수 있도록 지원함과 동시에 타인을 배려하며 건전한 공동체 의식을 지닌 성숙한 성인으로 자랄 수 있도록 스스로 모범을 보이며 더불어 성장하는 자세를 잃지 않는다.

이에 청소년지도사가 나아갈 바를 밝히고 아래의 실천을 다짐한다.

■ 실천다짐

우리는(청소년지도사는)

- 청소년의 인격을 존중하고 청소년을 위한 활동을 함께하며 지도한다.
- 청소년을 출생 · 성별 · 종교 · 학력 · 직업 그리고 신체적 조건 등 어떠한 이유로도 차별하지 않는다.
- 청소년의 발달특성과 욕구에 부응하는 활동이 이루어지도록 지속적으로 자기계

발에 힘쓴다.

- 청소년의 활동 환경 개선을 위해 관심을 가지고 노력한다.
- 청소년 활동 현장에서 맡은 바 역할을 수행함에 있어 어떠한 사적인 이익도 취하지 않는다.
- 건전한 성윤리 의식을 지니며, 청소년을 대상으로 이를 실천한다.
- 청소년의 건강한 성장을 지원하는 지도자로서 자부심과 소명의식을 가지고 청소년의 삶에 모범이 되는 윤리의식을 함양하고 실천한다.

3. 청소년 알바 10계명

1. 만 15세 이상 청소년만 아르바이트, 시간제 근로가 가능합니다.
   단, 만 13~14세 청소년은 고용노동부에서 발급한 취직인허증이 있을 경우 근로 가능. 만 13세 미만 고용 불가.
2. 아르바이트를 지원 할 때 친권자동의서, 가족관계증명서를 제출해야 하고, 고용주는 이를 사업장에 비치해야 함.(만 18세 이상의 청소년은 근로계약서만 작성)
3. 임금, 근로시간, 휴일, 업무내용 등이 포함된 근로계약서를 작성해야 합니다.
4. 성인과 동일한 최저임금을 적용받습니다. 2024년 최저임금액(시급 9,860원, 월급 2,060,740원)
5. 위험한 일이나 유해한 업종의 일은 할 수 없습니다.
   유흥주점, 단란주점, 소주방, 호프, 카페, 노래방, 숙박업, PC방, 만화대여방 등
6. 1일 7시간, 1주일에 40시간 이상 일할 수 없습니다.
   단 1일 1시간, 주 6시간 내의 연장 근로는 가능하며 이때 청소년의 동의 필요
7. 근로자가 5명 이상인 경우 휴일 및 초과근무시 50%의 가산임금을 받을 수 있습니다.
8. 1주일 15시간 이상 근무, 1주일 개근한 경우 유급휴일을 지급받을 수 있습니다.
9. 일하다 다쳤다면 산업재해보상법, 근로기준법에 따라 치료와 보상을 받을 수 있습니다.
10. 임금체불, 성희롱 등 부당한 처우를 받았다면 상담을 통해 도움을 받으세요.
    청소년전화 1388(청소년상담복지센터), 청소년모바일 문자상담 #1388(청소년사이버상담센터), 청소년 근로보호센터 02-6677-1429(여성가족부), 청소년근로권익센터 1644-3119(고용노동부), 국번없이 1350(고용노동부)

4. 쉽게 풀어 쓴 유엔아동권리협약

1조 아동의 범위

– 18세가 안 된 우리 모두는 이 협약에 적힌 권리를 가지고 있습니다.

2조 차별 안 하기

– 우리는 절대 차별받아서는 안 됩니다. 우리와 우리의 부모님이 어떤 사람이건, 어떤 인종이건, 어떤 종교를 믿건, 어떤 언어를 사용하건, 부자건 가난하건, 장애가 있건 없건 모두 동등한 권리를 누려야 합니다.

3조 어린이를 제일 먼저

– 정부나 사회복지기관, 법원 등 우리와 관련된 일을 하는 모든 기관은 우리에게 무엇이 가장 이익이 되는지 그 점을 제일 먼저 생각해야 합니다.

4조 정부의 할 일

– 정부는 우리의 권리를 지켜 주기 위해 필요한 모든 일을 해야 합니다.

5조 부모의 지도

– 우리의 부모님이나 우리를 보호하는 다른 어른들은 우리를 지도할 권리와 책임이 있습니다.

6조 생존과 발달

– 우리는 타고난 생명을 보호받고 건강하게 자랄 권리가 있습니다.

7조 이름과 국적

– 우리는 이름과 국적을 가질 권리가 있으며 부모가 누구인지 알고 부모의 보살핌을 받을 권리가 있습니다.

8조 신분 되찾기

– 우리가 이름과 국적 등을 빼앗긴 경우 정부는 이를 신속하게 다시 찾을 수 있도록 도와주어야 합니다.

9조 부모와의 이별

– 부모님과 함께 사는 것이 우리에게 나쁜 영향을 미치지 않는 한 우리는 부모님과 함께 살아야 합니다. 어쩔 수 없이 헤어져 살아야 하는 경우 정기적으로 엄마와 아빠를 모두 만날 수 있어야 합니다.

10조 가족과의 재결합

– 우리가 부모님과 떨어져 다른 나라에 살고 있는 경우 정부는 우리가 다시 부모님과 함께 살거나 계속 만날 수 있도록 입국이나 출국을 쉽게 허가해 주어야 합니다.

11조 내 나라에서 살기

– 우리를 강제로 외국으로 보내서는 안 됩니다. 그런 경우 정부는 우리가 돌아올 수 있도록 모든 노력을 다해야 합니다.

12조 의견 존중

– 우리에게 영향을 미치는 문제를 결정할 때 우리는 의견을 말할 권리가 있습니다. 어른들은 우리의 의견에 귀를 기울여야 합니다.

13조 표현의 자유

– 우리는 말이나 글, 예술을 통해 우리의 생각을 표현할 권리가 있으며 국경을 넘어 모든 정보와 생각을 서로 주고받을 수 있는 권리도 있습니다.

14조 양심과 종교의 자유

– 우리는 자유롭게 생각하고 우리의 양심에 따라 행동하며 원하는 종교를 가질 수 있어야 합니다.

15조 모임의 자유

– 우리는 모임을 자유롭게 조직할 수 있어야 하며 우리의 목적을 위해 평화로운 방법으로 모임을 열 수 있어야 합니다.

16조 사생활 보호

– 우리는 사생활을 간섭받지 않아야 합니다. 우리가 주고받는 전화나 메일 등을 다른 사람이 맘대로 보아서는 안 됩니다.

17조 유익한 정보 얻기

– 우리는 우리에게 도움이 되는 정보를 얻을 수 있어야 합니다. 정부는 해로운 정보로부터 우리를 보호하는 한편 우리에게 유익한 도서의 제작 등을 장려해야 합니다.

18조 부모의 책임

– 부모님은 우리에게 무엇이 필요한지 알고 우리를 잘 기를 책임이 있습니다. 정부는 우리의 부모가 우리를 잘 기를 수 있도록 도와주어야 하며 특히 맞벌이 부부의 자녀들이 좋은 시설에서 자랄 수 있도록 해 주어야 합니다.

19조 폭력과 학대

– 우리의 부모님이나 보호자가 정신적, 신체적으로 우리에게 폭력을 쓰거나 학대하거나 돌보지 않고 방치하는 일이 없도록 정부는 모든 노력을 해야 합니다.

20조 가족 없는 어린이

– 부모가 없거나 부모와 함께 사는 것이 우리에게 이롭지 않아서 부모와 헤어져 사는 경우 우리는 특별한 보호와 도움을 받아야 합니다.

21조 입양

– 우리가 입양되어야 할 때, 우리의 입양을 결정하는 곳은 믿을 만한 정부기관이어야 하며 부모나 친척 등 우리와 관련된 어른들의 동의를 얻어야 합니다.

22조 난민어린이

– 전쟁이나 자연재해 등으로 난민이 되었을 때 우리는 특별한 보호와 도움을 받아야 하며 우리가 가족과 헤어졌을 때 우리에게 가족을 찾아 주어야 합니다.

23조 장애아 보호

– 우리의 몸이나 마음에 장애가 있을 때 우리는 특별한 보호를 받아야 합니다.

24조 영양과 보건

– 우리는 건강하게 자랄 권리가 있습니다. 충분한 영양을 섭취하고 깨끗한 물

을 얻을 수 있어야 하며 병원이나 보건소 등에서 치료받을 수 있어야 합니다.

25조 시설아동 실태 조사

– 우리를 잘 보호하고 치료하기 위해 정부가 우리를 특정한 시설에서 키우도록 한 경우 정부는 우리가 어떻게 자라고 있는지 정기적으로 조사해야 합니다.

26조 사회보장제도

– 정부는 우리의 권리를 지켜줄 수 있는 사회보장 제도를 만들어 주어야 합니다.

27조 적절한 생활수준

– 우리는 제대로 먹고 입고 교육받을 수 있는 생활수준에서 자라야 합니다.

28조 교육

– 우리는 교육받을 권리가 있습니다. 초등교육을 무료로 받을 수 있어야 하며 능력에 맞게 더 높은 교육도 받을 수 있어야 합니다.

29조 교육의 목적

– 우리는 교육을 통해 인격과 재능, 정신적 · 신체적 능력을 마음껏 개발하고 인권과 자유, 이해와 평화의 정신을 배울 수 있어야 합니다.

30조 소수민족 어린이

– 소수민족인 우리는 고유의 문화 속에서 우리의 종교를 믿고 우리의 언어를 사용할 권리가 있습니다.

31조 여가와 놀이

– 우리는 충분히 쉬고 놀 권리가 있습니다.

32조 어린이 노동

– 우리는 위험하거나 교육에 방해가 되거나 우리의 몸과 마음에 해가 되는 노동을 해서는 안 됩니다.

33조 해로운 약물

– 우리는 마약을 만들고 판매하는 행위에 이용되어서는 안 됩니다.

34조 성 착취

– 우리를 성적으로 학대하거나 성과 관련된 활동에 우리를 이용해서는 안 됩니다.

35조 인신매매와 유괴

– 정부는 우리가 유괴를 당하거나 물건처럼 사고 팔리지 않도록 모든 노력을 다해야 합니다.

36조 모든 착취로부터의 보호

– 정부는 우리를 나쁜 방법으로 이용해 우리의 복지를 해치는 어른들의 모든 이기적인 행동으로부터 우리를 보호해야 합니다.

37조 어린이 범죄자 보호

– 우리에게 사형이나 종신형을 내릴 수 없으며 우리를 고문해서도 안 됩니다. 우리를 체포하거나 가두는 일은 최후의 방법으로 선택해야 합니다. 우리를 어른 범죄자와 함께 지내게 해서도 안 됩니다.

38조 전쟁 속의 어린이

– 우리는 전쟁지역에서 특별한 보호를 받아야 하며 15세 미만일 때에는 절대 군대에 들어가거나 전투행위에 참여해서는 안 됩니다.

39조 몸과 마음의 회복

– 우리가 학대 받거나 버려지거나 고문을 당했거나 전쟁 중에 고통 받은 경우 정부는 우리가 몸과 마음을 회복할 수 있도록 모든 노력을 해야 합니다.

40조 공정한 재판과 대우

– 범죄혐의를 받은 경우 변호사의 도움을 받아야 하고 신속하고 공정한 재판을 받아야 합니다. 우리에게 증언이나 자백을 강요해서도 안 됩니다. 재판과정에서 사생활을 보호받아야 하며 사법절차의 모든 단계를 거쳐야 합니다.

자료: 유니세프한국위원회 홈페이지.

5. 소년법의 보호처분(미성년자의 범죄 행위 처벌)

■ 소년범 분류

- 촉법소년: 만 10세 이상~만 14세 미만(범법 행위를 한 형사미성년자)
- 범죄소년: 만 14세 이상~만 19세 미만(범법 행위를 한 형사책임자)
- 우범소년: 만 10세 이상 범죄를 저지를 가능성 있는 미성년자(여럿이 몰려다니며 불안감을 조성하거나, 정당한 이유 없이 가출해 술을 마시거나 소란을 피우는 행동을 하는 경우)

■ 촉법소년

- 소년법에는 만 10세 이상부터 만 14세까지는 '촉법소년'으로 규정
- 범법 행위를 했지만, '형사미성년자'라서 형사처벌을 받지 않고 '보호처분'만 받음
- 하지만 가정법원, 소년부 등에서 감호위탁, 사회봉사, 소년원으로의 송치 등의 '소년보호처분'을 받게 됨

■ 보호처분의 종류

소년부 판사는 심리결과 범죄사실이 인정되면 1호에서 10호까지의 소년보호처분 중 해당하는 처분을 결정. 보호처분은 여러개가 한번에 부과될 수 있으며, 준수사항을 위반했을 경우 보호처분 변경재판을 통해 중한 보호처분으로 변경되기도 함

- 1호: 보호자 또는 보호자를 대신하여 소년을 보호할 수 있는 자에게 감호 위탁(귀가 처분 수준으로 6개월, 6개월의 범위에서 1회 연장 가능)
- 2호: 수강명령(12세 이상의 소년에게만 가능, 상담 및 교육프로그램 100시간 미만)

- 3호: 사회봉사명령(14세 이상의 경우만 부과할 수 있음, 200시간 미만)
- 4호: 보호관찰관의 단기 보호관찰(1년)
- 5호: 보호관찰관의 장기 보호관찰(2년, 단 1년의 범위 내 1차 연장 가능)
- 6호: 아동복지법에 따른 아동복지시설이나 그 밖의 소년보호시설에 감호위탁
- 7호: 병원, 요양소 또는 보호소년 등의 처우에 관한 법률에 따른 소년의료보호시설에 위탁
- 8호: 1개월 이내의 소년원 송치
- 9호: 단기 소년원 송치(6개월 미만)
- 10호: 장기 소년원 송치(12세 이상의 소년에게만 가능, 2년 미만)

■ 소년범 처분

- 만 14세 이상부터는 '형사책임능력자'로 성인범과 유사한 형사처벌을 받기도 함
- 소년범의 범행 당시 나이가 18세 미만이면 사형 또는 무기형 처벌이 없고 15년의 유기 징역이 최대 형량
- 형 집행 중 23세가 되면 일반교도소 수감

6. 학교폭력

■ 학교폭력이란?

– 학교 내 · 외에서 학생을 대상으로 발생한 상해, 폭행, 감금, 협박, 약취 · 유인, 명예훼손 · 모욕, 공갈, 강요 · 강제적인 심부름 및 성폭력, 따돌림, 사이버 따돌림, 정보통신망을 이용한 음란 · 폭력 정보 등에 의하여 신체 · 정신 또는 재산상의 피해를 수반하는 행위(학교폭력예방및대책에관한법률)

– 학교폭력은 신체에 폭력을 가하는 행동뿐만 아니라 정신적이고 재산상의 피해를 주는 행동도 포함이 된다. 아무리 자신이 상대방에게 장난으로 했다고 하더라도 피해를 당한 사람이 장난이 아니였다라고 느끼면 폭력이 될 수 있다.

■ 학교폭력 유형

유형	예시상황
신체 폭력	• 신체를 손, 발로 때리는 등 고통을 가하는 행위(상해, 폭행) • 일정한 장소에서 쉽게 나오지 못하도록 하는 행위(감금) • 강제(폭행, 협박)로 일정한 장소로 데리고 가는 행위(약취) • 상대방을 속이거나 유혹해서 일정한 장소로 데리고 가는 행위(유인) • 장난을 빙자한 꼬집기, 때리기, 힘껏 밀치기 등 상대학생이 폭력으로 인식하는 행위
언어폭력	• 여러 사람 앞에서 상대방의 명예를 훼손하는 구체적인 말(성격, 능력, 배경 등)을 하거나 그런 내용의 글을 인터넷, SNS 등으로 퍼뜨리는 행위(명예훼손). ※ 내용이 진실이라고 하더라도 범죄이고, 허위인 경우에는 형법상 가중 처벌 대상이 됨. • 여러 사람 앞에서 모욕적인 용어(생김새에 대한 놀림, 병신, 바보 등 상대방을 비하하는 내용)를 지속적으로 말하거나 그런 내용의 글을 인터넷, SNS등으로 퍼뜨리는 행위(모욕) • 신체 등에 해를 끼칠 듯한 언행(“죽을래” 등)과 문자메시지 등으로 겁을 주는 행위(협박)
금품갈취 (공갈)	• 돌려 줄 생각이 없으면서 돈을 요구하는 행위 • 옷, 문구류 등을 빌린다며 되돌려주지 않는 행위 • 일부러 물품을 망가뜨리는 행위 • 돈을 걷어오라고 하는 행위

유형	예시상황
강요	• 속칭 빵 셔틀, 와이파이 셔틀, 과제 대행, 게임 대행, 심부름 강요 등 의사에 반하는 행동을 강요하는 행위(강제적 심부름) • 폭행 또는 협박으로 상대방의 권리행사를 방해하거나 해야 할 의무가 없는 일을 하게 하는 행위(강요)
따돌림	• 집단적으로 상대방을 의도적이고, 반복적으로 피하는 행위 • 싫어하는 말로 바보 취급 등 놀리기, 빈정거림, 면박주기, 겁주는 행동, 골탕 먹이기, 비웃기 • 다른 학생들과 어울리지 못하도록 막는 행위
성폭력	• 폭행 · 협박을 하여 성행위를 강제하거나 유사 성행위, 성기에 이물질을 삽입하는 등의 행위 • 상대방에게 폭행과 협박을 하면서 성적 모멸감을 느끼도록 신체적 접촉을 하는 행위 • 성적인 말과 행동을 함으로써 상대방이 성적 굴욕감, 수치감을 느끼도록 하는 행위
사이버 폭력	• 속칭 사이버모욕, 사이버명예훼손, 사이버성희롱, 사이버스토킹, 사이버음란물 유통, 대화명 테러, 인증놀이, 게임부주 강요 등 정보통신기기를 이용하여 괴롭히는 행위 • 특정인에 대해 모욕적 언사나 욕설 등을 인터넷 게시판, 채팅, 카페 등에 올리는 행위. 특정인에 대한 저격글이 그 한 형태임 • 특정인에 대한 허위 글이나 개인의 사생활에 관한 사실을 인터넷, SNS 등을 통해 불특정 다수에 공개하는 행위 • 성적 수치심을 주거나, 위협하는 내용, 조롱하는 글, 그림, 동영상 등을 정보통신망을 통해 유포하는 행위 • 공포심이나 불안감을 유발하는 문자, 음향, 영상 등을 휴대폰 등 정보통신망을 통해 반복적으로 보내는 행위

자료: 학교폭력 사안처리 가이드북, 교육부, 2023

■ 학교폭력의 최근 경향

– 학교폭력 피해 및 가해 경험 학생의 연령이 낮아지고 있다. 최초로 학교폭력의 피해 및 가해를 경험한 학생이 초등학교 1학년에서부터 발생하고 있다.

– 가해자와 피해자의 구분이 불분명하고, 학교폭력의 피해와 가해의 악순환이 지속되고 있다. 이는 대부분의 가해학생들이 학교폭력 피해 경험을 공유하고 있기 때문이며, 학교폭력 피해를 경험한 학생이 다시 폭력을 당하지 않기 위해서 다른 학생에게 폭력을 행사하는 선택을 하는 것으로 볼 수 있다.

– 단순한 신체 폭력에서 언어 및 사이버폭력, 집단 따돌림, 스토킹 등 정서적 학교폭력이 증가하고 있다. 특히, 문자메시지, SNS 등 사이버 공간상에서의 정서적 학교폭력 사례가 증가하고 있으며, 다양하고 은밀하게 폭력 행위가

이루어져 잘 드러나지 않는 경우가 많아 발견 및 초기 대응이 어렵다는 점에서 그 심각성을 생각해 볼 수 있다.

- 최근의 학교폭력은 집단폭행, 집단따돌림 등 집단성을 띠는 경우가 많은데, 이렇게 집단적으로 발생한 학교폭력 사건의 경우 방관자로 지목된 학생이 징계 대상이 되는 경우가 늘고 있다.
- 언어폭력과 따돌림이 증가하고 있는 데 집단따돌림은 신체적 폭력 행위를 수반하는 경우가 많고, SNS를 이용한 사이버 따돌림도 빈번하게 발생하고 있다. 피해학생에게 강요행위로는 빵을 사오라 하는 빵셔틀, 강제적으로 핫스팟을 켜도록 하는 와이파이셔틀, 기프티콘 선물을 강요하는 기프티콘셔틀, 게임을 강제적으로 하도록하는 게임대행, 과제를 강제적으로 시키는 과제대행 등이 있다.
- 학생들간의 성희롱, 성추행, 성폭행 등과 같은 성범죄도 빈번하게 발생하고 있는데, 성범죄는 수사기관에의 신고 또는 고발을 통해 형사 절차가 진행되기 때문에 처벌이 엄격하게 이어질 수도 있다.

■ 학교폭력 징후

• 피해학생의 징후

☑ 늦잠을 자고, 몸이 아프다하며 학교가기를 꺼린다.
☑ 성적이 갑자기 혹은 서서히 떨어진다.
☑ 안색이 안 좋고 평소보다 기운이 없다.
☑ 학교생활 및 친구관계에 대한 대화를 시도할 때 예민한 반응을 보인다.
☑ 아프다는 핑계 또는 특별한 사유 없이 조퇴를 하는 횟수가 많아진다.
☑ 갑자기 짜증이 많아지고 가족이나 주변 사람들에게 폭력적인 행동을 한다.
☑ 멍하게 있고, 무엇인가에 집중하지 못한다.
☑ 밖에 나가는 것을 힘들어하고, 집에만 있으려고 한다.
☑ 쉽게 잠에 들지 못하거나 화장실에 자주 간다.
☑ 학교나 학원을 옮기는 것에 대해서 이야기를 꺼낸다.
☑ 용돈을 평소보다 많이 달라고 하거나 스마트폰 요금이 많이 부과된다. 또한 스마트폰을 보는 자녀의 표정이 불편해 보인다.

☑ 갑자기 급식을 먹지 않으려고 한다.
☑ 수련회, 봉사활동 등 단체 활동에 참여하지 않으려고 한다.
☑ 작은 자극에 쉽게 놀란다.

◇ **사이버폭력 피해 징후**

☑ 불안한 기색으로 정보통신기기를 자주 확인하고 민감하게 반응한다.
☑ 단체 채팅방에서 집단에게 혼자만 반복적으로 심리적 공격을 당한다.
☑ 용돈을 많이 요구하거나 온라인 기기의 사용요금이 지나치게 많이 나온다.
☑ 부모가 자신의 정보통신기기를 만지거나 보는 것을 극도로 싫어하고 민감하게 반응한다.
☑ 온라인에 접속한 후, 문자메시지나 메신저를 본 후에 당황하거나 정서적으로 괴로워 보인다.
☑ 사이버상에서 이름보다는 비하성 별명이나 욕으로 호칭되거나 야유나 험담이 많이 올라온다.
☑ SNS의 상태글귀나 사진 분위기가 갑자기 우울하거나 부정적으로 바뀐다.
☑ 컴퓨터 혹은 정보통신기기를 사용하는 시간이 지나치게 많다
☑ 잘 모르는 사람들이 자녀의 이야기나 소문을 알고 있다.
☑ 자녀가 SNS계정을 탈퇴하거나 아이디가 없다.

• 가해학생의 징후

☑ 부모와 대화가 적고, 반항하거나 화를 잘 낸다.
☑ 친구관계를 중요시하며 귀가시간이 늦거나 불규칙하다
☑ 다른 학생을 종종 때리거나, 동물을 괴롭히는 모습을 보인다.
☑ 자신의 문제 행동에 대해서 이유와 핑계가 많고, 과도하게 자존심이 강하다.
☑ 성미가 급하고, 충동적이며 공격적이다.
☑ 자신의 문제 행동에 대해서 이유와 핑계가 많다.
☑ 옷차림이나 과도한 화장, 문신 등 외모를 과장되게 꾸며 또래 관계에서 위협감을 조성한다.
☑ 폭력과 장난을 구별하지 못하여 갈등상황에 자주 노출된다.
☑ 평소 욕설 및 친구를 비하하는 표현을 자주한다.
☑ sns상에 타인을 비하, 저격하는 발언을 거침없이 게시한다.

자료: 푸른나무재단

■ 학교폭력 사안처리 흐름도

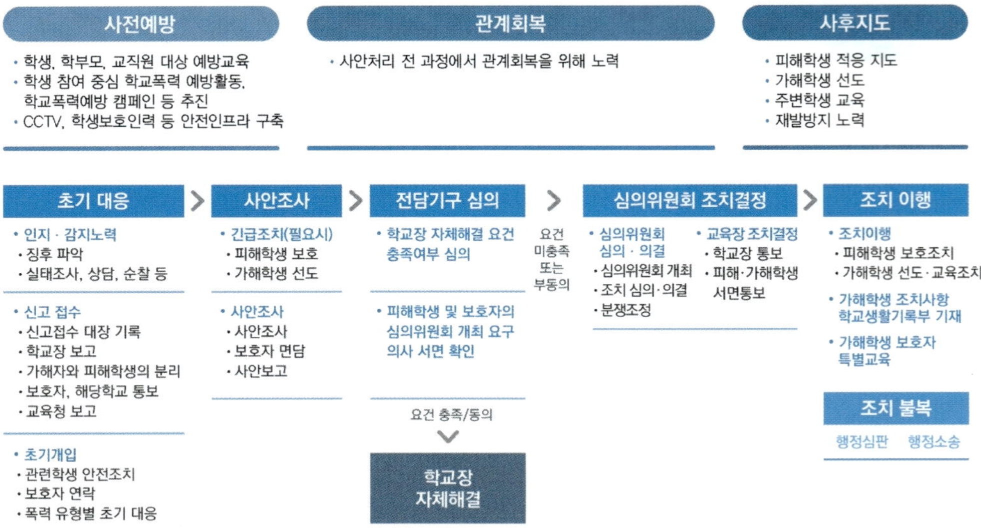

자료 : 학교폭력사안처리 가이드북, 교육부, 2023

■ 학교폭력 유형별 초기대응 요령(예시)

● 주요 대상별 초기 대응 요령

피해학생 조치	■ 피해를 당한 학생의 마음을 안정시키고(심호흡, 안정을 유도하는 말 등) 신변안전이 급선무다. ■ 가벼운 상처는 학교 보건실에서 1차적으로 치료하고, 상처 정도가 심해 학교 보건실에서 치료할 수 없을 때는, 2차적으로 병원으로 신속히 이송한다. ■ 탈골, 기도 막힘, 기타 위급상황이라고 판단된 경우 자리에서 움직이지 않고 119에 도움을 요청한다.
가해학생 조치	■ 상황을 종료시키고 피해학생과 분리한 후, 가해학생을 진정시킨다. ■ 피해학생의 상태가 위중하거나 외상이 심한 경우, 가해학생 역시 충격을 받아 예측하지 못하는 돌발행동에 주의를 기울이며 대화를 시도한다. ■ 질책이나 지나친 맞장구는 삼가고 중립적으로 가해학생의 입장을 청취한다. ⋯▸가해학생과 대화가 진행된 경우 가치 판단 없이 가해학생의 입장을 간단히 요약하고, 이후 조사과정에도 협조할 수 있도록 안내한다. ⋯▸가해학생이 대화를 원치 않는 경우 가해학생의 마음을 존중하고, 이후 조사에는 협조할 수 있도록 안내한다.

보호자 조치	▪ 보호자에게 신속히 연락하고 해당 시점에서 파악된 사안의 내용을 침착하게 전달한다. ▪ 보호자의 학교 방문이 필요하거나 가능한 경우, 자녀와 만날 장소, 시간을 협의한다. ▪ 학교 측의 대응 계획을 정확히 안내하고 이후 조사과정에 협조를 부탁한다. ▪ 학생이 귀가했을 때, 심리적 안정을 취할 수 있도록 당부한다.
목격학생 · 주변학생 조치	▪ 현장 접근 통제 후 목격학생 · 주변학생의 충격 수준을 파악한다. (심하게 불안해 하거나 우는 학생이 있는지 조용히 파악) ▪ 현장에서 폭력에 직 · 간접적으로 노출되어 힘들어 하는 경우 지도교사가 있는 안전한 공간에서 휴식, 진정할 수 있도록 안내한다. ▪ 상황을 정리하여 전달하고, 사안이 잘 처리될 수 있도록 이에 대한 언급을 자제할 것을 당부한다. 특히, 사안에 관련된 학생들에 대한 낙인을 찍어 따돌리는 일이 없도록 주의시킨다. ▪ 학생들이 동요하거나 의구심을 갖는지 등을 모니터링 하고, 필요한 경우 학교의 사안처리 과정을 안내하여 불안 요소를 해소한다.

● 신체폭력

• 교직원의 신속한 응급조치
  - 응급상황 발생 시 역할을 분담하여 신속하게 조치한다.
  - 사안을 가장 먼저 인지한 교직원은 신속히 학교폭력 전담기구 소속교사에게 이를 알린다.
  - 피해학생의 위급상황을 발견한 교직원은 보건교사에게 이를 알리거나 119에 연락하여 도움을 요청한다.
  - 보건교사 역할: 119 등 응급의료센터에 연락하여 지시대로 응급조치를 취하며, 관리자와 해당 교사에게 이를 알린다.
  - 현장자료 유지 및 보관: 현장에 있던 모든 증거자료는 섞거나 없애지 말아야 한다. 관련 자료들은 추후 법적, 의료적 분쟁이 있을 시 중요한 근거 자료가 될 수 있으므로 학교에서 응급조치한 내용은 빠짐없이 기록한다.

자료 : 학교폭력사안처리 가이드북, 교육부, 2023

■ 학교폭력 사안 조사 중점파악 요소

• 학교폭력 행위의 유형별 중점 파악 요소

학교폭력 유형	중점 파악 요소
신체적 폭력	상해의 심각성, 감금 · 신체적 구속 여부, 성폭력 여부
경제적 폭력	피해의 심각성(액수, 빈도, 지속성), 반환 여부, 손괴 여부, 협박/강요의 정도
정서적 폭력	지속성 여부, 협박/강요의 정도, 성희롱 여부
언어적 폭력	욕설/비속어, 허위성, 성희롱 여부
사이버 폭력	명의도용, 폭력성/음란성, 유포의 정도, 사이버 성폭력 여부

※ 사안에 해당하는 모든 폭력 유형 검토

• 학교폭력 행위의 경중 판단 요소

〈학교폭력예방 및 대책에 관한 법률 제16조의2, 제17조 제2항〉

- 피해학생이 장애학생인지 여부
- 피해학생이나 신고 · 고발 학생에 대한 협박 또는 보복행위인지 여부

〈학교폭력예방 및 대책에 관한 법률 시행령 제19조〉

- 가해학생이 행사한 학교폭력의 심각성 · 지속성 · 고의성
- 가해학생의 반성의 정도
- 해당 조치로 인한 가해학생의 선도 가능성
- 가해학생 및 보호자와 피해학생 및 보호자 간의 화해의 정도

〈기타〉

- 교사(教唆)행위를 했는지 여부
- 2인 이상의 집단 폭력을 행사한 것인지 여부
- 위험한 물건을 사용했는지 여부
- 폭력행위를 주도했는지 여부
- 폭력서클에 속해 있는지 여부
- 정신적 · 신체적으로 심각한 장애를 유발했는지 여부

자료: 학교폭력 사안처리 가이드북, 교육부, 2020

■ 학교폭력 피해학생 조치사항

구분		내용	인정가능기간
1호	학내외 전문가에 의한 심리상담 및 조언	교육감이 정한 전문심리 상담기관에서 심리상담 및 조언을 받는 데 드는 비용	2년(보상심사위원회 심의로 1년 범위에서 연장 가능)
2호	일시보호	교육감이 정한 기관에서 일시보호를 받는 데 드는 비용	30일
3호	치료 및 치료를 위한 요양	「의료법」에 따라 개설된 의료기관, 「지역보건법」에 따라 설치된 보건소 · 보건의료원 및 보건지소, 「농어촌 등 보건의료를 위한 특별조치법」에 따라 설치된 보건진료소, 「약사법」에 따라 등록된 약국 및 같은 법 제91조에 따라 설립된 한국희귀의약품센터에서 치료 및 치료를 위한 요양을 받거나 의약품을 공급받는데 드는 비용	2년(보상심사위원회 심의로 1년 범위에서 연장 가능)

구분		내용	인정가능기간
4호	학급교체	• 지속적인 학교폭력 상황 및 정신적 상처에서 벗어나도록 하기 위해서 피해학생을 동일 학교 내의 다른 학급으로 소속을 옮겨주는 조치 • 피해학생 입장에서는 새로운 학급에 적응해야 하는 부담이 있으므로, 조치 결정에 있어 피해학생 및 보호자의 의견을 적극 반영하는 것이 바람직함	
5호	그 밖에 피해학생의 보호를 위하여 필요한 조치		

■ 학교폭력 가해학생 조치사항

가해학생 조치사항 「학교폭력예방 및 대책에 관한 법률」 제17조제1항	학교생활기록부 영역	삭제 시기
제1호(피해학생에 대한 서면사과)	행동특성 및 종합의견	• 졸업과 동시(졸업식 이후부터 2월 말 사이 졸업생 학적반영 이전) • 학업중단자는 해당학생이 학적을 유지하였을 경우를 가정하여 졸업할 시점
제2호(피해학생 및 신고·고발 학생에 대한 접촉, 협박 및 보복행위의 금지)		
제3호(학교에서의 봉사)		
제4호(사회봉사)	출결상황 특기사항	• 졸업일로부터 2년 후 • 졸업 직전 학교폭력 전담기구의 심의를 거쳐 졸업과 동시 삭제 가능 • 학업중단자는 해당 학생이 학적을 유지하였을 경우를 가정하여 졸업하였을 시점으로부터 2년 후
제5호(학내외 전문가에 의한 특별교육 이수 또는 심리치료)		
제6호(출석정지)		
제7호(학급교체)	행동특성 및 종합의견	
제8호(전학)	인적·학적사항 특기사항	• 졸업일로부터 2년 후
제9호(퇴학처분)		• 삭제 대상 아님

※ 2023.2.28. 이전 신고된 학교폭력 사안의 삭제 시기 및 방법은 「2022학년도 학교생활기록부 기재요령」에 따른다.

청소년 관련 사이트

〈청소년정책 및 법령〉

여성가족부 http://www.mogef.go.kr

한국청소년정책연구원(청소년연구) http://www.nypi.re.kr

법제처(청소년법령 검색) http://www.moleg.go.kr

〈청소년관련 국가자격증〉

청소년지도사종합시스템 http://yworker.youth.go.kr

청소년상담사 http://www.youthcounselor.or.kr

〈청소년활동 관련 기관 및 시설〉

한국청소년활동진흥원 http://www.kywa.or.kr

청소년활동정보서비스 http://www.youth.go.kr

국립중앙청소년수련원(천안) https://nyc.kywa.or.kr

국립평창청소년수련원 https://pnyc.kywa.or.kr

국립청소년우주센터(고흥) https://nysc.kywa.or.kr

국립청소년농생명센터(김제) https://nyac.kywa.or.kr

국립청소년해양센터(영덕) https://nyoc.kywa.or.kr

국립청소년미래환경센터(봉화) https://nyfc.kywa.or.kr

〈청소년정책 사이트〉

청소년자원봉사 http://dovol.youth.go.kr

청소년참여포털(특별회의 · 참여위원회 · 운영위원회) http://www.youth.go.kr/ywith

청소년국제교류네트워크 http://www.youth.go.kr/iye

청소년방과후아카데미 http://www.youth.go.kr/yaca

성범죄자 알림e(성범죄자 신상공개) http://www.sexoffender.go.kr

청소년공모사업시스템 http://wsp.mogef.go.kr/wngonet

〈청소년단체〉

한국청소년단체협의회 http://www.ncyok.or.kr

한국청소년수련시설협회 http://www.youthnet.or.kr
한국청소년쉼터협의회 http://www.jikimi.or.kr
농어촌청소년육성재단 http://www.fry.or.kr
유니세프한국위원회(아동친화도시) http://www.unicef.or.kr

〈상담복지〉
한국청소년상담복지개발원 http://www.kyci.or.kr
청소년사이버상담센터 http://www.cyber1388.kr
청소년근로권익센터 http://www.youthlabor.co.kr
학교밖청소년지원센터 꿈드림 http://www.kdream.or.kr
이주배경청소년지원재단(무지개센터) http://www.rainbowyouth.or.kr
국립중앙청소년디딤센터(정서행동장애) http://www.nyhc.or.kr
국립청소년인터넷드림마을(인터넷 · 스마트폰 과다사용) http://nyid.kyci.or.kr
안전 Dream(학교폭력, 아동학대신고) http://www.safe182.go.kr

〈서울 시립 청소년 특화시설〉
서울시립 청소년직업체험센터(하자) https://haja.net
서울시립 청소년성문화센터(아하) https://www.ahacenter.kr
서울시립 청소년문화교류센터(미지) http://www.mizy.net
서울시립 청소년미디어센터(스스로넷) http://www.ssro.net
서울시립 청소년드림센터 http://www.dreamcenter.or.kr
하이서울 유스호스텔 http://hiseoulyh.com
서울유스호스텔 http://seoulyh.go.kr

〈청소년학회〉
한국청소년학회 http://www.kyra.or.kr
한국청소년시설환경학회 http://www.kyouth.or.kr

〈청소년 진로 관련〉
워크넷 http://www.work.go.kr
한국고용정보원 http://www.keis.or.kr
한국고용정보원 사이버진로교육센터 http://www.work.go.kr/cyberedu

고용복지플러스센터 http://www.work.go.kr/jobcenter

고용노동부 직업훈련지식포털 http://www.hrd.go.kr

커리어넷 http://www.careernet.re.kr

한국잡월드 http://www.koreajobworld.or.kr

〈교육부 청소년 관련〉

창의체험통합정보넷 http://www.crezone.net

꿈길(진로체험) http://www.ggoomgil.go.kr

대입정보포털(어디가) http://www.adiga.kr

서울진학진로정보센터 www.jinhak.or.kr

광주진로진학정보센터 http://jinhak.gen.go.kr

〈심리상담〉

전국학부모지원센터(부모교육) http://www.parents.go.kr

한국MBTI연구소 http://www.mbti.co.kr

한국가이던스 www.guidance.co.kr

누다심 심리상담센터 http://www.nudasim.com

〈정부 정책 및 정보〉

대한민국 정보포털 http://www.open.go.kr

공공데이터 포털 https://www.data.go.kr

통계청 지표누리 https://index.go.kr

참고문헌

감사원, 『감사보고서-보호대상 청소년 지원 및 교화실태』, 2018.

강병연, 『청소년관계법론』, 교육과학사, 2003.

______, 『4-H 활동이 한국청소년활동에 미친 영향에 대한 고찰』, 원광대학교 대학원 논문, 2005.

______, 『청소년정책의 이해』, 광주대학교, 2005.

______, 『청소년수련시설 활성화 결정요인 연구』, 원광대학교 박사학위 논문, 2006.

______, 『청소년행정과 관계법의 이해』, 광주대학교, 2006.

강병연 · 박연희 · 서윤 · 오복희 · 이원식 외, 『사회복지학의 이해』, 학지사, 2005.

교육부, 학교폭력사안처리 가이드북, 2023.

권이종, 『청소년학 개론』, 교육과학사, 1996.

김귀성 외, 『교육학개론』, 형설출판사, 2001.

김두현, 연구논문집 『문화체육과 청소년정책』, 삼원문화사, 1999.

김만두, 『사회복지법제론』, 홍익제, 1993.

김문한 외 2인 공저, 『인간과 교육의 이해』, 세종출판사, 2000.

김성수 · 권일남, 『청소년 수련활동 지도론』, 서울대학교출판부, 2001.

김영모 외, 『청소년정책연구』, 한국복지정책연구소출판부, 1991.

김영모, 『청소년정책연구』, 한국복지정책연구소출판부, 2001.

김영호, 『청소년정책의 이해』, 안양시청소년수련관, 2003.

김주영, 『연구논단3』 제17호 「국민기초생활보장법 제정의 의의 향후 정책과제」, 2000.

김철수, 『헌법학개론』, 박영사, 1998.

김태성 · 김진수, 『사회보장론』, 청목출판사, 2001.

남정걸, 『청소년행정과 정책의 과제』, 한국청소년개발원, 1994.

______, 『사회교육행정론』, 교육과학사, 1998.

박진규, 『청소년문화』, 학지사, 2003.

법제처, 「청소년기본법, 청소년활동진흥법, 청소년복지지원법, 청소년보호법, 청소년의 성보호에 관한 법률」, 2023.

복지연구회, 『현대아동복지론』, 한국복지정책연구소출판부, 1991.

아산사회복지사업재단, 『아동복지편람』, 1997.

양정하 외 4인 공저, 『사회복지정책론』, 양서원, 2001.

여성가족부, 『제6차 청소년정책 기본계획』, 2018.
________, 『청소년 보호업무 관련 사항 모음』, 2018.
________, 『2023년도 청소년수련시설 관리 · 운영지침』, 2022.12.
________, 『청소년자립지원관 운영모형 개발연구』, 2017.
이광호, 『청소년수련활동론』, 교육과학사, 2003.
이광호 외, 『청소년육성관련 정책개발 및 연구(Ⅱ)』, 한국청소년개발원, 1994.
이복희 외, 『청소년복지론』, 유풍출판사, 2005.
이용교, 『한국청소년정책론』, 인간과 복지, 1995.
_____, 『한국청소년복지』, 현학사, 2004.
이용교 외, 『청소년육성관련 정책개발 및 연구(Ⅰ)』, 한국청소년개발원, 1994.
정영근 외, 『교육의 철학과 역사』, 문음사, 2000.
조선화 외, 『문제중심으로 접근한 청소년복지론』, 교문사, 2005.
조영승, 『청소년육성법론』, 교육과학사, 1998.
조영승 외, 『청소년정책론』, 교육과학사, 2003.
조윤정 · 주경필, 『청소년자립생활관 청소년들의 자립과정에서의 저항과 자유갈망』, 청소년문화포럼 VOL.54, 한국청소년문화연구소, 2018
조추용 외 3인 공저, 『가족복지론』, 창지사, 2001.
지은구, 『사회복지프로그램 개발과 평가』, 학지사, 2005.
차경수, 『한국의 청소년정책』, 양서원, 2000.
천정웅, 『청소년정책의 발전과 특성』, 한국청소년학회, 1999.
_____, 『청소년학총론』, 양서원, 1999.
통계청, 「2023 청소년통계」, 2023.
표갑수, 『아동청소년복지론』, 나남출판사, 2000.
한국4-H본부, 『농어촌청소년백서』, 2004.
한국사회복지협의회, 『사회복지법전』, 1995.
한국새마을청소년후원회, 『한국새마을청소년(4-H)운동 40년사』, 1988.
한국정신문화연구원, 『한국민족문화대백과사전』, 1995.
한국청소년개발원, 『세계청소년연구개발협의회, 미국 · 일본 · 중국 · 홍콩의 청소년정책』, 2001.
______________, 『유럽국가의 청소년정책』, 2001.
______________, 『청소년관계법과 행정』, 인간과 복지, 1994.
______________, 『청소년기관운영』, 1995.
______________, 『청소년복지론』, 교육과학사, 2005.

______________, 『청소년상담인력개발 정책연구』, (재)청소년대화의 광장, 1994.
______________, 『청소년육성제도론』, 교육과학사, 2006.
______________, 『청소년정책의 역사와 발전방향』, 1995.
______________, 『청소년학 용어집』, 2004.
한국청소년정책연구원, 『청소년육성 전담공무원의 현황과 전망」, 2015.
한국청소년연구원, 『청소년문제론』, 1992.
한상철, 『청소년학 개론』, 중앙적성출판사, 1998.
_____, 『청소년학』, 학지사, 2004.
황진수, 『현대복지행정론』, 대영문화사, 1993.
e-나라지표(https://index.go.kr)
관계부처합동, 『제7차 청소년정책 기본계획』, 2023.
여성가족부, 『2023년 청소년사업안내』, 2023.
_________, 『2022 청소년백서』, 2023.
국회의원 서동용, 『학업중단 학생 보도자료』, 2022.10.09

저 | 자 | 소 | 개

강 병 연

E-mail : gby333@naver.com

원광대학교 대학원 사회복지학 박사
조선대학교 초빙교수 역임
광주대학교 사회복지학부 겸임교수 역임
금강대학교 사회복지학전공 겸임교수 역임
광주북구청소년수련관장 역임
목포시청소년수련관 관장 역임
영암청소년수련원 원장 역임
한국청소년수련시설협회 수석부회장 역임
전국청소년수련관협의회 회장 역임
광주북구지역사회보장협의체 위원장 역임
현, 한국청소년인권센터 이사장, 광주광역시 양성평등위원회 공동위원장, 전라남도 정책자문위원

〈주요 저서〉
청소년문화론(공저, 양서원)
청소년육성제도론(공저, 양성원)
청소년수련시설 비전(무등청소년회)
청소년활동 프로그램집-푸른나라 놀이마을(도서출판 양지)
청소년관계법론(교육과학사)
청소년수련활동 강의(광주대학교)
사회복지학의 이해(공저, 학지사)
청소년정책의 이해(광주대학교)
청소년행정과 관계법의 이해(광주대학교)
청소년행정의 이론과 실제(진달래출판사)

황 수 주

E-mail : 1318wawa@hanmail.net

광주대학교 언론홍보대학원 언론학 석사
조선대학교 상담심리학부 강사 역임
광주대학교 사회복지학부, 청소년상담평생교육학과 강사 역임
광신대학교 사회복지학과 강사 역임
전남도립대학교 사회복지학과 강사 역임
광주북구청소년수련관 사무국장 역임
전국청소년수련관협의회 간사 역임
현. 광주광역시북구청소년상담복지센터장, 광주광역시북구학교밖청소년지원센터장, 광주광역시청소년상담복지센터협의회장, 광주광역시청소년육성위원회 부위원장, 광주광역시사회보장위원회 위원, 광주광역시북구 지역사회보장협의체 대표협의체 부위원장, 광주광역시북구 옴부즈퍼슨(아동권리대변인), 광주광역시동부교육지원청 학교폭력대책심의위원회 위원, 광주광역시동부교육지원청 위기학생 신속대응 부르미 위원, 전남매일 화요세평 컬럼니스트, 광주북부경찰서 청소년비행대책협의회 위원, 광주광역시사회복지사협회 자문위원

〈주요 저서〉
청소년지도사 면접시험 핵심노트(양성원)
청소년문화론(공저, 양서원)
청소년육성제도론(공저, 양성원)

[제 4 판]

청소년육성제도론

1판 1쇄 발행 — 2016년 2월 28일
2판 1쇄 발행 — 2019년 2월 28일
3판 1쇄 발행 — 2020년 8월 28일
4판 1쇄 발행 — 2023년 8월 28일

저　　자 - 강병연 · 황수주
발 행 인 - 강철원
발 행 처 - 양성원
주　　소 - 경기도 파주시 검산로 173번길 29-12
전　　화 - 031-946-3861(代)
팩　　스 - 031-946-3864
이 메 일 - tnwpub@naver.com
홈페이지 - tnwpub.co.kr
출판등록 - 2015년 8월 31일 제 2015-000211 호

ISBN 979-11-6126-552-0

정가 22,000원